Über dieses Buch Der Autor vertritt in diesem Buch die These, daß die Zeit nach 1945 in der neueren deutschen Pädagogik keinen entscheidenden Wandel gebracht hat. Die Epoche des Faschismus wird deshalb hier als Teil eines historischen Kontinuums begriffen. Dieses ist vor allem durch die Neigung der deutschen Pädagogik gekennzeichnet, auf konkrete gesellschaftliche, politische und sachliche Fragen nicht adäquat auf der jeweiligen Ebene, sondern generell durch Hinweis auf ein Menschenbild zu antworten. So finden sich schon in der Reformpädagogik vor 1933 Elemente und Denkfiguren, die dann vom Nationalsozialismus aufgegriffen wurden und auch nach 1945 lebendig geblieben sind. Eine Aufarbeitung dieses Problemfeldes, die gerade für die Erwartungen an die Pädagogik heute bedeutsam ist, erfolgt von verschiedenen Ansätzen aus, wobei sich der Autor im wesentlichen auf pädagogische Zeugnisse aus den Jahren 1920 bis 1950 bezieht, ergänzt durch Ausblicke in die Gegenwart.

Der Autor Heinrich Kupffer, geb. 1924 in Berlin; 1950 Promotion zum Dr. phil.; 1954–63 Lehrer an der Odenwaldschule; 1963–68 Wissenschaftl. Assistent an der RWTH Aachen; 1969–71 Heimleiter im Landschulheim Solling; seit 1971 Professor für Pädagogik an der Pädagogischen Hochschule Kiel.
Im Fischer Taschenbuch Verlag liegt außerdem vor: ›Die Gleichberechtigung des Kindes‹ (zus. mit Ekkehard von Braunmühl und Helmut Ostermeyer, Bd. 6338).

Heinrich Kupffer

Der Faschismus und das Menschenbild in der deutschen Pädagogik

Fischer
Taschenbuch
Verlag

Originalausgabe
Veröffentlicht im Fischer Taschenbuch Verlag GmbH,
Frankfurt am Main, August 1984

Umschlaggestaltung: Jan Buchholz/Reni Hinsch
Gesamtherstellung: Clausen & Bosse, Leck
Printed in Germany
980-ISBN-3-596-26779-X

INHALT

»Was mir am meisten Schwierigkeiten macht, mich auf diesem Planeten zurechtzufinden, ist die Tatsache, daß auf ihm gleichzeitig Männer leben wie Sigmund Freud und Hitler, Menschen, deren Gehirne entwicklungsmäßig dreißigtausend Jahre auseinander sind.«

Lion Feuchtwanger

»›Wissen Sie‹, fuhr der Kriminalrat fort, ›ich habe ja eine Menge erlebt. Das ist ja nicht der erste Fall dieser Art. Ich sage Ihnen, irgendetwas stimmt mit unserer Jugend nicht mehr. Die sind anders, als wir waren. Die sind irgendwie übergeschnappt. Denen bekommt die Freiheit nicht! Wirklich. Da ist der Wurm drin. Und eines Tages werden wir mal alle von diesem Wurm aufgefressen.‹ Nach einer Pause, als Helga nicht antwortete, setzte er hinzu: ›Sind Sie anderer Meinung?‹ ›Ja‹, sagte Helga. ›Ich halte das, was Sie da sagen, für potentiell faschistisch.‹ ›Gott, Kind, Helga.‹ Der Kriminalrat kippte den Wodka hinunter. ›Ich war nie bei den Nazis.‹«

Richard Hey

»Wir waren die Menschen des Schienenstranges, der Konventionen, der Autoritäten. Wir waren Untertanen. Wir waren die Leute mit der allgemeinen Bildung, die Leute um Thron und Altar, die Leute mit Idealen. Wir waren die Leute, denen man anerzog, daß die Sozialisten ›vaterlandslose Gesellen‹ seien, daß der Akademiker aus Gottes rechter Hand gefallen sei, weit fort von dem, was man das ›niedere Volk‹ nannte. Wir waren das Geschlecht, das nach den ersten Durchziehern glühend verlangte, nach dem Reserveleutnant, für den man diese Verse sang: ›Dein höchstes Ziel, mein Sohn, auf Erden, sei dies, Geheimer Rat zu werden.‹ Wir waren das Geschlecht, in dem ein Oberlehrer von seinen Kollegen nicht mehr gegrüßt wurde, weil er sein Verhältnis geheiratet hatte, das Geschlecht … in dem die Kunst der Käthe Kollwitz eine ›Rinnsteinkunst‹ genannt wurde …, das Geschlecht der Satisfaktionsfähigen. Wir waren das Geschlecht der Leute, denn wir wußten nichts vom Menschen.«

Ernst Wiechert

Einführung: Totalitäre Strömungen im Spiegel des pädagogischen Menschenbildes

Die These dieses Buches lautet: In der neueren deutschen Pädagogik hat die Zeit nach 1945 keinen entscheidenden Wandel gebracht. Die Epoche des Faschismus bleibt vielmehr eingebettet in ein Kontinuum. Dieses ist vor allem durch die Neigung der deutschen Pädagogik gekennzeichnet, auf konkrete gesellschaftliche, politische und sachliche Fragen nicht adäquat auf der jeweiligen Ebene, sondern generell mit einem *Menschenbild* zu antworten. Auch dieses Menschenbild selbst blieb in wesentlichen Zügen unverändert. Soll die genannte These begreiflich werden, so bedarf es einiger Erläuterungen.

Wer heute als älterer Mensch in unserem Jahrhundert lebt, sollte sich fragen, welche Epochen er durchlaufen hat. So ist dieses Buch für mich nicht nur eine gesellschaftliche Analyse, sondern – damit verbunden – auch eine Reflexion über mein eigenes Leben. Meine Jugend im Nazi-Deutschland war teils von der faschistischen Ideologie bestimmt, zugleich aber von den herkömmlichen Ansprüchen an die Bildung, vom Bekenntnis zu einer »kantischen« Moral, vom Glauben an den »Geist«. Wie läßt sich das alles heute verstehen? Waren Moral, Geist und Bildung nur ein Traum, nur privatistische Einbildung, nur kultureller Luxus, nur Ausdrucksform einer vom gesellschaftlichen Leben abgekoppelten Bürgerwelt – oder machte sich in diesem geschichtlichen Zusammentreffen ein Umbruch in der modernen Welt überhaupt bemerkbar? Für den Pädagogen in der Gegenwart sind solche Fragen unabweisbar, denn er muß über seinen Beruf nachdenken: Welche Verpflichtungen hat er noch? Was kann er der Jugend weitergeben? In welchem Sinne trägt er Verantwortung? Um dies klären zu helfen, will ich mich nicht mit historischen Überblicken begnügen, sondern versuchen, einige für das Denken der Menschen in unserer Zeit charakteristische Grundstrukturen freizulegen. Wesentlich ist nicht, was die Pädagogik zu den Phänomenen dieser Zeit sagt, sondern inwieweit sich diese Zeit in der Pädagogik spiegelt.

Für den praktizierenden Pädagogen stellt sich damit auch die *Sinnfrage*. Hat seine Welt einen außer ihm selbst liegenden, vorfindbaren Sinn? Welchen Sinn hat er als Erzieher in seine Welt hineingebracht? Wie steht es mit den Normen und Werten, für die er zuständig sein soll? Ohne solche kritischen Aufhellungen werden die Menschen, auch wider besseres Wissen, weiterhin an der Fiktion festhalten, daß es verbindliche, durch die Erziehung weitergereichte Werte gibt. Erst wenn wir erfaßt haben, wie die Pädagogik in diese mißliche Situation hineingeraten ist, können wir hier einen Schritt weiterkommen.

Ich will diese Zeit, in der ich zunächst erzogen wurde, dann mehrere Jahrzehnte lang als Erzieher, schließlich als Hochschullehrer für das »Fach« Pädagogik gearbeitet habe, von einer bestimmten Fragestellung aus interpretieren. Es geht mir um Klarheit darüber, was es unter pädagogischem Aspekt eigentlich bedeutet, in dieser Zeit zu leben.

Seit ich begonnen habe, den pädagogischen Vorgängen meines Erfahrungskreises ein theoretisches Interesse zuzuwenden, beunruhigt mich die Frage, in welcher Wirklichkeit diese Pädagogik operiert, worüber sie Auskunft gibt, was sich an realen Lebensverhältnissen in ihr darstellt. S. Sontag interpretiert »Krankheit als Metapher«, A. Mitscherlich sieht »Krankheit als Konflikt«, T. Szasz beschreibt das »Ritual der Drogen«.[1] Der Befund dieser und anderer Autoren lautet: Überall werden Chiffren angewendet, die demjenigen, der sie entschlüsseln kann, Einblick in die Strukturmuster der jeweiligen Gesellschaft gewähren. Nur wer solche Chiffren nicht als Chiffren erkennt, sondern sie für bare Münze nimmt, bleibt »blind«.

So komme ich zu der Frage, ob nicht auch »Erziehung« eine Metapher ist. Welcher menschliche, weltanschauliche und soziale Zusammenhang spiegelt sich in der Pädagogik? Was meinen die Menschen, wenn sie von »Erziehung« sprechen? Wofür fungiert der Erziehungsbegriff als Chiffre? Komplexe Begriffe dieser Art werden oft ohne Kommentar verwendet, denn sie scheinen klar zu sein und keiner Deutung zu bedürfen. Gleichwohl dienen sie praktisch nur als Erkennungszeichen unter den Mitgliedern einer Gruppe. Sie sind

Ausdrucksformen einer Lebensform, eines »Sprachspiels«, eines unreflektierten Konsensus. Aus derartigen Erwägungen heraus scheint mir die kritische Frage geboten, was es mit der Pädagogik in der modernen Gesellschaft auf sich hat. Dabei beschränke ich mich auf die neuere deutsche Pädagogik, die zum großen Teil in der von mir selbst erlebten Zeitepoche wirksam wurde. So weit ich mich zurückerinnern kann, wurde Kindern und Jugendlichen immer wieder zugemutet, für ihre Identität und für ihr Selbstverständnis Chiffren zu lernen, ohne daß sie zugleich die Erlaubnis erhielten, den »wirklichen« Text zu lesen. Dies war allerdings schon deswegen gar nicht möglich, weil sich auch die meisten Erwachsenen des Chiffren-Charakters der Erziehung nicht bewußt waren.

Obwohl Pädagogik ein Teil der Kultur ist, gebärdet sie sich anders als die übrigen Kulturgebiete. Kunst und Literatur analysieren die gesellschaftliche Realität ihrer Epoche; sie machen Unsichtbares sichtbar und lassen »Wahrheit« in konzentrierter Form hervortreten; sie stellen mit ihren Mitteln die wirklich empfundenen Nöte und Ängste dar und scheuen sich nicht, das Scheitern, die Bindungslosigkeit und die Verzweiflung des modernen Menschen zu gestalten. Nur die Pädagogik verfährt affirmativ, nicht kritisch. Sie meint, weil Erziehung ja den Menschen stabilisieren soll, sei sie auch selbst ein stabilisierendes Kulturgebiet. Wegen dieser optischen Täuschung gewinnt sie keine Distanz zu sich selbst. Sie versteht sich nicht als kulturelle Äußerung, die etwas über die Situation des Menschen in einer bestimmten Zeit aussagt und die moderne Welt reflektiert, sondern eher als konstitutiven Bestandteil von Ordnungsfaktoren, von Verwaltung, Organisation und Steuerung. Aus diesem Mißverständnis heraus verfährt sie so, als habe der Zusammenbruch aller Bastionen, auf welche sich die Menschen bisher verlassen haben, noch gar nicht stattgefunden, als lebten wir noch immer in einer geschlossenen Welt, in der berufene Erzieher ihrem Volke den rechten Weg weisen können.

Aus allen diesen Gründen fühle ich mich als ein von den genannten Fragen persönlich Betroffener. Der Schritt in die moderne Welt hinein ist zugleich der wesentliche Entwicklungsvorgang in meinem Leben. Herauszufinden, warum die deutsche Pädagogik nicht kritisch war und auch heute weitgehend nicht kritisch ist, heißt für mich, meine eigene Lebensgeschichte zu erforschen. Ich halte dies für notwendig – nicht nur für mein individuelles Selbstverständnis, sondern weil ich meine (zufällige) historische Existenz aus mancherlei Erwägungen heraus als exemplarisch für einen zeitgeschichtlichen Vorgang betrachte.

Ich erinnere mich, daß ich bereits in meiner Jugend, die ich in einer großen Internatsschule verbrachte, deutlich empfand, wie die meisten Menschen in meiner Umgebung blind in einem Wertsystem befangen waren. Sie konnten oder wollten nicht durchschauen, unter welchen historischen und sozialen Bedingungen sie dachten und handelten, sondern existierten allein nach einer immanenten Losung innerhalb eines »Sprachspiels«. Das hat nur indirekt damit zu tun, daß dies die Epoche des Dritten Reiches war; denn das Phänomen des Faschismus ist nicht von ungefähr in eine intakte Welt eingebrochen. Seine Wortführer und politischen Organisatoren haben lediglich die durchschnittliche Denkweise der Menschen ihrer Zeit aufgenommen und in bestimmten Schwerpunkten zusammengefaßt. Die deutsche Pädagogik im 20. Jahrhundert ist nicht durch den Faschismus in eine Krise gekommen, sondern ihre Krise ist Ausdrucksform jener gesamtgesellschaftlichen Krise, die auch den Faschismus erst ermöglicht hat.

Der Faschismus hat als erste politische Bewegung die modernen Medien der Massenbeeinflussung benutzt und damit die Menschen »pädagogisch« geformt. Er verstand sich selber als eine Weltanschauung, zu der hin ein ganzes Volk erzogen werden sollte; und er zweifelte nicht daran, daß dies praktisch möglich war. Er hat die Sehnsüchte und Erwartungen, die das Bürgertum an die Erziehung richtete, aufgegriffen und scheinbar verwirklicht. Faschistisches Denken lebt als Unterströmung weiter in den vielfältigen pädagogischen Manipulationsversuchen unserer Zeit. So ist die Geschichte des Faschismus eng mit der neueren Geschichte der Erziehung verzahnt. In vielen pädagogischen Bemühungen stoßen wir bei näherem Hinsehen auf gewisse Grundstrukturen faschistischer Denkweisen und Reaktionen. Eine interessante Frage lautet daher: Wie können wir heute überhaupt erziehen; und *wenn* wir erziehen können: wie können wir uns dabei von faschistischen Elementen freihalten?

Der Faschismus ist nach meinem Urteil ein zentrales Problem des 20. Jahrhunderts. Zwar wurde er in seiner historischen Gestalt nur in dessen erster Hälfte verwirklicht; aber sowohl seine Voraussetzungen wie auch seine Auswirkungen reichen weit in die zweite Hälfte hinüber, so daß wir sagen dürfen: Er lebt in anderer Gestalt auch heute fort.

Einen Zugang zum Kern dieses schwierigen Komplexes eröffnet die Frage nach dem *Menschenbild*. Es wurde in der neueren deutschen Pädagogik üblich, stets globale, allgemeine, auf ein Menschenbild bezogene Auskünfte zu erteilen. Durch Erziehung und Bildung als Werkzeuge für eine Veränderung des Menschen sollten die Probleme gelöst und die Welt verändert werden. Dazu orientierte man sich gern an großen Figuren (»Rembrandt als Erzieher«). Es ist von sekundärer Bedeutung, welche Merkmale dieses Menschenbild im einzelnen trägt, denn es geht um diese Art des Denkens und der Argumentation schlechthin. Der Mensch hat danach den Sinn der Welt in sich selbst, so daß jede Frage immer unter anthropologischem Aspekt gesehen wird. Stimmt etwas mit der Gesellschaft nicht, so stimmt etwas mit dem Menschen nicht. Schlechte politische Praxis erscheint als Ausfluß eines unzureichenden Menschenbildes.

Was uns hier vor allem beschäftigen soll, ist die diesem Menschenbild innewohnende Logik. Offenbar wird ein doppelter Mechanismus wirksam: Einmal herrscht die Tendenz, Einzelfragen durch bewußten Hinweis auf ein Menschenbild zu überhöhen und damit de facto nur im Sinne einer »Endlösung« als lösbar erscheinen zu lassen; zum anderen hören wir pädagogische Aussagen, die scheinbar eine pragmatische Problemlösung anbieten, in Wirklichkeit aber ein anderes Menschenbild ins Spiel bringen. Daraus ergibt sich immer auch eine doppelte Frage. Erstens: Handelt es sich nicht um den Versuch, durch Ausweichen auf ein Menschenbild von den konkreten Problemen abzulenken? Zweitens: Steht nicht hinter allen Ratschlägen ein verkürztes Menschenbild? Beide Fragen sind aufeinander bezogen. Im ersten Fall erweist sich die deutsche Pädagogik als realitätsblind. Anstatt kritisch auf Zusammenhänge hinzuweisen und die Erziehung mit allen Voraussetzungen und Konsequenzen als gesellschaftliche Veranstaltung zu erfassen, spricht sie den Menschen so an, als sei er ein zeitloses, autarkes Wesen, das jede Situation durch die Qualität seines »Menschentums« meistern kann. Im zweiten Fall behandelt diese Pädagogik umgekehrt wesentliche anthropologische Probleme als bloße Sachfragen und diskutiert vordergründig einschlägige Maßnahmen, ohne sich über die zugrunde liegenden Menschenbilder Klarheit zu verschaffen (so etwa in der sozialen und pädagogischen Fürsorge[2]). Dieses Buch beschäftigt sich vor allem mit der ersten Version und zeigt an vielen Texten die Neigung, Menschenbilder als Problemlösungen anzubieten.

Die deutsche Pädagogik liebt es, auf die Frage nach der Regelung des öffentlichen Lebens mit dem Bekenntnis zu einem Menschenbild zu reagieren. Im Expressionismus wie im Faschismus, in der Jugendbewegung wie in der Reformpädagogik, in der Zeit nach 1945 wie in der Gegenwart – immer heißt es: Wenn sich der Mensch nicht ändert, kann sich auch die Welt nicht ändern. Das KZ bietet ein Beispiel dafür, daß sich ein Menschenbild sozusagen auch direkt »umsetzen« läßt. In einer Epoche, die alle Fragen mit dem Hinweis auf ein Menschenbild beantwortet, kann die Antwort im Extremfall auch heißen: Du sollst nicht sein! Nur wenn du ein anderer Mensch wärest, dürftest du weiterleben!

In harmloserer und geschickt verpackter Form kommt die Logik des Menschenbild-Arguments in der »Humanistischen Psychologie« zum Ausdruck, so z. B. in der »Kognitiven Verhaltenstherapie«. In einer kritischen Stellungnahme bemerkt dazu E. Jaeggi: »Wo früher Psychoanalytiker – der alten Art – dem Individuum Einblick in die letztlich unüberwindlichen Schrecknisse des andauernden Konflikts von Vernunft und Trieb, Individuum und Gesellschaft gegeben haben, da argumentieren heute Kognitive Therapeuten mit ihrem Computer-Menschenmodell und wiegeln ab: ›Reg dich nicht auf!‹, ›Es wird nichts so heiß gegessen wie gekocht‹, ›Nimm's nicht zu ernst‹: das sind letztlich die Sprüche, mit denen sie uns jeden letzten Ernst austreiben – und uns damit zeigen, wie wenig ernst sie uns nehmen ... Was not tut, ... ist die Besinnung darauf, was hinter den angebotenen Konzepten steht: die Besinnung auf das Menschenbild. Dies allerdings sollte ein besseres Kriterium für die Entscheidung über die Anwendung einer Therapieform sein als bloßer Pragmatismus.«[3]

Mit der Anweisung »Sei doch vernünftig!« werden Mangel

und Leid de facto mit einem anderen Menschenbild beantwortet und damit scheinbar endgültig eliminiert. Für einen »vernünftigen« Menschen hätte natürlich das gerade hier akut gewordene Problem einen ganz anderen Stellenwert. Wäre er nämlich in dem hier gemeinten Sinne »vernünftig«, d. h. flexibel, angepaßt, ohne persönliche Erfahrung, einer von vielen, dann wäre ja sein Leiden in dieser Form gar nicht aufgetreten. Daß es jedoch nichts hilft, einem leidenden Menschen eine Antwort zu geben, die ein ganz anderes Menschenbild voraussetzt, also gar nicht in seinem Horizont liegt, hat J. Korczak gesehen: »Alle Tränen sind salzig.«[4]

Die Gewohnheit, stets mit einem Menschenbild aufzuwarten, hat vor allem drei Konsequenzen.

Erstens zeigt sich darin ein *totalitäres Denken*. Besonders deutlich wirkt dies in der Annahme, durch radikale Erziehungsziele ließe sich auch die Welt selbst radikal verwandeln. Wenn irgendein Mißstand in der Gesellschaft auftaucht, soll sich nach öffentlichen Absichtserklärungen immer sogleich das Ganze ändern. Am liebsten will man einen neuen Menschen. Man meint, gewisse wünschenswerte Eigenschaften seien bisher vergessen worden, so daß sie jetzt verstärkt zum Zuge gebracht werden müßten. Vorausgesetzt ist eine Harmonie zwischen politischer Ordnung, wirtschaftlichem System und Menschenbild. Man kann sich daher auch Alternativen nicht anders vorstellen als durch einen Wandel aller dieser Faktoren zugleich.

Die Kehrseite des Wandlungsmotivs ist das Beharrungsmotiv. Hier erscheint die totalitäre Tendenz in umgekehrtem Sinne. So fürchtet man, jeder Veränderungsvorschlag auf einem Teilgebiet gefährde das »Ganze«. Neue Formen (wie etwa die Gesamtschule) lassen sich dann als Angriff auf den Menschen und die Kultur insgesamt ausgeben.

Dieses totalitäre Denken erschwert das nüchterne Gespräch und begünstigt das Bestreben, in kritischen Situationen das Menschenbild zu überprüfen und die menschliche Person gleichsam anders zusammenzusetzen. Die vermeintliche Krise wird in solchen Fällen darin gesehen, daß man den Menschen bisher unter falscher Perspektive betrachtet und deswegen unnötige oder unbrauchbare Eigenschaften in ihm gefördert habe. So erklären sich Vorschläge, wieder die »Erziehungskraft der Familie« zu stärken oder in der Schule die kognitiven wieder hinter die »pädagogischen« Ziele zurücktreten zu lassen. Solche Versatzstücke liegen überall bereit. Bedient man sich ihrer, indem man auch die Familie im Grund nur als Versatzstück empfiehlt, dann »nützt« diese Familie nichts mehr, weil ein solches Verfahren ihren Verlust an personaler Kraft nur bestätigt.

Zweitens ist zu sagen, daß die deutsche Pädagogik meist *keinen reellen Austausch* vornimmt. Damit ist gemeint, daß sie mehr verspricht, als sie halten kann. Auch dies ist eine Folge einer Argumentation, die mit dem Menschenbild hantiert. Manche modernen Pädagogen haben diesen reellen Austausch geboten, so etwa Makarenko, Korczak, Freire, Dewey. Sie alle haben gesehen, daß die Grenze des pädagogischen Engagements, des persönlichen Einsatzes, der Hingabe an die Interaktion mit den Partnern immer auch die Grenze des pädagogischen »Erfolges« ist. Ich kann nicht mehr erreichen und erwarten, als ich selbst gebe; und ich kann nichts durch Lehre vermitteln, was über meine eigene Reflexion hinausgeht. Demgegenüber verfahren Pädagogen unredlich, die weder auf die konkrete historische Situation noch auf die Lage des Partners eingehen, sondern global davon sprechen, daß wir alle in »Not« sind (Nohl), oder daß eine Gesamtwende herbeigeführt werden müsse.

Solche Aussagen, die sich auf das Menschenbild zurückziehen, sind meist so abstrakt, daß sie nur allgemein die Richtung eines Gefühlsstromes markieren. Pädagogen, die so verfahren, zahlen mit ungedeckter Währung, argumentieren inflationär. Zum reellen Austausch in der Pädagogik gehört die Einsicht: Was ich nicht jetzt tue, tue ich nie; was ich nicht hier tue, tue ich nirgends; wenn ich mich selbst nicht mit verändere, verändere ich auch sonst nichts und niemanden; wenn ich meinem Partner nicht konkret in der Situation helfe, helfe ich ihm überhaupt nicht. Jedes Ausweichen auf die höhere Ebene des Menschenbildes ist unredlich und auch unwirksam.

Drittens folgt daraus eine Auffassung, die einer *passiven, unbeteiligten Haltung* Vorschub leistet. Daß hier ein undialektisch beschränktes, nicht durch Eigeninitiative gekennzeichnetes Menschenbild wirksam wird, kann an einem kurzen Text von A. Döblin gezeigt werden: »Es gibt zweierlei Schuld: Die, die planmäßig ein Verbrechen begangen haben, und die, eins zu ermöglichen und zuzulassen. Wir haben dies und jenes nicht gewollt und nicht gewußt. Aber es lag an uns, zu wollen und zu wissen. Es wäre schwer gewesen, aber wir hätten es gemußt. 1918 war es sogar leicht, aber nicht einmal da wollten wir. Wir wollten Ruhe und Ordnung und ermöglichten den Nazi.«[5]

Das Argument, wir hätten von den Exzessen der Nazis nichts gewußt, wird immer wieder zur Entlastung herangezogen. Aber dem liegt schon ein eingeschränktes Verständnis von »Wissen« zugrunde. Es kommt weniger darauf an, was wir tatsächlich gewußt haben, als vielmehr darauf, was wir bei zumutbarer Anstrengung hätten wissen *können*. Wissen sollte nicht als zugeteiltes Gut, sondern als Frucht der Bemühung jedes einzelnen verstanden werden. Eben dies hat die deutsche Pädagogik versäumt. Sie gebärdete sich in der Regel so, als ob wir in einer Verteilungsgesellschaft lebten, wo von oben her zentral verfügt wird, welche Einstellung die richtige ist. Legitimiert wird die passive Grundhaltung eines Menschen, der sich selbst seinen Lebenssinn, seine Denkfähigkeit, sein Gewissen von oben zuteilen läßt.

Daß Erziehung und Bildung immer auch eine intellektuelle Operation ist, wurde in der neueren deutschen Pädagogik weitgehend ignoriert. Kaum je haben deutsche Pädagogen zum Denken, zu kritischer Stellungnahme, zur intellektuellen Verantwortung aufgerufen. Da ihnen das Menschenbild des durchschnittlichen, brauchbaren, erfolgreichen und zufriedenen Bürgers vorschwebte, haben sie nicht gezeigt, wie man kritisch zu gesellschaftlichen und politischen Ereignissen Stellung nimmt.

Für die Skizzierung dieser Zusammenhänge beziehe ich mich im wesentlichen auf pädagogische Zeugnisse aus den Jahren von etwa 1920 bis 1950. Soweit ich sehe, wurde in dieser Zeit das Entscheidende gesagt. Darüber hinaus bemühe ich mich auch immer wieder um Ausblicke, die bis in die Gegenwart hineinreichen. Mir scheint, daß die deutsche Pädagogik in ihren Grundzügen unerschüttert geblieben ist, weil sie die Frage nach dem Menschenbild nicht prinzipiell reflektiert hat. Noch immer gilt der Mensch als Funktion eines Systems, einer festgegründeten Gemeinschaft. Er bleibt auf etwas bezogen, dem er sich unterordnen muß. Damals wie heute wird die Pädagogik als Mittel eingesetzt, um dem

Menschen zu sagen, wie er leben soll. Sie rechnet nicht mit ihm als einem kritischen, selbständigen Wesen. So ist die Unterströmung, die schon den Faschismus mit ermöglicht und dann überdauert hat, auch heute noch wirksam.

Das bedeutet, daß Menschen sich auf verschiedenen Lebensgebieten dem entziehen, was sie von sich selbst verlangen könnten, nämlich

- der politischen Verantwortung;
- der rationalen Bewältigung ihrer kulturellen Situation;
- der freien Gestaltung und Formulierung ihrer Bedürfnisse;
- der kritischen Distanz zu totalitären Ansprüchen;
- der moralischen Stellungnahme zu aktuellen Vorgängen.

Der Aufbau des Buches entspricht diesen Aspekten.

Politik und Charakter

Das Menschenbild der deutschen Pädagogik unterliegt dort, wo diese in die politische Ebene hineinreicht, verschiedenen Reduktionen. Der Mensch wird um die politische Dimension seiner Existenz verkürzt und gerade durch die politischen Aussagen der Pädagogik zum unpolitischen Wesen erklärt. Diese antipolitische Reduktion geschieht

1. allgemein durch Pädagogisierung des Politischen, indem Erziehung und Politik als verdunkelnde, nicht erklärende Chiffren füreinander eintreten;
2. durch den Anspruch auf Erhabenheit über die Parteien und auf Ganzheitlichkeit von Mensch und Gemeinschaft;
3. durch auslesende Erziehung als Zucht und Führertum: Politik erscheint als Charakterqualität, die erst voll verstanden sein muß, ehe gehandelt werden kann;
4. durch naturalistisches Denken, das Menschen nach der Zugehörigkeit zu einem Typus einstuft;
5. durch Kapitulation der Wissenschaft und der Hochschulen vor dem Zeitgeist und durch Flucht in Illusionen;
6. durch historische Kurzschlüsse, dabei auch durch nicht rational begründbare Parteinahme ohne Sachkenntnis und Reflexion;
7. schließlich durch das Modell der Partnerschaft, das die wirklich vorhandenen Spannungen und Interessen ausklammert.

   Diese sieben Aspekte werden im folgenden näher betrachtet.

»Erziehung« als Chiffre für Politik – »Politik« als Chiffre für Erziehung

»Erziehung« und »Politik« treten als Chiffren füreinander ein. Da beide Begriffsfelder unklar bleiben und sich nur allgemein aufeinander beziehen, siedeln sich pädagogische Grundaussagen im Niemandsland zwischen Politik und Erziehung an. Zunächst wirkt »Erziehung« als Chiffre für politisches Wollen. Der Wille, die Welt insgesamt, also auch die politische Welt, wieder in Ordnung zu bringen, richtet sich auf das Mittel der Erziehung. Diese wird aber ebenso allgemein und abstrakt verstanden wie die Politik selbst, so daß ein Wechselbezug der Chiffren und deren Austauschbarkeit möglich werden. Der Ansatz für diese Verfahrensweise läßt sich als kulturpessimistischer Denktypus bezeichnen.

Dieser Typus wurde bereits in der Staatsphilosophie Platons und Fichtes vertreten und kam dann in neuerer Zeit etwa bei H. Nohl, H. Lietz und K. Hahn, die sich immer wieder auf eben diese Vordenker beriefen, zu einer späten Würdigung. In Platons »Staat« sind die Herrschenden die am besten Erzogenen. Macht und Bildung entsprechen einander. »Erziehung« fungiert als Chiffre für die politische Idee des besten Staates und als Garantie für ein gesundes, auf Gerechtigkeit beruhendes Gemeinwesen. In dieser Konzeption ist der repressive Charakter des Erziehungsbegriffs auch für alle späteren Epochen grundgelegt. Platons Auffassung lautet: Solange die Menschen nicht optimal erzogen werden, ist dem Staat nicht zu helfen; denn der »normale« Bürger hat noch nicht die notwendige Reife, um an der politischen Willensbildung beteiligt werden zu können. So wird »Erziehung« zur Chiffre für eine radikale Kulturkritik in politischer Absicht, die Repression, Gängelung und Zuteilung von Freiheit als legitim erscheinen läßt.

Fichte nimmt diese Tendenz wieder auf. Nationalerziehung wird zum »Erhaltungsmittel einer deutschen Nation überhaupt«.[1] Die neue Erziehung würde »darin bestehen müssen, daß sie auf dem Boden, dessen Bearbeitung sie übernimmt, die Freiheit des Willens grundsätzlich vernichtete, und dagegen strenge Notwendigkeit der Entschließungen und die Unmöglichkeit des entgegengesetzten in dem Willen hervorbrächte, auf welchen Willen man nunmehr sicher rechnen und auf ihn sich verlassen könnte«.[2] Solche Erziehung bindet den Menschen an das Absolute: »Diesen festen und nicht weiter schwankenden Willen muß die neue Erziehung hervorbringen nach einer sicheren und ohne Ausnahme wirksamen Regel; sie muß selber mit Notwendigkeit erzeugen die Notwendigkeit, die sie beabsichtigt.«[3] Erziehung folgt nicht länger den subjektiven Bedürfnissen, sondern einer objektiven Notwendigkeit: »Wir sind daher sogar durch die Not gedrungen, innerlich und im Grunde gute Menschen bilden zu wollen, indem nur in solchen die deutsche Nation noch fortdauern kann.«[4] Das Notwendige darf nicht als von außen oktroyiert oder gar als Widerspruch zu den subjektiven Bedürfnissen empfunden werden, denn das Bedürfnis selbst wandelt sich.

Fichtes Nationalerziehung will die geistige Selbsttätigkeit des Zöglings anregen, so daß er eminent aktiv wird: »Der Zögling lernt gern und mit Lust, und er mag, solange die Spannung der Kraft vorhält, gar nichts lieber, denn lernen.«[5] Es handelt sich also nicht nur um rezeptive Erkenntnis, sondern um fortschreitende aktive Geistestätigkeit »um der Tätigkeit willen, und auf das Gesetz derselben, um des Gesetzes willen«.[6] So soll durch die neue Erziehung »die Bildung zum reinen Wollen das erste werden, damit, wenn späterhin noch die Selbstsucht innerlich erwachen oder von außen angeregt werden sollte, diese zu spät komme ...«[7] Erkenntnis und Sittlichkeit verschmelzen, so daß es dem Zögling »schlechterdings unmöglich sein werde, diese Ordnung nicht zu wollen, und nicht aus allen seinen Kräften für die Beförderung derselben zu arbeiten«.[8] Geboten erscheint eine Erziehung zu selbstgenügsamer Ethik, die es dem Erzogenen erlaubt, »Glied in der ewigen Kette eines geistigen Lebens überhaupt, unter einer höheren gesellschaftlichen Ordnung« zu werden.[9] Damit dieser pädagogische Prozeß ohne Störung ablaufen kann, werden die Kinder während der Erziehung von den Erwachsenen abgesondert. Der gesamte Erziehungsvorgang dient der Abwehr jener Not, in die das Vaterland geraten ist, indem er auf eine höhere Notwendigkeit Bezug nimmt. Erziehung erlaubt es, sich »selbst über diesen gerechten Schmerz zu klarer Besonnenheit und Betrachtung zu erheben«.[10]

Die Sehnsucht richtet sich darauf, »ein ganz anderes und

neues, über Furcht und Hoffnung erhabenes Bindungsmittel zu finden, um die Angelegenheit in ihrer Gesamtheit an die Teilnahme eines jeden aus ihr für sich selber anzuknüpfen«.[11] Das Rettungsmittel heißt: eine neue Erziehung der Nation. Sie kann nur gelingen, wenn sie radikal anders ansetzt als alle bisherige Erziehung: »Das ermangelnde Durchgreifen bis an die Wurzel der Lebensregung und Bewegung hätte die neue Erziehung der bisherigen hinzuzufügen, und wie die bisherige höchstens etwas am Menschen, so hätte diese den Menschen selbst zu bilden ...«[12] Bildung wird auch nicht mehr Privileg eines besonderen Standes sein, denn es geht darum, »daß sie die Bildung der Nation schlechthin als solcher, ohne alle Ausnahme einzelner Glieder derselben, werde, in welcher ... aller Unterschied der Stände ... völlig aufgehoben sei und verschwinde«.[13] Indem es uns auf diese Weise gelingt, uns im Bewußtsein über die Zeit zu erheben, werden wir politisch emanzipiert: »In der absoluten Form des Staates, wo alle Kräfte aller für die notwendigen Zwecke aller in Tätigkeit gesetzt sind, verbindet jeder alle anderen eben so weit, als er durch sie verbunden wird, alle haben gleiche bürgerliche Rechte oder bürgerliche Freiheit.«[14]

Als Kernelemente dieser Pädagogik schälen sich die folgenden Gedanken heraus:

– Ausgangspunkt ist eine nicht nur politische, sondern auch moralische und menschliche Notsituation, die durch Erziehung überwunden werden kann.

– Wir können uns als erzogene Menschen im Bewußtsein über die Zeitläufte erheben, sie von außen erfassen und verändernd in die Verhältnisse eingreifen.

– Das Mittel der Veränderung ist die neue Erziehung als totale Umwandlung des Menschen.

– Der einzelne muß sich in das Ganze einordnen; wenn dies freiwillig geschieht, dann ist damit gemeint, der Wille sei nicht mehr beliebig schweifend, sondern auf eine höhere Notwendigkeit hin konzentriert.

– Das alles gilt für die Deutschen allgemein; es wird angenommen, daß sie durch ein Gesamtinteresse miteinander verbunden sind.

– Erziehung ist als pädagogische Innovation gedacht; mit diesem Anspruch wird »Erziehung« zur Chiffre für das Bestreben, sich aus der Verantwortung für die Regelung der jeweiligen empirischen Ereignisse herauszunehmen und die Welt durch einen totalen Zugriff in Ordnung zu bringen.

Übernimmt hier die Pädagogik die Funktion, Fragen zu klären, die nur politisch zu verstehen und zu bewältigen sind, so wird eben dadurch auch »Politik« zur Chiffre für »Erziehung«. Denn was als politisches Vorhaben aussieht, läuft im Grunde darauf hinaus, den Menschen durch Erziehung umzuwandeln. Der politische und der pädagogische Prozeß verschmelzen. Sie meinen dasselbe: nämlich eine grundsätzliche Wandlung des Menschen und damit der Welt überhaupt. Politik und Erziehung sind eins; mit der richtigen Erziehung scheint auch die richtige Politik bereits gewährleistet zu sein. In dieser wechselseitigen Umdeutung von politischen und pädagogischen Problemen geht die wirkliche Dialektik von Politik und Erziehung verloren. Jeder der beiden Begriffe bezieht sich auf das »Ganze«, keiner von ihnen markiert das Spannungsfeld der Kräfte.

Als Beispiel für einen solchen Verschmelzungsvorgang kann die erste Phase der Jugendbewegung genannt werden. Das Menschenbild der Jugendbewegung ruht auf drei Pfeilern: Eigenständigkeit, überpolitische Orientierung, Gemeinschaftsbezug. Die *Eigenständigkeit* wird vor allem als Selbstbestimmung und eigenes Recht der Jugend in Anspruch genommen. Unter der Voraussetzung, daß Jugend sich selbst führt und erzieht, wird auch der berufsmäßige Erzieher zu einem Typus der Jugendbewegung. Diese Bewegung muß »pädagogisch« sein, um das Eigenrecht der Jugend zu wahren. Dazu gehören: Naturverbundenheit, Distanz von der verderbten Erwachsenenwelt, Kulturkritik. Freiheit als Verwirklichung ungebundener Naturkraft tritt hervor als: Selbsterziehung, Reifwerden nach eigenem Rhythmus, Ablehnung jeder fremdbestimmten, nur auf Sozialisation ausgerichteten Erziehung. Der junge Mensch findet seine Identität in einem neuen Lebensgefühl, das eine andere Priorität der Werte vorsieht, als sie in der durchschnittlichen Erfolgswelt der Älteren üblich ist.

Der *überpolitische* Charakter drückt sich in der Ablehnung jeder parteipolitischen Bindung aus. Politik wird nicht als Interessen- und Machtkampf um die Durchsetzung inhaltlicher Konzeptionen verstanden, sondern als eine ganzheitliche geistige Einstellung, die über den empirischen Auseinandersetzungen schwebt und auf konkrete Programme zur Regelung aktueller Fragen des öffentlichen Lebens verzichtet. Ein wesentliches Ziel ist die »Volksgemeinschaft«, worunter weniger die zweckmäßige Organisation der Masse zu einem strukturierten Gebilde als vielmehr eine übergreifende, bergende seelische Einheit verstanden wird. Parteilose Politik begreift sich als Lebensrahmen des von innen heraus »politischen« Menschen und als Erfüllung der Einheitssehnsucht. Parteiinteressen werden abgewehrt, da sie nur partielle, auf begrenzte Ziele bezogene Belange, nicht aber das »Ganze« vertreten. Daher begegnet man auch solchen Pädagogen, welche die Jugend offen in eine bestimmte Richtung drängen wollen, mit äußerstem Mißtrauen. Immer wieder erheben sich Stimmen, die davor warnen, daß die Begeisterungsfähigkeit der Jugend für irgendeinen Parteizweck mißbraucht wird.

Auch wo sich die Jugendbewegung zum »Sozialismus« bekennt, wird dieser Begriff im idealtypischen Sinne genommen. »Sozialismus« gilt als geistige Strömung, nicht als politische Organisation mit ausgefeiltem Programm. In diesem Sinne wurde eine Synthese von proletarischer und bürgerlicher Jugendbewegung angestrebt. Dazu paßt, daß im sozialistischen Lager ein Pädagoge wie K. Löwenstein eine reformpädagogisch und jugendbewegt ausgerichtete sozialistische Erziehung vertrat. »Sozialistisches Bildungsideal« war für Löwenstein »kein fester Inhalt, sondern nur Üben, Können, Neugestalten. Und das alles immer in engstem Zusammenhang mit der schaffenden Arbeit der Gemeinschaft«.[15] Um dies zu verwirklichen, brauchen wir – so Löwenstein – »den Idealismus im Alltag. Denn der Idealismus, der von den Gefilden der Gerechtigkeit und der Glückseligkeit aller Menschen schwärmt, der aber die Wirklichkeit läßt, wie sie ist, dieser Idealismus ist nur ein Betäubungsmittel und enthält keine Kraft.«[16] Wir müssen demokratische Aufgaben in das Leben der Kinder tragen. So wird »Erziehung« zum Medium eines emanzipatorischen Gesamtprozesses, der auf eine Autonomie und Aufklärung zunächst der Proletarierkinder, darüber hinaus aber auch der Gesellschaft allgemein abzielt. Der Gemeinschaftsgedanke ist so stark, daß er den engeren Gedanken des Klassenkampfes überwiegt. Hier berührt sich der sozialistische Aspekt der Jugendbewegung mit der gesellschaftlichen und anthropologischen Ausrichtung sozialistischer Pädagogik.

Zentral wichtig ist schließlich der *Gemeinschaftsgedanke*, der alle Ordnungsvorstellungen der Jugendbewegung vom Zusammenleben im kleinen elitären »Bund« bis hin zur Einbettung in das übergeordnete Ganze durchzieht. Es geht nicht um »Deutschland über alles« im Sinne eines vordergründigen Patriotismus, sondern um das ganzheitliche Erlebnis. Der Bund ist als Erziehungsbund niemals direkt politisch zu begreifen. Im Erziehungsbund vollzieht sich die Menschenbildung – gestalte sie sich nun in lockeren Formen oder der den geistlichen Orden nachempfundenen strengen Prägung eines Typus.

Um 1930 wird Befremden darüber geäußert, daß viele Angehörige der Bünde in die amorphen Großgruppen der Nazis oder Kommunisten überlaufen. Dies wird weniger aus inhaltlichen politischen Erwägungen heraus als Gefahr gesehen, sondern deswegen, weil der Bund sich nicht vom äußeren Erfolg blenden lassen und dem jungen Menschen keine vorzeitige politische Aktivität empfehlen soll. Erziehung im Bund versteht sich als Arbeit im kleinen, als Hilfe für das Heranreifen der Persönlichkeit. Dabei steht die Gemeinschaft des Seins über der Gemeinsamkeit des bloßen Meinens und die moralische Gesinnung über der Nur-Mitgliedschaft in irgendwelchen Gruppierungen. Denn Gemeinschaft ist kein Kollektiv, kein Verein, kein Interessenbund, sondern sie umfaßt das ganze Leben und stellt immer wieder neue Aufgaben an die Person selbst. Alle drei Faktoren, die das Menschenbild der Jugendbewegung kennzeichnen, haben einen pädagogischen Charakter: Erziehung ist Formung und Ausprägung des jungen Menschen unter bestimmten anthropologischen Prämissen.

Sehnsucht nach überparteilicher Politik und Demokratie

Als Grundlage dient ein Text von H. Schultz-Hencke: »Die Überwindung der Parteien durch die Jugend.«

»Es gibt wohl keinen Jungen heutzutage, der, im unübersehbaren Chaos der politischen Meinungen und Gruppierungen stehend, sich nicht immer wieder fragte, ob diese gegeneinander prallenden Gegensätze denn wirklich sachlich gerechtfertigt, ob sie notwendig seien. Immer wieder wird er finden, daß die Menschen gar nicht so scharf voneinander verschieden sind, wie die Parteimeinungen es glauben machen möchten, und vor seiner Phantasie wird im Gegensatz zum heutigen Chaos das Bild einer Volksgemeinschaft entstehen, eines Organismus, der ein Ausdruck der Zusammengehörigkeit trotz aller Verschiedenheiten ist. Und sucht er nun sein eigenes innerstes Wesen zu erfassen, wie es seiner Überzeugung nach sein sollte, stellt er an sich die Forderung, daß seine politische Überzeugung ebenso wie sein gesamtes übriges Leben auch ganz Ausdruck seines Wesens sei, prüft er weiterhin nach, wie weit dies bei anderen, bei den ›Alten‹ der Fall ist, so wird er fast überall feststellen, daß es einen solchen Zusammenhang nur ganz selten einmal gibt. Deshalb wird sich gerade eine Jugend, die sich entschied, ›nach innerer Wahrhaftigkeit‹ zu leben, entschlossen dagegen wehren, ihren unmittelbar gefühlten Zusammenhang um einer ›Meinungsverschiedenheit‹ willen aufzugeben. Sie wird es ablehnen, in eine Gesellschaft der Alten aufgenommen zu werden, die sich ihrem sicheren Gefühl nach entgegen der Stimme des eigenen Inneren feindselig zerspaltet, statt eine Gemeinschaft nach den inneren Gesetzen der Zusammengehörigkeit zu bilden. So wird ihre Sehnsucht nach Verkörperung ihres Gemeinschaftsgefühls in gemeinsamen Ideen, in einheitlicher Kunst, Weltanschauung und politischer Auffassung sie treiben, die Parteien zu bekämpfen – soweit nicht irgendwelche Bestandteile in diesen doch noch die Gerechtfertigtheit der Spaltung erweisen.«[17]

Der Autor identifiziert sich nicht durchweg mit der referierten Meinung, sondern stilisiert nur die herrschende Grundeinstellung breiter Teile der Jugendbewegung in der Umbruchszeit unmittelbar nach dem Ersten Weltkrieg (1921). Diese Grundeinstellung wird offenbar durch folgende Elemente bestimmt:

– Politische Meinungen und Gruppen sind *chaotisch*. Sie entsprechen nicht einem Ordnungsbild, wie es in der Politik wünschenswert wäre und der Gesetzmäßigkeit eines *Organismus* entspräche.

– Die auftretenden Gegensätze sind nicht *gerechtfertigt* und *notwendig*. Dem liegt die Annahme zugrunde, Politik antworte auf Notwendigkeit und unterliege daher einem Kriterium dafür, was im öffentlichen Leben geschehen darf. Die Freiheit der Willensbildung und des Zusammenschlusses zu Interessengruppen wird ignoriert. Politische Ziele und Mittel gelten als überhistorische Werte, nicht als jewei-

lige Ausdrucksformen des dialektischen Geschichtsprozesses.
– Politische Kontroversen erscheinen nicht als unterschiedliche Konzepte zur Lösung anstehender Probleme, sondern als *Meinungsverschiedenheiten* und *feindselige Zerspaltung*. Sie werden damit personalisiert und als überwindbare moralische Verfehlungen gedeutet.
– Zur Orientierung dient das Bild der *Volksgemeinschaft*. Diese ist als Organismus gedacht, als ein Ganzes, in dem es keine widerstreitenden Interessen gibt. Das Gemeinsame steht qualitativ höher als das Trennende.
– Die Jugend, die aus der Jugendbewegung hervorgegangen ist und deren Ideale pflegen will, strebt nach innerer *Wahrhaftigkeit*. Sie überträgt das radikale individuelle Wahrheitsstreben direkt auf die Politik und will die als unwahrhaftig empfundenen Gegensätze überwinden.
– Politische Überzeugung soll Ausdruck des *innersten Wesens* sein. Politik wird nicht als Regelung von Bedürfnissen, als Durchsetzung von Interessen, als Konzeption von Maßnahmen, als Feld der Machtkämpfe und Entscheidungen erkannt, sondern als quasi-religiöser Bereich reklamiert, in dem man sich mit seiner ganzen Person einsetzt und wiedererkennt.
– Deswegen distanziert sich diese Jugend von der Gesellschaft der *Alten*. Sie will nicht für dieses oder jenes Interesse Partei nehmen, sondern gruppiert sich auf Grund eines prinzipiellen Bekenntnisses und macht Front gegen die Parteien überhaupt, von denen sie sich nicht repräsentiert sieht.
– Die Jugend findet nicht lediglich Ungenügen an den bestehenden Parteien, sondern verwirft aus *Überzeugung* Parteipolitik überhaupt, die sie als unnötig, ja als schädlich ansieht. Was die Jugend will, ist Bewegung, Verwirklichung, Identität, nicht Politik.

Hier kommt das plebiszitäre, gemeinschaftsbezogene Menschenbild zum Ausdruck, wie es seit langem die Sehnsucht junger Generationen bestimmt und sich auch heute wieder bemerkbar macht. Diese Jugend erwartet, daß die Gesinnung unmittelbar in die Politik hineinwirkt. Politisches und persönliches Leben sollen zur Deckung gebracht werden, so daß kein freier, noch nicht beanspruchter Überhang an seelischen Kapazitäten entsteht. Das verleitet diese Jugend immer wieder dazu, die Stellungnahme zur Politik in Form von Proklamationen zu kleiden. Nicht zu aktuellen politischen Fragen wird Stellung genommen, sondern zur Politik insgesamt, unabhängig von ihrem jeweiligen Gehalt. Schultz-Hencke erkannte selber die Gefahr, die in dieser Haltung liegt, aber er stand damals in seiner warnenden, mäßigenden und rationalen Position fast allein. Daß der Faschismus sich bald dieses »reinen Glaubens«, dieser totalitären politischen Sehnsucht bemächtigen würde, konnte allerdings auch er nicht ahnen.

Der enge Zusammenhang, in den das politische und das pädagogische Denken in Reformpädagogik und Jugendbewegung traten, läßt sich so formulieren: Politik wurde in Pädagogik, Pädagogik in Politik umgedeutet. Damit ist gemeint: Das Politische sollte sich nicht als Interessenkampf der Parteien, Verbände, gesellschaftlichen Gruppen vollziehen, sondern als Dienst des einzelnen am »Ganzen«. Es ging weniger um die Gewinnung möglichst vieler Anhänger für ein konkretes Vorhaben als vielmehr darum, die jungen Menschen insgesamt zu beeinflussen und ihnen bestimmte grundlegende Tugenden anzuerziehen.

Wie das Politische dabei zu einer großen volkserzieherischen Aufgabe umgewidmet wurde, so wollten die führenden Pädagogen mit der Erziehung einem von ihnen selbst für politisch gehaltenen Anspruch genügen. Erziehung sollte sich nicht lediglich dem einzelnen zuwenden, sondern stets die Integration aller Individuen in die verpflichtende Gemeinschaft fördern. Träume und Vorstellungen von einem besseren Leben und einem besseren Staat verbanden sich mit dem Ehrgeiz, den besseren Menschen hervorzubringen. Von der Erziehung wurde erwartet, daß sie das leiste, was man den Politikern nicht zutraute: die Einigkeit garantieren, die sozialen »Stände« zusammenführen, jedem einzelnen mit seinem Platz im Gesamtgefüge zugleich auch seinen Lebenssinn vermitteln. Damit wurde Erziehung als direkte Verwirklichung von Politik konzipiert. Politische und pädagogische Sehnsüchte verschmolzen zu einer Bewegung, die ihre konturlosen Ziele auf direktem Wege zu verwirklichen hoffte.

Typisch für diese Mentalität ist die folgende Frage aus dem Kreis der Freideutschen Jugend: »Freideutsche Jugend und Politik ... haben beide überhaupt etwas miteinander zu tun?

Ist nicht alle Politik dem freideutschen Wesen zutiefst entgegengesetzt? Was geht es uns denn an, dies geräuschvolle Treiben der Parlamente, der Zeitungen und Vereine, dieses Agitieren, Debattieren, Organisieren, dies Schimpfen, Feilschen und Übereinstimmen? Gehört das nicht alles zur großstädtischen Zivilisation von gestern, die wir flohen, als wir draußen in den Wäldern unseren Freundesbund aufrichteten? Gibt es etwas Unpolitischeres als den Wandervogel? Waren nicht das Meißnerfest und seine Formel eine Absage an die Parteileute, die danach gierten, die Jugend in ihren politischen Betrieb einzuspannen? Ist es nicht die einzige Aufgabe der freideutschen Gemeinschaften, freie, edle und gütige Menschen zu erziehen?«[18]

Politisches Wirken kann sich der Autor nur vorstellen als allmähliche Verbreitung der Wahrheit im langen Marsch durch die Institutionen: »... ein Fortschreiten vom Kleinen zum Großen: von der Arbeit an örtlichen Vereinen, Institutionen, Gemeinschaften über die Kommunalpolitik zur großen Politik in Staat und Volk. Das Vorbild sei die Ausbreitung des Christentums (bevor sie Hofpolitik wurde): Gemeindewachstum und Aposteltätigkeit!«[19] Solche Texte kennzeichnen die Sehnsucht einer ganzen jungen Generation: Politik nicht nach dem Regelungs-Modell als Handeln unter vereinbarten Spielregeln zu begreifen, sondern nach dem Expansions-Modell als Durchsetzung von »Wahrheit«.

Zucht und Führertum in der Bündischen Jugend

Etwa ab 1930 kommen die Angehörigen der Bündischen Jugend in Versuchung, sich durch die Parolen der Massenparteien vereinnahmen zu lassen. Es geht daher jetzt um das Selbstverständnis und die Identität der Bünde, wobei auch wieder das Verhältnis von Erziehung und Politik zur Sprache kommt. Dieser Vorgang kann an drei Schritten gezeigt werden.

Erster Schritt: Bund als Elite:
»Unser Bund ist zu einer Hingabefreudigkeit und Dienstbereitschaft erzogen worden, die für seine Führer schwerste Verantwortung bedingen. Es gibt kein kostbareres und zerbrechlicheres Gut als den jungen Menschen. Wehe dem Führer, der aus Leichtsinn oder man-

gelnder Reife die ihm anvertrauten, so willigen und gläubigen jungen Menschen unseres Bundes mißbraucht, da er ihnen Aufgaben zumutet, die sie nicht leisten können. Zucht und Bereitschaft des Bundesvolkes können dem Bunde nur dann zum Segen werden, wenn ihnen gegenüber steht geschärftes Verantwortungsbewußtsein aller Führer. Je vollendeter Gehorsam und Zucht der Bundesmannschaft sind, desto größer müssen Gehorsam, Zucht, Können und Einsicht der Führerschaft des Bundes sein.

Unser Bund ist seiner Entstehung nach, die seinen Aufbau und seine Form bedingte, ein Erziehungsbund. Ein Erziehungsbund, dessen Ehrgeiz nicht auf weite Verbreitung, sondern auf vertiefte Leistung geht. Dieses Wesen unseres Bundes bedeutet Entsagung für jeden Führer des Bundes. Weil wir ein Erziehungsbund sind und alles abstellen müssen auf die schweigend vollzogene Ausbildung der uns anvertrauten Menschen, darum ist unser Bund zu direktem politischen und propagandistischen Einsatz untauglich. Jeder, der zwei oder drei Jahre am Werke des Bundes gearbeitet hat, wird Neigung und Lust verspüren, dieser nüchternen und schmucklosen Arbeit sich dadurch zu entledigen, daß er Aufgaben vom Bunde aus aufgreift, die verlockenderen und rascheren Erfolg zu versprechen scheinen. Solches begreifliches Verlangen versündigt sich am Ernst der Bundesaufgabe und Bundesverpflichtung. Wir haben über unseren Bund in der lebendigen Art, wie er sich entwickelt hat, keinen anderen Schirmherrn gesetzt als Friedrich Wilhelm I., der sein Leben lang nichts anderes tat, als Volk und Heer zu bilden und einzuexerzieren. Wir leben heute als Volk und Staat im Zeitalter Friedrich Wilhelms I. und noch nicht im Zeitalter Friedrichs des Großen. Der schmucklosen und rauhen Wirklichkeit deutschen Volkes und Staates zehn Jahre nach Versailles entzieht uns keine Gedankensünde. Wir werden ihr gerecht in dem harten Dienst, den wir uns auferlegen.

Aus solcher Wirklichkeit heraus lebend, will der Bund Maßstab und Beispiel sein. Wir glauben, daß alle Möglichkeiten für die Zukunft bei einer Minderheit gelegen sind, wenn die Minderheit die Kraft hat, entschlossen ihre Eigenart ein Menschenalter zu bewahren. Alle Staatsgründungen gingen von Minderheiten aus, die sich ein strenges Gesetz schufen, unter diesem Gesetz als zu einem Orden zusammengeschlossen lebten und damit fähig wurden, herrschende Schicht zu werden. Einen anderen Weg, das Schicksal zu wenden und politische Macht zu erreichen, gibt es nicht. Wir glauben, daß die junge Nation niemals den Weg zur Herrschaft mit Erfolg wird betreten können, ohne daß sie durch eine jahrzehntelange Schulung hindurch ging und in ihr verbunden war. Das Bewußtsein hiervon gibt die Spannkraft, im Bund zu leben und in ihm weiter seine Pflicht zu tun.«[20]

Folgende Grundgedanken lassen sich erkennen:
– Der Bund bekennt sich zur Erziehung und wendet sich gegen die übliche Politik. Erzogen wird nicht die große Masse, sondern eine Elite, deren Charakter durch Opfer und Entsagung bestimmt ist.
– Das historische Vorbild (Friedrich Wilhelm I.) erkannte die »pädagogische« Aufgabe des Exerzierens und der Probe für den Ernstfall. Wie sein Nachfolger dank dieser Vorbereitung den Ernstfall bestehen konnte, so machen auch wir uns für eine solche Bewährung bereit.
– Insofern tun wir etwas ganz anderes als die Parteien. Diese spekulieren auf den noch unreifen Menschen, denn es geht ihnen nicht um Dienst an Mensch und Volk, sondern um die große Zahl der Anhänger. Wir selbst haben noch kein festes Programm, sondern wollen in zuchtvoller Gemeinschaft »die Erziehungs- und Lehrjahre ehrlich abdienen«, bevor wir zum Einsatz schreiten.
– Gleichwohl haben auch wir einen direkten Bezug zur Politik. Wir werden, wenn es Zeit ist, die Macht erreichen und die Herrschaft antreten. Dann geht es darum, das Schicksal zu wenden, nicht um konkrete politische Vorhaben. Wir brauchen daher kein Programm, sondern einen in der Zucht des Ordens erzogenen neuen Menschentypus.

Der *zweite Schritt* besteht in akuten Auseinandersetzungen der Bündischen Jugend mit den Massenparteien. Den Bünden wird besonders von den Nazis der Vorwurf gemacht, sie blieben abseits stehen, anstatt sich »der großen nationalen Freiheitsbewegung anzuschließen«.[21] Die Bünde nehmen zu diesen brisanten Fragen grundsätzlich Stellung. Dabei wenden sie sich nicht nur gegen die beiden extremistischen Massenparteien, sondern gegen politische Parteien überhaupt:

»Die Menschen des Bundes werden sich auch dem Kampf der Straße nicht entziehen; aber erst dann, wenn sie so weit sind, daß die Nervosität des Schlagwortbetriebes keine Gefahr mehr für ihr inneres Werden bedeutet. Für dieses gelten bei ihr andere Worte: Stillesein – sich offen halten – reif werden! Es gehört mehr kämpferische Haltung und mehr Tatwille dazu, einen einzigen Tageslauf in strenger Selbstzucht und Pflichterfüllung durchzuführen, als eine Handlung des ›Aktivismus‹ im Straßenkampf zu tun. Wer sich vorzeitig ausgibt, läuft Gefahr, innerlich leer zu brennen ...

Der Bund hat die Verantwortung auch für die politische Führung seiner Mitglieder übernommen und zu tragen. Die Verantwortung ist besonders bedeutungsvoll, weil der politische Tageskampf mit unvergleichlicher Leidenschaftlichkeit und mit der Nutzbarmachung letzter Mittel geführt wird ... Immer jüngeres und unreiferes Menschengut wird einseitig politischen Zwecken dienstbar gemacht. Bis weit unter das reichlich früh bemessene Wahlalter, bis in die Schulklassen hinein, reicht eine unverantwortliche politische Infektion, die wirkliches Reifwerden verhindert oder aber außerordentlich erschwert. Das erschwert naturgemäß auch den Menschen unseres Bundes den Weg zur notwendigen Tiefgründigkeit und macht schon deswegen eine starke Führung erforderlich ...

Parteien sind Meinungsgesellschaften; in ihrer dekadenten Erscheinungsform, wie wir sie heute erleben, Interessengesellschaften. Sie beruhen auf freier Werbung. Es kann ein jeder in ihnen Mitglied werden, der ihr Programm oder die Richtlinien ihres praktischen Handelns für richtig hält ... Die Lebensgrundlage jeder Partei ist die Propaganda. Die Partei kann nur versprechen, sie kann ihrem Wesen nach nicht fordern.

Der Bund beruht weder auf Weltanschauung noch auf Zielen oder Interessen. Er ist nicht eine Gemeinschaft des Meinens, sondern des Seins. Er schließt Menschen von verwandter Art und gemeinsamer Haltung zusammen. Der Bund beruht auf Auslese. Nicht jeder wird geworben, nicht jeder angenommen. Nicht Masse, sondern sachliche Eignung ist maßgebend. Wer dem Bunde angehört, geht eine dauernde Treueverpflichtung ein. Nicht einem Programm gilt die Treue, sondern der Fahne. Sie verkörpert die Substanz des Bundes selbst, nicht irgendein Ideal. Die Angehörigen des Bundes sind nicht gleichberechtigt, wie die der Partei ... Das Prinzip des Bundes ist Autorität, nicht Majorität. Verantwortung ist Sache des Führers, und Willensentscheidung geht nicht aus der Abstimmung, sondern aus der Beratung durch seinen Entschluß hervor. Der Bund ist politisches Soldatentum.«[22]

Als Kernpunkte dieses Textes lassen sich erkennen:

– *Der Kampf der Straße* ist nicht als solcher, sondern nur für unreife junge Menschen abzulehnen, die den damit verbundenen Gefahren erliegen könnten. Es geht also weniger darum, um was dort gekämpft wird, als um den pädagogischen Charakter des Kampfes selbst.

– Die Inanspruchnahme junger Menschen für die Politik ist eine *Infektion* – so etwa, als ob verfrühter Geschlechtsverkehr gefordert würde und die Gefahr der Ansteckung bestünde. Es gilt, solchen Verlockungen standzuhalten. Geht in den Massenparteien Quantität vor Qualität, so sind die

Bünde, im Gegensatz zu dieser oberflächlichen Existenzform, für die Tiefgründigkeit zuständig.

– Das *Interesse* ist nicht nur Wesensmerkmal der Parteien, sondern schlechthin eine Fehlform. Der Mensch wird dort lediglich partiell erfaßt, nämlich nur, so weit er gerade diese Meinung teilt. Er wird aber nicht als Ganzer angesprochen, so daß daraus keine tiefergehende persönliche Verpflichtung erwächst.

– Der Bund ist eine ganz andere Form des Zusammenschlusses. Er will *Gemeinschaft des Seins*, nicht des Meinens. Das Gemeinsame kommt nicht durch Willensbildung aufgrund konkreter gesellschaftlicher und politischer Probleme zustande, sondern durch die schon vorausliegende gemeinsame Wesensart.

– Die Fahne verkörpert die *Substanz des Bundes*; diese kann nicht reflektiert oder diskutiert werden, denn die Mitglieder fühlen sich dort mir ihrer ganzen Person aufgehoben und vertreten. Wie weit – so dürfen wir fragen – ist von hier aus der Schritt zu der Formel »Meine Ehre heißt Treue«?

– Der Stil des Bundes ist undemokratisch und militärisch. Im Sinne eines *politischen Soldatentums* gibt es Verantwortung nur für den Führer, der Autorität genießt. Die Wahrheit liegt jeder Diskussion immer schon voraus, denn sie ergibt sich aus der Eigenart der aufgenommenen Person.

Was folgt aus diesem Selbstverständnis für die Möglichkeit, den aufkommenden Nationalsozialismus zu erfassen und sich von ihm zu distanzieren? Bund und Partei werden einander als grundverschieden gegenübergestellt. Das gilt für die Lebensform allgemein, für den Umgang mit Politik, für die Arrangements der Initiative, für die Grade der Verbindlichkeit, für die Formen der Willensbildung, für die Basis von Identität. Besonders deutlich zeigt sich dieser Unterschied in der Abhebung des Bundes von den großen Massenparteien, vor allem von der NSDAP. Zu einer inhaltlichen Auseinandersetzung mit dem Nationalsozialismus kommt es jedoch nicht – im Gegenteil:

»Wenn der Nationalsozialismus ... eine Weltanschauung ist, dann werden wir, wenn sie der unseren entspricht, ohnedies zu gleichen Zielen wirken ...[23] Die geschichtliche Aufgabe der NSDAP ist offenbar, als größtes Organisationsmonstrum des demokratischen Massenzeitalters alle übrigen

Parteien aufzufressen und dabei folgerichtig das Ende dieser politischen Form und Wesensart herbeizuführen, die mit ihr stirbt. Sie hat den Vorzug, daß sie sich in guten Stunden dieses Ende selber wünscht, weil das verborgen in ihr lebende bündische Element die Ahnung in sich trägt, daß Deutschland nur gesunden kann, wenn die Parteien sterben, und zwar auch Parteien wie die NSDAP.«[24]

Es geht um die Formen, in denen sich der Zusammenhang von Politik und Erziehung darstellt. Nicht weil sie böse sind, werden die Nazis abgelehnt, sondern weil sie unangebrachte Formen der Gemeinschaft praktizieren. Ihr Massencharakter, ihre Extrovertiertheit finden Ablehnung und Verachtung. Auf die Ziele selber kommt jedoch die Bündische Jugend in dieser Auseinandersetzung gar nicht erst zu sprechen. Sogar ein Zusammengehen erscheint als möglich, wenn der Nationalsozialismus eine Weltanschauung ist. Vor allem darin könnte sich eine Verwandtschaft zeigen, daß auch der Nationalsozialismus selber im Grunde keine Partei sein und das Gefüge der Parteien aufheben will. Daraus wird nun eine naive Folgerung gezogen: Das Verschwinden der Parteien bringt nicht etwa die Diktatur, sondern das neue Hervortreten solcher Lebensformen, wie der Bund sie ohnehin verkörpert. Die NSDAP wird damit als Erfüllungsgehilfin der eigenen Sehnsüchte beansprucht.

Im *dritten Schritt* ist zu zeigen, wie diese Vorgänge um 1930 von führenden Reformpädagogen gedeutet wurden. Als Beispiel dient ein Text von E. Weniger, der »das Bild einer Zeitwende« in diesem neuen Lebensgefühl der Jugend, in diesem Radikalismus des Gewissens erblickt«. Hier ist der Punkt, an dem Reformpädagogik sich der Jugendbewegung bemächtigt. Die Zeitwende wird nicht als politischer Umschwung wahrgenommen, sondern als eine anthropologisch-geistesgeschichtliche Wende. Insofern kann Weniger feststellen, daß vor allem die Pädagogik von der Jugendbewegung profitiert habe:

»Aus der Jugendbewegung hervorgegangene Menschen verlieren selten ganz die Zeichen ihrer Herkunft; überall im Erwachsenenleben, in allen Berufen zerstreut und jede Art von Betätigung ausübend, erkennt man sie doch zum mindesten an Resten ihrer früheren Haltung. Aber sie vermochten keinen neuen Typus in ihren Bereichen zu schaffen. Nur an einer Stelle ist innerhalb der

Erwachsenengeneration ein solcher Typus entstanden, der formbildend auch auf die Menschen wirkt, die nicht selber durch die Jugendbewegung gegangen sind: der Erzieher aus dem Geiste der Jugendbewegung. Die große pädagogische Erfahrung, die die Bewegung in sich ansammeln konnte, ist hier fruchtbar geworden, und aus dem Selbsterziehungswillen wuchs der Wunsch, der nachwachsenden Jugend, die nicht von sich aus den Weg zur Selbsterziehung fand, zu helfen ...

So hat man mit Recht sagen können, daß heute die Jugendbewegung in eine pädagogische Phase eingetreten sei. Das gilt auch für die Arbeit innerhalb der Bewegung selbst: die Aufgabe der Jugendbewegung ist heute die Jugendführung durch ihre älteste Generation, und wo noch Bewegung der Jugend sich zeigt, bei dem Bund der Wandervögel und Pfadfinder, im Bund deutscher Jugendvereine, im Quickborn oder bei der sozialistischen Arbeiterjugend, ist diese Jugendführung aus dem Geiste der Bewegung, in der Verantwortung des Mannes und der Frau für die nachwachsende Jugend die Form, in der heute Jugendbewegung allein lebendig ist.«[25]

Wir erkennen:

– Die Pädagogik profitiert von der Jugendbewegung vor allem durch das Entstehen eines neuen *Typus*, in welchem pädagogische Erfahrung fruchtbar geworden ist. Es geht nicht primär um inhaltliche Stellungnahmen zu zeitgeschichtlichen Fragen, denn man verläßt sich auf die Prägekraft dieses Typus.

– Es sind Menschen da, die andere formen können. Diese anderen bedürfen selber nicht mehr der besonderen *Erfahrung*, weil die Älteren stellvertretend für sie und für die kommenden Generationen bereits die notwendigen Erfahrungen gemacht haben.

– Als Resultat erscheint eine hausbackene *Gesamt-Pädagogik*. Jugendbewegung ist zu einer pädagogischen Veranstaltung im herkömmlichen Sinne geronnen. Was die erste Generation an Aufstand, Distanz und Erfahrung geleistet und gesammelt hat, wird zum pädagogischen Kulturgut, das weitergereicht werden kann.

Der Typus des politischen Menschen

Das Denken in der Kategorie des Typus, wie wir es soeben bei E. Weniger beobachtet haben, kennzeichnet breite Bereiche der deutschen Pädagogik. Dies zeigt sich beispielhaft am politischen Typus des »Machtmenschen« in E. Sprangers »Lebensformen«.

Zunächst ist der Machtmensch Herrscher über andere: »Macht ist also die Fähigkeit und (meist auch) der Wille, die eigene Wertrichtung in den anderen als dauerndes oder vorübergehendes Motiv zu setzen ... In der Politik heißt Menschenkenntnis so viel wie Kenntnis der ›Brauchbarkeit‹ des einzelnen. Menschen sind wie Schachfiguren oder wie Rechenpfennige ...«[26] Gleichwohl erschöpft sich der Machtmensch nicht in zynischem »Gebrauch« der Schwächeren, sondern empfindet eine gesamtpolitische Verpflichtung: »Ruht es auf geistiger Überlegenheit, auf persönlicher Kraft und dem hochherzigen Willen, im Herrschen zu dienen, so haben wir den echten Führergeist, der seine Macht nur im Dienste des Ganzen verwertet und sie als eine ethische Verpflichtung gegenüber den ihm folgenden ansieht ...[27] Ja in höchster sittlicher Betrachtung kann Herrschen und Dienen ganz zusammenfallen. So betrachtet sich Friedrich der Große als den ersten Diener seines Staates. Das heroische Opfer, das ein Hindenburg dem deutschen Staat und Volk bringt, ist aus dem gleichen Geist geboren.«[28] So wird dieser politische Typus schließlich als Führer zum Repräsentanten aller Geführten: »Erst wo ... der Führer eine gewaltige Gruppe hinter sich weiß, deren Sache er übernommen hat, treten uns die höchsten Machtnaturen entgegen: Menschen von imperatorischer Art, in denen sich eine überindividuelle Geisteskraft konzentriert. Dieses Wachstum, das aus den höchsten Zwekken selber folgt, hat etwas Mystisches.«[29]

Als Merkmale dieses Typus werden sichtbar:

– Der Machtmensch, verkörpert in berühmten Figuren aus der preußisch-deutschen Geschichte, wird nicht aus der Logik der Macht und dem Mechanismus politischer Prozesse selbst heraus begriffen (wie etwa bei Machiavelli), sondern aus einem schon im voraus moralisch zugeschnittenen Macht-Begriff. Die Erbarmungslosigkeit und nüchterne Kälte politischer Macht ist dem Autor entweder nicht bekannt oder soll durch beschwörende Interpretation ignoriert werden.

– Politik ist nicht als eine wirklich stattfindende Auseinandersetzung verstanden, sondern als Charaktereigenschaft und Persönlichkeitsmerkmal. Dies verändert das Wesen politischer Probleme: Lebensfragen, die alle Menschen in einem Staat und einer Gesellschaft betreffen, verflüchtigen sich zu Strukturen der Beziehung zwischen dem »Führer« und dem »Ganzen« von Volk und Staat.

– Ein demokratisches Verständnis von Politik bleibt bei diesem Ansatz ausgeschlossen. Sprangers Sicht des Politischen spiegelt die Lage des schon lange politisch entmachteten Bürgertums. Aber gerade auch jetzt (in der Weimarer Republik), als ein politisches Engagement dieses Bürgertums nötig und möglich gewesen wäre, bleibt die vornehme Distanz.

– Politik ist ein Kulturphänomen neben anderen, dem eine spezielle Begabung entspricht. Der eine verwirklicht sich in der Politik, der andere in der Kunst, ein dritter in der Erziehung. Nicht nur die Parteipolitik, sondern Politik insgesamt wird damit zum Spezialfall des Lebens, zur Branche, die nur denjenigen interessieren kann, der sich in ihr auskennt. Für alle Menschen, die nicht politisch veranlagt sind, wird Politik entbehrlich: Sie gehört nicht notwendig zur menschlichen Existenz.

– Indem Herrschen und Dienen auf hoher moralischer Ebene zusammenfallen, läßt sich der reale Unterschied zwischen den Machthabern und der Bevölkerung verschleiern. Die Ideologie der Volksgemeinschaft im Dritten Reich, wonach »alle in einem Boot« sitzen, wird in ihren Konturen am Horizont erkennbar.

– Über den Kreis der politischen Typen hinaus bleibt das Politische allenfalls noch für die Pädagogik von Bedeutung; sie kann einmal die unterschiedlichen Typen und Lebensformen feststellen und in der Erziehung berücksichtigen; zum anderen wird sie als politische Bildung »Selbstverwaltungsübungen« durchführen: diese »dürften nicht Spielerei bleiben, sondern müßten auf echte Gesinnungsbildung eingestellt sein und den Charakter ausstrahlender ›formaler Kraftbildung‹ übertragen«.[30]

Ein anderes Beispiel für den Umgang mit dem politischen Typus, jetzt bereits aus der Zeit des Dritten Reiches, sind einige Aussprüche von H. Schemm[31]:

»Der vornehmste und größte Erziehungsfaktor ist der Staat, und weil dieser Staat und dieses Volk heute, meine lieben Freunde, sich im Kampf, im weltanschaulichen Kampfe sich befindet, deshalb brauchen wir heute, und ich möchte sagen, immerdar, den Typ des

Kämpferischen, des Soldatischen, den Typ des politischen Menschen. Der ist unser Ziel.

In unserer Schule kann nicht bloß, sondern muß Politik betrieben werden, weil es bei uns nur eine Politik gibt, und die heißt Deutschland und sein Leben.

Durch die Zucht und durch die Erziehung erreichen wir die schönste und sicherste Form der Einverleibung des Nachwuchses in die völkischen und staatlichen Lebensordnungen. Es ist überhaupt so, daß im Nationalsozialismus das Volk und erst recht jeder Erzieher auf die Wälle des Staates gerufen wird zur Verteidigung dieses Volkes, dieses Staates und seiner Kultur und der Realität seiner Existenz gegen alle feindlichen Angriffe.

Politik ist weiter nichts als Vater- und Mutterliebe, als Vater- und Mutterliebe auf ein ganzes Volk ausgebreitet und in die fernste Zukunft geplant. Das ist Politik im rechten Sinne.

Es ist auch ein innerlicher Sinn in dem Begriff Führertum. Den müssen besonders wir Lehrer verstehen, denn wir wollen Führer, Offiziere sein. Ja, in dem Begriff ›Führer‹ liegt etwas ganz anderes, viel Urdeutscheres als in den Begriffen meinetwegen König, Kaiser oder in irgendeinem anderen Begriff liegt, denn das Führertum, der Führer ist eine bewegliche Angelegenheit, eine marschierende Angelegenheit, eine nach sich ziehende Angelegenheit. Das ist etwas Dynamisches, nicht Statisches, etwas, was strebt und kämpft, sonst kann man ja nicht Führer sein, während alles andere diese Grundidee nicht so besitzt. Und so mußte es auch diesem Führer gelingen, das Volk zusammenzuschweißen.«

– Erziehung und Politik gehören auch hier wieder zusammen. Sie bedingen sich und treten füreinander ein. Weil der Staat, in dem wir alle leben und erzogen werden, kämpfen muß, brauchen wir den Kämpfer, den Typus des politischen Menschen. Dieser verhilft dem Staat dazu, seine Erziehungsaufgabe, die auch selber wieder einen politischen Charakter hat, richtig zu erfüllen.

– Nach dem bekannten Modell der konzentrischen Kreise ist Politik als »Vater- und Mutterliebe« im Kern unpolitisch. Was im Intimbereich der Familie gilt, gilt auch öffentlich; es wird aber verfügbar und läßt sich planen. Auch in dieser Form gehen Erziehung und Politik ineinander über. Beide sind sozusagen innen und außen zugleich.

– Wenn der pädagogische Dienst dem militärischen gleichzustellen ist, werden Lehrer zu Offizieren. Darin drückt sich der besondere Charakter des Führertums aus. »Führer« ist der dynamische Begriff gegenüber statischen Rangbezeichnungen.

– Das Ganze befindet sich in Bewegung, im Kampf, auf dem Marsch. Dessen Richtung und Zielsetzung braucht gar nicht mehr genannt zu werden, denn die Bewegung als solche steht qualitativ höher als jedes mögliche Ziel. Das Ethos des führenden Offiziers erweist sich darin, daß er es übernimmt, die Bewegung im Rollen zu halten.
– An der Stilisierung von Typen hat sich seit der Reformpädagogik nichts geändert. Schemm geht allerdings insofern einen Schritt weiter in die Praxis hinein, als er dem politischen Typus eine bestimmte Aufgabe zuweist. Gefragt ist nicht mehr Veranlagung, sondern Eignung zum Kampf. Im politischen Typus verschmelzen Führertum und Erziehung.

Staat und Geist

Wie Bildungsfragen politisch verstanden und auf den Staat bezogen sein können, geht beispielhaft hervor aus einem Aufsatz von H. Freyer »Die Universität als hohe Schule des Staates«.[32] Freyer beginnt mit der interessanten Frage, ob der Staat die Wissenschaft in Ruhe lassen müsse. Sein Befund lautet:

Direkte Eingriffe des Staates in Wissenschaft und Hochschule sind in der Tat unmöglich. Aber die Wissenschaft darf sich deswegen nicht als Sonderbereich verstehen. Wenn sie auch zweifellos zur Sinngebung und Wahrheitsauskunft verpflichtet ist, bleibt die Universität als Stätte der Wissenschaft dennoch eng mit dem Staat verbunden. Wesentliche Bestandteile des Hochschulstudiums dienen ja seit jeher der Ausbildung für den Staat, sind also ohnehin außerwissenschaftlich. Dadurch ist der Staat mit seinen Ausbildungsansprüchen immer schon massiv in der Hochschule vertreten. Heute (1932) kommt es nun zu einer Polarisierung der Kultur durch die um den Staat ringenden Mächte. In dieser Situation, in der alles zum Totalen strebt, sieht sich die Hochschule mit ihrem wissenschaftlichen Anspruch in die Defensive gedrängt. Sie steht vor der Frage, woher sie in Zukunft ihre Identität beziehen wird. Diese Entwicklung hat große Bedeutung für den Charakter der Wissenschaft selbst. Der Wissenschaftsbegriff des Positivismus hat sich überlebt, denn es ist klargeworden, daß die Wissenschaft nicht voraussetzungslos anfängt, sondern von Deutungsnormen ausgeht, die immer schon vorhanden sind. An diesem Punkt kommt der Autor zu den entscheidenden Passagen:[33]

»Zu sagen, daß sich die Wissenschaft für das Gültige ›entscheidet‹, ist insofern ein Tropus, als es echte Entscheidung nur angesichts einer freien Wahl gibt, die Wissenschaft aber nicht Willenshandlung, sondern Wahrheitsfindung ist. Entscheidungscharakter bekommt die wissenschaftliche Erkenntnis hier insofern, als sie das Wagnis einschließt, in unserem eigenen Sein, in dem wir befangen sind, das Gültige vom Ungültigen zu scheiden ...

Dieselbe geistige Substanz, die in der Wissenschaft als Theorie konzipiert wird, wird nun gleichzeitig immer in ganz anderen Sprachen ausgesprochen und in ganz anderen Lebensformen verwirklicht: in der Tatsprache des politischen Menschen, in der Gebildewelt der Kunst, in der wortlosen Sprache des Praktikers ...

Ich kehre nun zur Universität zurück. Folgende These wird kaum Widerspruch finden. Wenn die Wissenschaft, die ›reine‹ Wissenschaft als der wesentliche Gehalt der Universität bestimmt wird, so heißt das nicht, daß die Universität lediglich die formale Idee der Wissenschaft überhaupt oder lediglich das als zeitlos gültige Erweisbare zu vertreten habe, sondern es heißt, daß sie einen bestimmten Stand der wissenschaftlichen Erkenntnis, nämlich den heute gültigen, zu repräsentieren und zu verwalten, ihn forschend weiterzuführen und ihn lehrend zu vermitteln habe ... Indem die Universität Wissenschaft treibt, baut sie die gültige Sicht der Zeit auf ... Die geistigen Grundlagen, auf denen unser Leben ruht, wirken als Voraussetzungen auch in der Wissenschaft. Die Universität nimmt diese Voraussetzungen nicht nur hin, sondern führt sie auf ihren gültigen Gehalt zurück; befreit sich also nicht von ihnen, sondern befestigt sich in ihnen. Sie ist das theoretische Organ ihres Volkes und ihres Staates; sie erkennt, was in diesen und was in ihr selbst sich vollzieht, sofern sie einer bestimmten Gestalt des Geistes angehören. Sie offenbart ihrem Volk und ihrem Staat, was sie wahrhaft sind ... Es wäre keine Reinigung der Universität, sondern die pure Resignation, wenn sie auf die Aufgabe verzichten wollte, in der Sprache der Wissenschaft zu sagen: was wir sind und welcher Wille unserem Sein seinen geschichtlichen Sinn gibt. Will man das schon eine weltanschaulich gebundene Hochschule nennen, so ist die Universität wesentlich weltanschaulich gebunden ...

Das hat seine Folgen für die Interpretation der kulturphilosophischen Thesen, auf denen unser Gedankengang über die Universität aufgebaut war. Wenn wir auf der These aufbauten: der geistige Gehalt der Zeit wohne allen ihren Werken inne und werde in allen ihren ›Sprachen‹ ausgedrückt, und wenn wir den Beruf der Wissenschaft, die gültige Sicht der Zeit zu sein, eben darauf begründeten, so bezog sich diese These auch auf die *politische* Wirklichkeit, und sie sollte sich darauf beziehen. Aber sie bezog sich darauf nur mit der Einschränkung, daß nicht alles, was gegenwärtig ist, deswegen schon ›Zeit‹ im prägnanten Sinne des Wortes ist. Der Begriff Zeit im prägnanten Sinne des Wortes impliziert die Reduktion auf das Gültige …

Für den Begriff des Staates heißt das folgendes. Die politische Wirklichkeit der ›Zeit‹ erschöpft sich nicht in den arrivierten politischen Mächten und kann zwar, braucht aber nicht mit der tatsächlichen staatlichen Ordnung identisch zu sein. Sie umfaßt auch diejenigen politischen Willenskräfte, die als bloße Bewegung oder als bloße Bereitschaft existieren, die aber ›an der Zeit‹ sind. Und im prägnanten Sinne umfaßt sie sogar nur diese.«

Hier läßt Freyer die Katze aus dem Sack. Hatte er noch recht plausibel mit der Abwägung der wissenschaftlichen Autonomie gegen den staatlichen Zugriff begonnen und den Wahrheitsbezug der Universität im Prinzip aufrechterhalten, so arbeitet er jetzt mit einem gigantischen Trick weiter. Die unbestreitbare Feststellung, daß keine Wissenschaft voraussetzungslos anfängt, wird unversehens zu der Behauptung, die Wissenschaft bringe inhaltlich das Gültige ihrer Zeit zum Ausdruck. Damit wird die Universität bereits auf die Heraufkunft des Nationalsozialismus vorbereitet. Freyer leitet diese Konsequenz mit folgender Argumentation ein:

– Wissenschaft wird trotz ihres Wahrheitsbezuges zum *Entscheidungsakt*, so daß Erkennen praktisch immer schon Parteinahme bedeutet. Der Wissenschaftler läßt sich auf ein Wagnis ein; dieses besteht darin, daß er im Augenblick der Stellungnahme nicht genau weiß, ob er richtig oder falsch liegt. Nicht also darin besteht das Wagnis, daß man Hypothesen aufstellt, die sich vielleicht nicht verifizieren lassen, sondern in der politischen Zuordnung des gesamten Forschungsbetriebs selbst. So fungiert wissenschaftliche Aussage potentiell bereits als geistige Untermauerung einer Parteilinie, deren Richtung der Forscher rechtzeitig ahnen muß.

– In dieser Wagnislage orientiert sich Wissenschaft nicht ausschließlich an ihren eigenen Kriterien der Wahrheitsfindung, sondern horcht auf das, was die anderen Kulturgebiete äußern. Sie hat ja eine besondere Sprache, um ihren spezifischen Beitrag zur *Formulierung des Zeitgeistes* auszudrücken, analog der »Tatsprache« des politischen Menschen. Der Wissenschaftler wird zu einem Typus, der auf seinem Gebiet tut, was andere mit der gleichen Intention auf ihren Gebieten tun. Wissenschaft wandelt sich zur abhängigen Disziplin, die nicht mehr kritisch Stellung nehmen kann.

– Folgerichtig muß die Universität jeweils den aktuellen Stand der Erkenntnis präsentieren. Dieser erwächst aber nicht allein aus der Wissenschaft selbst, sondern entwickelt sich parallel zum Volksleben und zur Nation. In diesem Sinne gibt es dann, je nach der einheitlichen, totalen Gesamtperspektive, einen erreichten *gültigen Stand* der Wissenschaft. Da dies kein forschungsimmanenter Stand sein kann, weil ja in wissenschaftlicher Forschung stets kontroverse Standpunkte nebeneinander bestehen können, kann diese Gültigkeit nur von außen kommen: ihr Ordnungsrahmen ist politisch.

– Die Universität bleibt mit der übrigen Welt verbunden. Sie braucht sich nicht abzuschließen, wie aus ihrem Wahrheitsanspruch gefolgert werden könnte, sondern fungiert als theoretisches *Organ des Volkes und des Staates*, indem sie diesen offenbart, was sie wahrhaftig sind. Wissenschaft ist Ausdruck und Spiegel einer lebendigen staatlichen Wirklichkeit, von der sie sich weder geistig noch politisch distanzieren kann.

– Die Voraussetzung der Wissenschaft liegt nicht allgemein in ihren gesellschaftlichen und historischen Bedingungen (was jeder kritische Wissenschaftler weiß), sondern in engem und buchstäblichem Sinne in den konkreten Anforderungen: Die Wissenschaft kann gar nicht anders als gerade *ihre Zeit* auszudrücken. Sie ist eine beschränkte, abhängige Kulturform, Funktion einer Weltanschauung, die ihr das Gesetz der Entfaltung vorschreibt.

– Der geistige Gehalt der Zeit ist schon ohne die Wissenschaft und vor ihr vorhanden. Er drückt sich aus als *Bewegung*, die alle Lebensbereiche erfaßt, auch den der Politik.

– Was aber das gültige Politische ist, läßt sich nicht an Mehrheitsverhältnissen ablesen, sondern liegt im *Zeitgeist*, der nach Verwirklichung drängt. Es kann sich um Bewegungen handeln, welche die politische Macht noch gar nicht haben, sie aber haben könnten, weil sie herangereift und insofern »an der Zeit« sind. Die Wissenschaft tut gut daran, solche Bewegungen aufzuspüren und ihnen zum Durchbruch zu verhelfen.

Die Konsequenz dieses Gedankengangs ist die Entpolitisierung des geistigen Menschen. Er tritt in der Gewißheit, regelrechte Wissenschaft zu betreiben und sich zugleich im richtigen Zeitgeist zu befinden, in das Dritte Reich ein. Dieses politische System erfährt damit von vornherein eine wissenschaftliche Legitimation. Aber in Wirklichkeit verliert der Wissenschaftler durch Freyers Trick sowohl seine Wissenschaftlichkeit als auch sein politisches Urteil. Die politischen Kräfte, die jeweils an der Zeit sind, bestimmen seine Geistigkeit. Der Forscher findet seine »Heimat« nicht mehr in der Wahrheitssuche, sondern so wie alle anderen Berufe im Staat, im Volk, im schützenden und bergenden Raum der Gemeinschaft. Er lebt in der Illusion, er könne seinen Geist in diesen Schutzraum hinüberretten und das auch noch als Ausdruck politischen Bewußtseins ausgeben. Mit seiner gesamten Wissenschaft unterliegt er den aktuellen Kriterien, wie die politische Führung sie ihrem Bedarf entsprechend setzt. Wie schnell sind dann solche Wissenschaftler ausgemacht, welche die Zeichen der Zeit nicht mehr verstehen, die Substanz der Epoche verfehlen und daher dann auch an der Universität nichts mehr zu suchen haben. Die Vertreibung jüdischer Gelehrter aus den Hochschulen verlief ja kurze Zeit später auch wirklich relativ reibungslos.

Was sich hier kundtut, ist ein im Prinzip totalitäres, unfreiheitliches Denken. Immer wieder kommt das Grundmodell der von J. Benda gegeißelten »trahison des clercs«[34] zum Vorschein. Die Intellektuellen sind Exponenten eines über ihnen schwebenden Gesamtwillens, der von politischen Machthabern gesteuert wird. Ihr Geist ist kein kritischer, vom Ethos der Erkenntnis und vom Mut zum Aussprechen unangenehmer Wahrheiten geprägter Geist, sondern intellektuelles Schmiermittel und stabilisierender Faktor für das System. Solche Intellektuellen haben im Grunde ihren Geist verspielt. Sie spielen aber weiter, indem sie Wissenschaft nicht mehr *treiben*, sondern nur noch als Rolle *darstellen*.

Welche Konsequenzen die Beschlagnahme der Wissenschaft für den sich im neuen Staat offenbarenden Zeitgeist haben konnte, zeigt beispielhaft der folgende Vorgang. 1935 wurde ein »Institut für Politische Pädagogik« an der Universität Berlin gegründet. Seine Aufgabe war, die Lehrerbildung politisch und praxisnah umzuwandeln. Die Leitung übernahm A. Bäumler. Er hielt bei der Eröffnungsfeier eine programmatische Rede, die ausging von einem Wort A. Rosenbergs: »In Adolf Hitler hat Widukind gesiegt.«[35] In einer Wiedergabe dieser Rede heißt es, Bäumler habe folgendes ausgeführt: »Dieses Wort hat sich mit überraschender Schnelligkeit überall verbreitet, und es bedeutet ein völlig neues Ereignis, daß unser ganzes Volk von dieser geschichtlichen These aufs tiefste berührt worden ist. Ein scharfer Streit um Karl und Widukind hat begonnen, und besonders die deutsche Jugend bemüht sich zu entscheiden, wer von beiden eigentlich *recht* habe.« Der Fachgelehrte hat nach Bäumler heute ausgespielt; sein Anspruch auf historische Fachkompetenz gilt nicht mehr, denn die Zukunft folgt nicht notwendig aus der Vergangenheit:

»Die Geschichte Deutschlands liegt heute nicht in den Händen derer, die sich das genaueste Bild der vergangenen Zeiten machen können, sondern bei denen, die sich ohne große historische Erwägungen einem Führer unterstellen, der einen politischen Auftrag zu erfüllen hat. Der SA-Mann und der Arbeiter, die Jugend und das Volk sind heute stärker von der geschichtlichen Wirklichkeit ergriffen als mancher Gebildete, der seiner Zeit verständnislos gegenübersteht ... Wenn heute die Jugend und das Volk *für* Widukind und *gegen* Karl Partei ergreifen, so ist dies der Ausdruck eines echten geschichtlichen Bewußtseins, das auf den Anbruch einer neuen politischen Epoche hinweist. Denn diese Entscheidung für Widukind ist nur möglich, weil wir heute wieder zu dem Grunde der deutschen Wirklichkeit vorgestoßen sind, und weil wir die wirkenden Mächte unserer Geschichte wieder klar erkennen. Der Blick auf die germanische Substanz Deutschlands ist frei geworden; denn mit der Revolution des Jahres 1933 ist das Ende des *Heiligen Römischen Reiches Deutscher Nation* endlich gekommen. Dieses Reich hat nicht 1806 sein Ende gefunden, auch nicht 1871, nicht einmal 1918, sondern es hat bis zum 30. Januar 1933 gedauert. Und mit seinem Ende, mit dem Sieg Adolf Hitlers ist unser Blick frei geworden für den einstigen Gegenspieler des Gründers dieses Reiches.

Damit haben wir ein allgemeines Gesetz des historischen Erkennens gewonnen: Wo mehr gesucht wird als eine bloße Tatsachenerkenntnis, da reicht der deutende Blick des Historikers immer nur so weit in die Vergangenheit zurück, als der politische Wille seiner Zeit in die Zukunft greift. Und so, wie der Wille unseres Führers hinausgreift bis in eine ferne Zukunft, so wendet sich die nationalsozialistische Geschichtsbetrachtung zurück in die ferne Vergangenheit; sie erfaßt die Ereignisse unserer Geschichte aus dem germanischen Grunde.«

Hier ist in der Tat ein neuer, eigenwilliger Umgang mit der Wissenschaft eingeleitet. Nicht das, was der Historiker inhaltlich herausfindet, ist falsch, sondern nach dem neuen Kriterium ist seine gesamte Wissenschaft verfehlt, vor allem ihr Anspruch auf Objektivität. Nachdem die Geschichte freigegeben worden ist und nicht mehr ausschließlich in der Hand von Forschern liegt, wird Geschichtsdeutung zur Funktion politischer Willensbildung. Geschichte dient jetzt der emotionalen Untermauerung eines Bekenntnisses, das seinerseits eine Parteinahme voraussetzt. Dieses Bekenntnis löst auch die Probleme der Interpretation und verhilft zur Entscheidung darüber, wer in der Geschichte *recht* hat. Das politische Bewußtsein wird umgedeutet zu einer Verfahrensweise, die kritisches, vergleichendes, forschendes Denken überflüssig macht. In dieser Art von Geschichtsklitterung kommen mehrere Elemente zusammen:

– Das Bestreben totalitärer Systeme, sich der Geschichte als eines Steinbruchs zu bedienen, aus dem jeweils das herausgeholt werden kann, was man propagandistisch gerade gebrauchen kann; dies bedeutet eine Entwertung der Geschichte als begründender Kraft; das System erweist sich als geschichtslos, es kann und will Geschichte nicht mehr verstehen.

– Die in der damaligen Pädagogik auch sonst verbreitete Abwendung von einer allzu wissenschaftlichen Ausbildung; die Hinwendung zu klaren und einfachen Deutungen; der antiintellektuelle Zug, der auch schon vor dem Nationalsozialismus und unabhängig von ihm wirksam war.

– Der pädagogische Stil, in unbefangener Weise Wahrheitsfragen durch »Parteiergreifung« zu klären und Parteiergreifen als Wahrheitsentscheid auszugeben; so geschah es gelegentlich auch schon vorher, z. B. in der bewegten Frühgeschichte der Landerziehungsheime.

Entscheidend für solche Unternehmungen ist der Gedanke: Die Grenze unseres politischen Wollens ist auch die Grenze unserer Tatsachenerkenntnis. Aufklärung über Tatsachen kann deswegen nur derjenige geben, der politisch das am weitesten ausgreifende Bewußtsein hat. Als wahrer Lehrer und Erzieher kommt weniger der Experte in diesem Beruf in Frage als vielmehr der politische Führer. »Der Führer hat uns erzogen« heißt daher nicht nur: er hat unseren Charakter geschmiedet und unser Gewissen in die richtige Bahn gelenkt;

sondern es heißt auch: er hat uns gelehrt, »Tatsachen« richtig zu sehen; er ist unser Lehrer, das Bekenntnis zu ihm macht uns anderen überlegen, formt uns selbst zu Lehrern aller anderen. Wir sind die berufenen Pädagogen der Welt, denn wir schaffen wieder Ordnung: im empirischen wie im metaphysischen Sinne.

Erziehung zur »Partnerschaft«

Nach 1945 gab es Bestrebungen, die politische Erziehung völlig umzuwandeln. Dies versuchte u. a. F. Oetinger mit seinem Begriff der »Partnerschaft«. Er und andere Autoren wollten nicht einfach eine andere politische Erziehung; sondern der Mensch sollte jetzt insgesamt durch Erziehung in ein anderes Verhältnis zur Politik gesetzt werden. Auch der Politik selbst war eine neue Funktion zugedacht: nicht mehr als Medium des Kampfes und der Auseinandersetzung, sondern als Ferment friedlichen und toleranten Zusammenlebens.

Dieser Wille zu einem neuen Start war jedoch in der Form nicht neu, sondern setzte Bemühungen fort, wie sie auch schon nach dem Ersten Weltkrieg aufgetreten waren. Damals hatte man allerdings mit weitausgreifender expressionistischer Gebärde einen radikalen Neubeginn, einen gewandelten Menschen gefordert. 1945 war man nüchterner, zurückhaltender und skeptischer. Die Grundidee jedoch, daß man den Menschen in ein ganz anderes Koordinatensystem stellen müsse, kam auch jetzt wieder zum Vorschein. Trug ein solcher Neuansatz nach 1918 noch quasi-religiöse Züge, so war er nach 1945 säkularisiert. Gleichwohl bleibt der Anspruch auf totalen Wandel auch jetzt erhalten.

Der Vorschlag, »Partnerschaft« als Kennwort der politischen Erziehung einzuführen, geht davon aus, daß die bisherigen Formen der staatsbürgerlichen Bildung überholt seien. Gemeint sind: Erziehung zum Staat, Erziehung zur Nation, Erziehung zur Gemeinschaft, Erziehung zur Tat, Primat der Politik vor der Erziehung, Umerziehung. Demgegenüber gelte es nun, eine Konzeption zu finden, die einerseits Erziehung nicht mehr unter ein vorausgesetztes Zweckgefüge subsumiert, andererseits aber auch nicht autonom vom öffentlichen Leben abgehoben ist, sondern wirklich den Namen »Politische Erziehung« verdient: »Es will uns scheinen, daß die Not der Nachkriegsepoche das Wesen des Politischen noch bestimmter dahingehend sichtbar gemacht hat, daß es die Aufgabe der Politik ist, Frieden zu halten. ›Politische Erziehung‹ ist daher – in einer ersten vorläufigen Formulierung – Erziehung zu einer menschlichen Haltung, die dieser friedensstiftenden und friedenserhaltenden Funktion der Politik möglichst weitgehend entgegenkommt. Es besteht angesichts dieser Aufgabe kein Anlaß, den Namen Politik schamhaft zu verhüllen, nur weil er einmal mißbraucht worden ist.«[36]

Aus diesem Ansatz folgt nun der Begriff der »Partnerschaft« als einer zeitgemäßen und unideologischen Form des politischen Umgangs: »Man kann Partnerschaft als die aussichtsreichste Möglichkeit bezeichnen, in unserer massenhaften und technisierten Welt eine politische Gesellschaft zu bilden, die haltbarer ist als die staatsbürgerliche und menschlicher ist als die kommunistische.«[37] Sei die alte staatsbürgerliche Erziehung eine »Pädagogik zu Pferd« gewesen, so markiere »Partnerschaft« eine »politische Pädagogik zu Fuß«.[38] Das bedeute einen Schritt in Richtung auf einen gewandelten Aggregatzustand sowohl der politischen wie der moralischen Existenz, denn auch das Gewissen wird jetzt neu in Anspruch genommen: »Die Frage der Autonomie der Pädagogik ist uninteressant geworden. Sie hat sich vereinfacht zur Frage des *pädagogischen Gewissens*. Es bereitet ungleich größere Schwierigkeiten, im Raum des Gewissens eine Rechtfertigungslehre der staatlichen Macht unterzubringen, als eine Lehre von der Demokratie als mitmenschlicher Lebensform. Wir mißtrauen nach den Erfahrungen der zwei Kriege einer ›Stimme des Gewissens‹, die ihre absolute ›Eigentlichkeit‹ in der Herauslösung aus den Fragestellungen der natürlichen Sozialität sucht.«[39]

Solle eine solche Haltung uns getrost in die Zukunft blikken lassen, so bedürfe es allerdings einer moralischen und intellektuellen Entschlackung: »Gewiß, wir können nicht aus unserer Haut. Zweifellos fußt die Partnerschaft auf einer weniger problematischen Haltung zum Leben, als es gemeinhin deutsche Art ist. Aber haben wir nicht in den letzten zwanzig Jahren mit so vielem anderen, was uns unentbehrlich schien, auch ein Stück von unserer Kompliziertheit hinter uns gelassen? Vielleicht haben wir dadurch etwas von jener schönen Naivität wiedergewonnen, ohne die in der Tat die freudige Kooperation der Menschen ein Traum des Paradieses bleibt.«[40]

Aber gerade dieser Wille, eine grundsätzliche Veränderung herbeizuführen, verhinderte einen wirklichen Gesinnungswandel mehr, als er ihn begünstigte. Denn das Menschenbild wandelte sich nicht an seiner Basis. Vielmehr war auch jetzt wieder ein bekanntes Phänomen zu beobachten: In Epochen des Umbruchs und der politischen Veränderungen tritt die Pädagogik auf, um den Menschen zu sagen, wie sie sich verhalten sollen. Die notwendige und wünschenswerte Bewältigung und Durcharbeitung der akuten Situation wird pädagogisiert. Damit tut die Pädagogik eben das, was die Gesellschaft in Krisenzeiten immer wieder von ihr erwartet. Die Inhalte der pädagogischen Weisung können wechseln; der Anspruch, den Menschen durch Erziehung sozusagen auf einen neuen Stand des Bewußtseins zu bringen, bleibt der gleiche.

Wie gewohnt lösen sich die Probleme auch hier scheinbar durch ein neues Menschenbild. Es geht dem Autor darum, den Menschen, der heute überleben und auch die Zukunft mit gestalten will, vom Ballast traditioneller politischer und moralischer Verpflichtungen zu befreien. Er stellt die Situation so dar, als trete nun eine unideologische, emotionsfreie, mitbürgerliche, ganz »normale« politische Lebensform an die Stelle der alten verkrampften, autoritären, von unrealistischen Ansprüchen überfrachteten staatsbürgerlichen Vereinnahmung. Insofern kann der Anschein entstehen, das »Politische« im Sinne elementaren Umgangs und schlichter Solidarität werde jetzt unter den Trümmern des alten Gemäuers hervorgeholt und wieder zur Geltung gebracht.

Das klingt auf den ersten Blick erfrischend. Bei näherem Hinsehen ergibt sich jedoch ein anderer Gegensatz als der vom Autor präsentierte. Da die nationalsozialistische Erziehung in eine Reihe mit allen bisherigen Konzepten der staatsbürgerlichen Erziehung gestellt wird, kann sich die neue Pädagogik der Partnerschaft jetzt mit jenen alten Formen auch des Faschismus insgesamt preiswert entledigen. Nicht die im Dritten Reich verübten Untaten stehen zur Debatte, sondern nur noch ganz allgemein ein Menschenbild, das jetzt überfällig ist und verschwinden soll. Wer diesen Krieg überlebt hat, braucht sich um sein »Gewissen« und seine Verantwortung keine Sorge zu machen: Hat er doch eine neue »Naivität« gewonnen, die es ihm erlaubt, sich den Fängen der Geschichte zu entwinden und weiterzuleben, als sei nichts geschehen. Auch das Gewissen geht den Weg des geringsten Widerstands. Die Frage, was am Nationalsozialismus böse war, kann jetzt als spezifische Frage an einzelne Personen gar nicht mehr auftauchen. Sie verfällt vielmehr mit der endlich überwundenen »Kompliziertheit« dem Vergessen.

Hinzu kommt die besondere Lage der Deutschen nach 1945. Soll Partnerschaft auch heißen: leidenschaftslose und korrekte Zusammenarbeit mit alten Nazis? Ist nicht vielmehr in moralischen Grundfragen weniger die Partnerschaft das oberste Gebot als vielmehr die Erkenntnis und die daraus zu ziehende Konsequenz im Handeln? Der Begriff Partnerschaft, so vernünftig er auch zunächst klingen mag, kam dem Bedürfnis der Deutschen entgegen, über Krieg, Judenvernichtung und Gewalttaten Gras wachsen und das Gewesene ruhen zu lassen. Das heißt in diesem Fall konkret: auch die Täter in Ruhe zu lassen. Die Opfer des Faschismus, so weit sie noch leben, finden keine Ruhe, denn ihr Leben ist durch die schrecklichen Ereignisse, die sie durchstehen mußten, unüberholbar geprägt. Ruhen lassen: das heißt auch sicherzustellen, daß man nicht für unwägbare Verfehlungen zur Rechenschaft gezogen wird; daß man seine damalige Schwäche, sein Mitläufertum, seine Charakterlosigkeit endgültig begraben kann und nicht mehr daran erinnert wird; daß man sich darin bestätigt findet, es sei eben alles ohne eigenes Zutun so gekommen, obwohl man es nicht gewollt habe.

Diese Einstellung hat gesellschaftliche Konsequenzen. Wenn die alten Dinge ruhen, dann wird es wieder möglich, sich auf die *normale Kriminalität* einzustellen. Diese kommt aber nach einhelliger Auffassung nicht aus der Mitte des Volkes, sondern von den Rändern her, verursacht durch asoziale Elemente. So wird es jetzt möglich, die seit jeher übliche Konstellation von normaler moralischer Gesellschaft und nicht normalen unmoralischen Randexistenzen wiederherzustellen, also unbefangen wieder diejenige Unterscheidung zu treffen, die den Nationalsozialismus mit ermöglicht hat.

Der Begriff »Partnerschaft« selbst ist aber auch inhaltlich

problematisch. Sicherlich könnte man sagen: Partnerschaft sei im Prinzip gut, jedenfalls besser als irrationale Zerrissenheit oder brutaler Machtkampf. Gleichwohl sind Machtkämpfe in der Regel keine Unarten, die sich bei gutem Willen abstellen ließen, sondern Ausdrucksformen widerstreitender Interessen, die wiederum auf unterschiedlichen sozialen Möglichkeiten und Kräften beruhen. Der Begriff Partnerschaft droht politische Auseinandersetzungen zu verharmlosen und das tatsächlich vorhandene Spannungsfeld der gesellschaftlichen Kräfte zu vereinfachen.

Im übrigen verträgt sich dieser Begriff gut mit dem Begriff »Zusammenbruch«. Wenn 1945 alles zusammengebrochen ist, dann sind alle gleichermaßen davon betroffen, sitzen quasi in einem Boot und können sich nur durch solidarische Aktion selbst retten. Damit wird der Unrechts-Charakter des Faschismus verschleiert. Der äußere Zusammenbruch des deutschen Reiches bei Kriegsende tritt im Bewußtsein in den Vordergrund. Dahinter verbirgt sich die Tatsache, daß vor allem das NS-Regime zusammengebrochen ist, daß dieses den Zusammenbruch der Werte und des Rechtsstaates schon viel früher herbeigeführt hat, daß der äußere Zusammenbruch nur die letzte Folge eines langen Prozesses war. Wenn alle gleichermaßen von Not erschüttert sind, wie es dem Menschenbild der deutschen Pädagogik entspricht, dann wird damit die moralische Verantwortung eingeebnet.

Thesen zum aktuellen Bezug

1. Die Sehnsucht nach dem »brauchbaren Staatsbürger« lebt fort.

Bis heute versteht sich Erziehung allgemein und politische Bildung im besonderen als *Befähigung* zu etwas, vor allem zur konstruktiven Mitarbeit im Gemeinwesen. Darunter leidet die kritische Auseinandersetzung mit der Wirklichkeit. Die Angst der Gesellschaft vor Indoktrination der Schüler ist stärker als ihre Bereitschaft, junge Menschen zu aktuellen Fragen konkret Stellung nehmen zu lassen. Eine solche Distanz fördert aber auch bei der jungen Generation selbst immer wieder die Überschätzung dessen, was Politik überhaupt leisten kann. So hält sich hartnäckig die Erwartung, Politik sei dazu da, »Sinn« zu stiften und »Lebensqualität« zu vermitteln. Das sind aber Denkkategorien aus der Epoche des austeilenden und gewährenden Obrigkeitsstaates. Auch dort, wo wir Pädagogen »Emanzipation« proklamieren, fallen wir in vordemokratische Mentalität und in politische Denkmuster zurück, die den Staat als Subjekt über dem Bürger ansiedeln. Eine beliebte Formel, die allgemein auf Konsens rechnen kann, lautet: »Unser Staat braucht mündige Bürger!«[41] Das klingt so plausibel, daß man kaum noch stutzig wird. Doch was heißt »braucht«? Wenn Mündigkeit gebraucht wird, ist sie keine Mündigkeit mehr. Gebrauchte Mündigkeit dient einem bestimmten politischen System, gehört also ursprünglich nicht zum Menschen und ist im Zweifelsfall entbehrlich. Wenn auf Grund von sozialen, technischen oder arbeitsmarktpolitischen Verschiebungen keine mündigen Bürger mehr »gebraucht« werden, dann müßte folgerichtig »Mündigkeit« auch als Erziehungsziel verschwinden.

2. Der Kausalbezug von Wissen und Handeln ist fragwürdig.

Eine der wichtigsten Forderungen an die politische Bildung seit 1945 lautet, die Schüler müßten mehr über den Nationalsozialismus wissen: Denn dies sei das sicher wirkende Mittel, sie gegen neonazistische Versuchungen resistent zu machen. Dazu ist zu bemerken, daß wir uns nicht auf das Wissen allein verlassen sollten, so unabdingbar zeitgeschichtliche Kenntnisse als Basis zum Verständnis politischer Vorgänge auch sind. Hinter dem Hinweis auf »mehr Wissen« steht im Grunde noch die gleiche entlastende Haltung wie seinerzeit nach dem Ende des Zweiten Weltkriegs, als wir beteuerten, wir hätten von den Untaten im Dritten Reich nichts gewußt. Damit war implizit gesagt: Hätten wir etwas gewußt, so hätten wir natürlich auch Widerstand geleistet. Charakterlosigkeit wird mit Unwissen entschuldigt, als ob der Erwerb von Wissen – gerade auch unbequemer Fakten – nicht selbst eine »charakterliche« Entscheidung voraussetzte. In der Herstellung des scheinbar klaren Zusammenhangs von Wissen und Handeln kann sich also auch die »Unfähigkeit zu trauern« ausdrücken. Dazu paßt, daß diese Forderung nach mehr Wissen immer gerade dann aufkommt, wenn ein akuter Anlaß zu bestehen scheint. Daß man sich scheinbar schuldbewußt des

Mangels an Wissen erinnert, trägt einerseits dazu bei, den Schwarzen Peter den Nichtwissern zuzuschieben, und fungiert andererseits als Alibi, das davor schützt, politische und gesellschaftliche Zusammenhänge wissend aufzuarbeiten.

3. »Rechtsstaat« und politische Freiheit sind zweierlei.
Ein Beispiel für eine verbreitete Unsicherheit in der Einschätzung brennender Fragen im Umkreis von Politik, Erziehung und Protestbewegungen ist die heute aktuelle Frage, ob Jugendkrawalle den Rechtsstaat gefährden. Die einen sagen: Wenn der Staat nicht eingreift, gibt er seinen rechtsstaatlichen Charakter preis. Die anderen sagen: Wenn der Staat unverhältnismäßig hart zuschlägt, ist er kein Rechtsstaat mehr, sondern ein Polizeistaat. Aus solchen Doppelbindungen kommt man nur heraus, wenn man sich auf eine andere Ebene begibt, in diesem Fall auf die Ebene der Politik. Zur Politik gehören: Überwindung sterilen Freund-Feind-Denkens, Frage nach den Hintergründen, Hinnahme unterschiedlicher Interessenlagen. Wichtig ist die Erkenntnis, daß der deutsche Rechtsstaatbegriff nur ein Teil des sonst üblichen Begriffs war, und zwar der Teil, der sich mit der Idee der monarchischen Souveränität vereinbaren ließ.[42] Die Realisierungsbedingungen der Rechtsverwirklichung sind nicht in ihn eingegangen. Da er aus dem moralischen Appell an den Fürsten hervorgegangen ist, lautet sein Tenor nicht: Verfassung konstituiert erst die Staatsgewalt – sondern: die Staatsgewalt geht umgekehrt der Verfassung voraus. So hat sich im deutschen politischen Denken ein eingeschränkter Begriff von Rechtsstaat durchgesetzt. Es gibt offenbar zwei Bedeutungen: eine reduzierte, unpolitische, die lediglich besagt, daß der Gesetzesstaat sich in der korrekten Einhaltung von Recht und Ordnung erschöpft; und eine weitergehende, welche die politische Freiheit und aktive Willensbildung der Bürger selbst vorsieht. Die Frage, ob Jugendkrawalle den Rechtsstaat gefährden, bezieht sich nur auf die erste Version. Sie läßt unberücksichtigt, daß solche Proteste gerade aus dem Motiv entstanden sein können, die zweite Version zu verwirklichen – also um des höher gesteckten Zieles willen den »bloßen Rechtsstaat« anzugreifen.

4. Das wiederentdeckte Politische droht ökonomisch verkürzt zu werden.
Nach der Studentenbewegung der 1960er Jahre wurde zunächst auf diesem Gebiet ein Wandel spürbar. Mit der Abkehr von der Unterweisung in den Kategorien politischer Systeme und Institutionen kam es zu einer Wiederentdeckung des Politischen als der Erkenntnis gesellschaftlicher Zusammenhänge. Die marxistische Interpretationsmethode erlebte einen ungeahnten Aufschwung und führte vor allem zur Beachtung ökonomischer Faktoren. Das war für die deutsche politische Bildung neu, denn diese hatte Politik immer mehr von der Idee, vom System, vom Modell her gesehen, weniger in Verbindung mit sozio-ökonomischen Bedingungen. Damit nahm politische Wissenschaft den Charakter von Gesellschaftswissenschaft an. Auch der Begriff »Gesellschaft« war in der deutschen Bildungsszene bis dahin unüblich gewesen. Man hatte ihn zwar seit F. Tönnies schon früher gebraucht, aber meist im Gegensatz zu »Gemeinschaft«, also in abwertender Tendenz. In der politischen Bildung kam es dann zu Versuchen, den Faschismus-Begriff auszuweiten. Der richtige Spürsinn dafür, daß eine solche Bewegung nicht vom Himmel gefallen sein konnte, führte zu einer Überschätzung der ökonomischen Faktoren und zu einer Gleichsetzung von Faschismus und Kapitalismus als gesellschaftlicher Strukturprinzipien. Ein so konturloser Faschismus-Begriff leistet aber mehr einer Verschleierung Vorschub als einer wirklichen Klärung. Wir tun daher gut daran, die breite Grundströmung, die den Nationalsozialismus getragen hat, nicht vordergründig auf scheinhafte Primfaktoren zurückzuführen, sondern sie als eine unartikulierte, die gesamte Einstellung vieler Deutscher bestimmende Kraft zu erkennen, die bis heute fortwirkt.

5. Die sozialistische Bewegung in den USA übt Kritik am rückwärtsgewandten Radikalismus.
Weiter als Bestrebungen im deutschen Raum gehen Vorschläge zur sozialistischen Umwandlung der Gesellschaft und des Bildungswesens in Amerika. So beschäftigen sich Bowles / Gintis[43] nicht mit politischer Bildung, sondern mit dem Zusammenhang von Bildung und Politik selbst. Am Beispiel USA werden drei Aspekte diskutiert:

(1) Die *Ausgangslage* besteht darin, daß die ökonomische Struktur durch Bildung nicht verändert, sondern stets nur reproduziert wird. Weder entsprechen die Schulen den Bedürfnissen der Individuen nach persönlicher Entfaltung, noch dienen sie einer Egalisierung sozialer Chancen.

(2) *Reformversuche* wie die »free-school«-Bewegung führen nicht weiter, denn auch die »progressive« Erziehung bleibt ein Abbild der Produktionsprozesse. Das Verlangen dieser pädagogischen Strömungen, der korporativen Bürokratie zu entkommen, wendet sich nach rückwärts. Mit ihrer naiven Forderung nach »Abschaffung der Schule« befördern sie einen retrospektiven Radikalismus.

(3) Notwendige Bedingung für eine *sozialistische Umwandlung* ist eine fortschreitende Demokratisierung der Wirtschaft. Die sozialistische Bewegung darf aber in ihrem Machtstreben nur solche Mittel gebrauchen, die Mitbeteiligung, Solidarität und Gleichheit befördern. Wesentliches Element einer solchen Umwandlung ist ein egalitäres und befreiendes Erziehungssystem.

Dazu ist zu sagen: So überzeugend solche Forderungen klingen, so schwer sind sie zu realisieren: denn wie eine zielgerichtete Veränderung der Gesellschaft nicht *mehr System*, sondern *mehr Freiheit* bringen kann, ist eben gerade das zentrale, bis heute ungelöste politische Problem der neueren Geschichte.

6. »Bewegungen« sind ambivalent.

Wie in der Epoche vor dem Dritten Reich sehen wir auch heute wieder eine Vielfalt von »Bewegungen«: nach der Studentenbewegung die Friedensbewegung, die ökologische Bewegung u. a. m. Sie alle zeigen wie damals die Ambivalenz von Bewegungen überhaupt. Einerseits wirken sie ungemein belebend: erfassen sie doch, daß die Parteien immer unbeweglicher werden, in der Mitte des politischen Spektrums zusammenrücken, wesentliche Fragen, die für die Bevölkerung interessant sind, gar nicht oder zu spät bemerken. Zugleich zeigen sich jedoch die fragwürdigen Seiten jeder Bewegung. Indem chronisch eine auf einige ausgewählte Angriffspunkte konzentrierte Protesthaltung eingenommen wird, kommt es in der politischen Willensbildung zu einer »Reduktion von Komplexität«. Wieder wird der Versuch gemacht, Gesinnung und Aktivität zur Deckung zu bringen. Das zwingt zu selektiver Wahrnehmung der Wirklichkeit und zur Stabilisierung einzelner Teilprobleme. Politisches Handeln schrumpft auf die Vollstreckung von Plebisziten in ökologischen oder militärischen Belangen. Bewegungen sind Kennzeichen der modernen Industriegesellschaft. Sie greifen Bedrohungen auf, die in der professionellen politischen Routine übersehen oder ignoriert werden. Indem sie sich direkt für deren Bewältigung engagieren, glauben sie sich »unmittelbar zur Wahrheit«, übersehen oder ignorieren aber damit ihrerseits auch alle anderen Probleme, die nicht »wahrheitsfähig« sind, sondern nur durch Kompromisse und Verhandlungen provisorisch gelöst werden können.

7. Das obrigkeitsstaatliche Denken ist noch nicht überwunden.
Der Auszug der Deutschen aus der Geschichte, wie er etwa von G. Gaus und A. Mitscherlich[44] bedauernd registriert wurde, ist nicht erst 1945 vollzogen worden. Er lag vielmehr schon vorher in einer gewissen Grundhaltung, die gerade auch von der deutschen Pädagogik befördert wurde. Diese Pädagogik verfuhr »überhistorisch«, indem sie auf abstrakte Gesinnungsbildung und Vermittlung immer gültiger Normen und Werte zielte. Eine Nachblüte solcher besonders in der Reformpädagogik lebendigen Tendenzen läßt sich heute darin erblicken, daß Staat und Regierung, Parteien und Politiker zu abgehobenen Gebilden verfremdet werden, die lediglich ihre Position halten wollen und deswegen die Interessen der Bevölkerung bewußt verletzen. So kommt es zu einer manichäischen Scheidung der Mächtigen, Herrschenden, Oberen von der breiten Basis: nur hier ist Moral, Verantwortung, Einsicht – dort nichts als Machtgier, Stumpfsinn, Zynismus. Wer sich diese Sichtweise zu eigen macht, reproduziert die Kategorien des Obrigkeitsstaates. Er flüchtet zurück in die Rolle des ohnmächtigen Untertanen, der bestenfalls aufbegehren, aber nicht selbst politisch handeln kann.

Kultur und Krise

Kulturkritik oder kritisches Denken?

Kulturkritisches Denken hat in Deutschland eine lange Tradition. Nach Anfängen in der Napoleonischen Zeit und Romantik begann seine neuere Phase in der Gründerzeit des Kaiserreichs, vertreten durch Lagarde, Langbehn, Nietzsche; es setzte sich fort in Kulturphilosophie und Reformpädagogik zu Anfang unseres Jahrhunderts (Nohl, Spranger, Spengler, Wyneken u. a.) und tritt auch heute wieder mit einer politisch-ökologischen Akzentsetzung hervor. Vertreter der Kulturkritik sind Warner vor unheilvollen Entwicklungen; indem sie glauben, den Gang der Geschichte überblicken und voraussagen zu können, präsentieren sie sich als besonders hellhörige Zeitgenossen, die gefahrvolle Vorgänge bereits dann erkennen, wenn sie der breiten Öffentlichkeit noch unsichtbar bleiben.[1]

Es gibt zwei Formen der Kulturkritik. Die klassische Form wertet mit elitärer Gebärde die bestehende Kultur ab, mißt sie an einem idealen Maßstab und sieht daher die moderne Massenkultur als Fehlform, als Nichterfüllung der Norm, als Abfall von den Gesetzen und Verpflichtungen der »eigentlichen« Kultur. Nur diese Form steht hier zur Diskussion. Ausgespart bleibt eine andere Form, wie sie etwa im Dadaismus und ähnlichen Strömungen aufgetreten ist. Diese Variante der Kulturkritik kritisiert das Verhältnis der bestehenden Kultur zur gesellschaftlichen Existenz des modernen Menschen überhaupt und stellt *alle* gewordene und tradierte Kultur radikal in Frage.

Ein Beispiel für die klassische kulturkritische Denkweise ist G. Wynekens Begriff der »Jugendkultur«. Als »Jugend« gilt ihm jene Phase des Menschseins, die besonderer Aufmerksamkeit bedarf, da hier das Menschentum am reinsten hervortritt. Der junge Mensch wird zum Modell des Menschen überhaupt. Dieser Vorzug kommt ihm nicht durch sein biologisches Jungsein zu, sondern dadurch, daß nur hier eine Unterbrechung der Zweckhaftigkeit des gesellschaftlichen Daseins möglich ist. Jugendkultur bedeutet weder eine eigene Kultur neben der Kultur der Erwachsenen noch eine jugendliche Variante der für alle gültigen Erwachsenenkultur; vielmehr erfüllt sich Jugendkultur als Lebensform des Menschen, der nicht mehr von der Kultur (im alten Sinne) beherrscht wird. Die Kulturfähigkeit wächst keineswegs mit dem Älterwerden, sondern wird im Gegenteil durch den Eintritt in die zweckgebundene Erwachsenenwelt gerade gemindert.

Da Jugendkultur eine Umwandlung des Menschen vorsieht, wird sie bei Wyneken zur Funktion der *Erziehung*. Durch das Medium der Jugendkultur soll die Aufhebung jener großen »Antinomie« gelingen, die Wyneken in allen Fragen der Bildung und Erziehung als das eigentliche Problem erkennt. Wyneken erfaßt zwar Natur und Kultur als antinomisch, aber er betrachtet sie nicht als pädagogische Alternativen. Erziehung soll weder nur die Natur entfalten noch sich in der Hilfe zur Anpassung an die Kultur erschöpfen. So ist Erziehung nicht lediglich eine wünschenswerte Tat, deren Vollzug schließlich in das Belieben der Gesellschaft gestellt bleibt; sondern die Menschheit steht um ihrer eigenen geistigen und moralischen Erhaltung willen unter der Nötigung, ihre Jugend so heranzubilden, daß sie tatsächlich als unversiegbarer Quell des Wertbewußtseins zu wirken vermag.

Jugendkultur bei Wyneken erweist sich als ein zentraler Begriff, an dem sich die Ebene seines Denkens und Sprechens beispielhaft darstellen läßt. Die Feststellung, daß Wyneken sich einer oberhalb der handgreiflichen Wirklichkeit liegenden Begriffssprache bedient, enthält eine erste Antwort auf die Frage, von welchem Standort aus er pädagogische Probleme überhaupt angeht. Seinem Tenor und Anspruch nach hat der Begriff »Jugendkultur« wie auch die Begriffe »Erziehung« und ähnliche einen prophetischen Charakter, denn Wyneken spricht in der angemaßten Rolle dessen, dem eine Gesamtdeutung der geistig-kulturellen Entwicklung zukommt. Der Begriff Jugendkultur wird nicht aus dem Umgang mit der lebendigen Jugend geschöpft, denn auch Wynekens Bild der Jugend selbst ist nur eine Funktion jenes weltanschaulichen Standpunkts, den die Formel »Jugendkultur« bezeichnen soll.[2]

Nicht nur für Wyneken, sondern auch für die anderen Vertreter der Kulturkritik gilt: Wo der Begriff »Erziehung« auf weltanschaulichen Menschenbildern beruht, wird er zur Chiffre für die Herstellung eines übergeordneten metaphysischen Zusammenhangs. Alle empirisch zu beobachtende pädagogische Aktivität ist dann Ausdrucksform für die im Prinzip notwendige Integration des Menschen in einen größeren geistigen Lebensrahmen.

Kulturkritisches Denken weist immer vier Grundkomponenten auf:

(1) ein *ungeschichtliches* Denken, das alle historischen Phänomene von außen oder von oben betrachtet. Der Beobachter distanziert sich von der jeweiligen Gegenwart, als sei er selbst von ihr nicht betroffen, und nimmt einen absoluten, gleichsam im idealen Raum angesiedelten Standort ein.

(2) ein *normatives* Denken: Kulturkritiker stellen die Geschichte unter einen vorgefaßten moralischen Maßstab, unter ein höheres Gesetz, über das niemand Rechenschaft abzulegen braucht, weil es aller subjektiven Willensbildung vorausliegt. An diesem Kriterium gemessen, fällt die Gegenwart gegenüber einer imaginären Vergangenheit schlecht aus; sie bedeutet einen Abstieg, ein Defizit, eine Preisgabe von Werten und Idealen.

(3) eine *düstere Zukunftsperspektive*: Der Kritiker verlängert die als bedrohlich erkannten Entwicklungslinien in die Zukunft hinein. Das zu erwartende Verhängnis erscheint als unabwendbar, wenn nicht eine radikale Rückkehr, ein totales Umdenken, ein Gesinnungswandel eintreten. Nur der neue, von innen heraus veränderte Mensch kann den drohenden Untergang noch abwehren.

(4) das Menschenbild des *passiven Menschen*, der von den unvorhergesehenen Entwicklungen des kulturellen Prozesses überrascht wird und sich auch nur durch einen Kraftakt dagegen wehren kann. Im Prinzip aber ist er der Leidende: Er wird durch den Schaden beeinträchtigt, fühlt sich nicht mehr dazugehörig, sieht sich in seiner Existenz gefährdet. Darüber hinaus hält er es für legitim, diesen »Leidensdruck« bei jeder Gelegenheit frei zu äußern.

Alle vier Komponenten tragen einen *pädagogischen* Charakter: Das ungeschichtliche Denken neigt dazu, den Betroffenen in jeder Phase erzieherischen Zuspruch aufzunötigen. Das normative Denken weist auf den Erzieher als den Wahrer der Normen und Werte. Die Warnung vor der Zukunft und der Appell zum Umdenken sind beliebte pädagogische Formeln. Der passive Mensch war seit jeher ein geeignetes Objekt für pädagogische Beeinflussung. So wird der Kulturkritiker zum Pädagogen seiner Zeit und zum Betreuer seiner Mitmenschen.

In jüngster Zeit treten vor allem die vom »Club of Rome« herausgegebenen Schriften mit einem kulturkritischen Anspruch auf. Nachdem zunächst die »Grenzen des Wachstums« festgestellt worden sind, erfolgt in weiteren Publikationen der pädagogische Appell zum Umdenken. Als letzte Möglichkeit zur Rettung der Welt wird eine tiefgreifende Innovation empfohlen. Die Menschen sollen zu einer anderen Form des Lernens finden, da sie überleben können, wenn sie durch adäquate Lernprozesse der politischen, wirtschaftlichen und sozialen Entwicklung Herr bleiben. In diesem Ansatz zeigt sich trotz aller zur Schau getragenen Dynamik und Zukunftsorientierung ein statisches Denken. Man verfährt nach der Formel: Wenn die Welt nicht so ist, wie sie eigentlich sein müßte und sein könnte, dann bedarf es einer gigantischen »pädagogischen« Anstrengung, um den Menschen und die Verhältnisse zu verändern. Indem die Veränderung nicht durch politisches Handeln, sondern durch »Erziehung« erwartet wird, bleibt man jedoch im Appell stecken. Man begnügt sich damit, die Therapie genannt zu haben, obwohl man aus Erfahrung wissen müßte, daß sich aus einem lediglich pädagogischen Impuls heraus noch nichts zu verändern pflegt.

Diese auch in der neueren Pädagogik vielfach vertretene statische Grundhaltung wird überdeckt durch eine romantische Sehnsucht, die eine starke Bewegung vortäuscht, indem sie dazu verführt, innere Dynamik mit empirisch wirksamen Veränderungen zu verwechseln. Im Streben nach dem Absoluten fühlt man sich durch Heimweh oder Fernweh getrieben; man sucht die nirgends vorfindbare, nur in der Phantasie bestehende Gesamtordnung, die gegen die jetzt bestehende erfahrbare Ordnung abgehoben wird. Folgerichtig hält man es auch für einen Ausweis von Moral, sich zu dieser idealen Ordnung zu bekennen und nicht mit dem jeweils Vorhandenen vorliebzunehmen. Dadurch nimmt der Beobachter und Mahner ein eigenartiges Verhältnis zur Wirklichkeit ein, da er sie zwar im Bewußtsein transzendiert, de facto aber als gegeben hinnimmt.

Dies alles zeigt den *dialektischen* Charakter der Kulturkritik. Obwohl sie mit aufklärender, mahnender, vorwärtsweisender Absicht vorgetragen wird, liegt in ihr doch zugleich gerade ein Zug von Gegenaufklärung. Man geht aus von einer idealtypischen Wirklichkeit, die durch Begriffe wie Natur, Gemeinschaft, Eigenart, Typus, Charakter, Geist, Schicksal, Kultur beschrieben wird. Solche Begriffe werden so gebraucht, als ob sie eine tatsächlich vorhandene oder doch in der Geschichte nachweisbare Welt darstellten, im Vergleich zu der die Gegenwart als negativ abfällt. Daß hier in unzulässiger Weise Tatsachen mit Ideen verglichen werden (nicht Tatsachen mit Tatsachen oder Ideen mit Ideen), wird dem Kulturkritiker dank seiner gegenaufklärerischen Verblendung nicht bewußt.

So wirkt Kulturkritik oft als eine geteilte, halbierte Kritik: Sie kritisiert nur ausgesuchte Phänomene und stellt sie in einen zuvor konzipierten Zusammenhang, fragt aber nicht kritisch nach den Voraussetzungen der eigenen Position. Kulturkritik kommt als Ersatz für wirkliche Kritik, als Alibi dafür, daß man nicht untätig geblieben ist. Wir haben eine Kulturkritik, aber wir haben keine Kritik, weil wir keine Kultur der Kritik entwickelt haben.

Die »Kulturkrise« als Krise des Bildungsbürgertums

Wichtig wird nun die Frage: Was verstehen wir überhaupt unter »Kultur«? Kann man Kultur schlüssig beschreiben? Ist sie eine zusammenhängende Substanz, ein festgefügter Kanon von Werten und Normen, von geistigen und moralischen Inhalten? Wodurch profiliert sich eine Kultur? Können wir noch unbefangen von Kultur sprechen, oder ist der Kulturbegriff als solcher obsolet geworden? Geht die Beschäftigung mit Kultur alle an, oder ist sie lediglich eine Privatsache einzelner »Gebildeter«? Um solche Fragen besser verstehen und vielleicht sogar ansatzweise beantworten zu können, beziehen wir uns auf eine kritische Analyse von H. Mayer.[3]

Der Autor spricht »über die Schwierigkeit, Bildung als Besitz und Erbe zu begreifen« und behandelt zunächst den Begriff des »kulturellen Erbes«: »Kulturelles Erbe, das kann als Synonym verstanden werden für die Grundhaltung bürgerlicher Existenz in Deutschland im 19. Jahrhundert, bis etwa zum Jahre 1914. Kulturelles Erbe war folglich zu verstehen als Bildung und Besitz.« Im Begriff »Kulturerbe« drückt sich der kulturelle Bezug des Bürgertums aus, das in den vergangenen Jahrhunderten selbst noch nicht am »Besitz« von Kultur beteiligt war. »Die materielle Basis für den Begriff des Kulturerbes war bürgerlich ... Der ideologische Überbau aber, der einen solchen Begriff wie den des Kulturerbes erst möglich und wirksam machte, entstammte dem ideellen Repertoire deutscher Romantik ... Als Gegenbewegung (gegen den Schock der Französischen Revolution) entdeckte man die erhalten gebliebene und allzu lange verkannte Vergangenheit mit ihren wahrnehmbaren Zeugnissen.« Die deutsche Kultur der neueren Zeit wurde dann aber durch das Bürgertum vorangetrieben, das nicht, wie zuweilen in Frankreich, von aufgeklärten Königen unterstützt wurde. So kam es, daß die deutsche Kultur einen ansatzweise kritischen Zug annahm: »Die deutsche Kultur ist in ihren produktivsten Schöpfungen und Prägungen das Werk von Neinsagern gewesen, von Außenseitern, ganz gewiß von Kindern der kleinen Leute ... Die beherrschenden Figuren der deutschen Literatur in der ersten Hälfte des 19. Jahrhunderts, Heinrich Heine und Georg Büchner, waren boshafte Neinsager und Nestbeschmutzer. Was sie zu sagen hatten gegen die deutschen Landesherren und die deutschen Spießer, ist bekannt.« Gegenwärtig gibt es für uns keine verbindliche nationale Kultur und auch kein »Kulturerbe« mehr. Besteht nun, so fragt der Autor, heute auch wieder eine kritische Gegenkultur, eine solche, welche die Chance hätte, später als Bestandteil »wirklicher« Kultur zu gelten? Diese Frage bleibt offen. Auf so etwas wie »Kulturerbe« können wir jedenfalls nicht zurückgreifen, denn wer Kultur als Erbschaft betrachtet, hat sie schon verspielt. Produktiv wäre eine kulturelle Negation: »Wer sich auflehnt gegen die Quantifizierung der Kultur, nämlich gerade unseres Alltagslebens, das doch auch die Kultur oder Unkultur unserer Tage darstellt, wer aufsteht gegen das Hobbydenken, gegen die Zweiteilung von ernsthaftem Geldverdienen und überflüssigem kulturellem Brimborium, stellt sich gegen die Entfremdung und deren Lebensformen. Er fragt nach dem Sinn jenes Klischees vom kulturellen Erbe, und er wird ihn im Widerstand gegen weitere Zerstörung erblicken.«

Mayers Analyse mag überraschen, denn »Kultur« ist nach der Tradition des deutschen Bildungsbürgertums eher eine Angelegenheit der »Jasager« als der »Neinsager«. Das gilt besonders auch für die Pädagogik, die bis heute einen vorwiegend affirmativen Charakter annimmt und mehr auf spannungsfreie »Sozialisation« als auf kritische Auseinandersetzung gerichtet ist. Im deutschen pädagogischen Raum hält sich noch immer die Vorstellung, die bürgerliche, durchschnittliche, unpolitische Sichtweise sei die normale, jede andere dagegen eine abweichende, spezifische, partielle. Sozialistische Strömungen konnten sich in der deutschen Pädagogik nie lange halten. Sie wurden meist sogleich als untergeordnete Teilaspekte abgewertet, die nicht das »Ganze« repräsentieren, sondern lediglich die Ordnung zu stören drohen und mit deren Wiederherstellung wieder in der Versenkung verschwinden müssen. Es handelt sich also um ein statisches Denkmodell, das einen jeweiligen »Zustand« der Kultur und Bildung nicht als historisch geworden erkennt, sondern als zeitlos gegebenen Normalzustand voraussetzt. Man erfaßt nicht, daß in der historischen Wirklichkeit eine Entwicklung vor sich geht, die von mehreren, teils widersprüchlichen Impulsen nach Art des Kräfteparallelogramms vorangetrieben wird.

Daher begreift man auch die abweichenden, kritischen, anders gerichteten Strömungen nicht als Reaktionen auf oder gar als Teilbereiche des gesamten Prozesses; man behandelt sie vielmehr so, als ob sie selbst nicht zu diesem Prozeß gehörten, sondern von außen als Störfaktoren in ihn eingriffen. Die offizielle Meinung hat mit solchen Strömungen nichts zu tun; wer sie vertritt, besitzt entweder keine oder bestenfalls eine falsche Identität, denn sie gelten nicht als Spiegel der Wirklichkeit, in dem sich die Gesellschaft wiedererkennen kann. Identität und Zugehörigkeitsgefühl bestehen demnach nur bezüglich der systemerhaltenden Elemente, die im Laufe der Geschichte stets in der gleichen Gestalt wiederkehren.

Hier dominiert ein bürgerlicher Identitätsbegriff, der nur die »normalen« Ausdrucksformen berücksichtigt, nicht die störenden »Randformen«.

So zeigt sich, daß die bildungsbürgerliche Kulturtradition und die konventionelle Kulturkritik auf die eine Seite – eine gesellschaftsbezogene kritische Auseinandersetzung mit Kultur und Erziehung dagegen auf die andere Seite gehören. Kritisches Denken wird noch immer kulturkritisch als gefährlich und bedrohlich, als zersetzend und negativ gebrandmarkt – als sei die Kritik ein unnötiger, durch nichts provozierter Angriff, der aus heiterem Himmel einen intakten, friedlichen, wohlgeordneten kulturellen und pädagogischen Kosmos überfällt. Wenn Mayer recht hat, dann ist jedoch die offizielle Kultur der Jasager nicht die »wirkliche« Kultur; sie operiert noch in den Kategorien des »Kulturerbes« und der pädagogischen Weitergabe von »wertvollen« kulturellen Errungenschaften. Für uns erhebt sich die Frage, ob nicht heute mit dem Zusammenbruch des Bildungsbürgertums kritische Kultur und kritische Pädagogik neu herausgefordert sind. Wenn das so wäre, dann schlüge heute die Stunde für eine *Pädagogik der Neinsager*.

Zum besseren Verständnis dieser Lage können wir von der Frage ausgehen, was es unter kulturellem Aspekt bedeutet, in einer Massengesellschaft zu leben, denn dies ist offenbar der entscheidende Unterschied zu früheren Existenzformen. Massengesellschaft bedeutet auch Massenkommunikation und Massenbildung. Alles muß so hergestellt werden, daß es für viele verfügbar ist. Das erfordert eine entscheidende Veränderung des Kulturbegriffs. »Kultur« war bis in die Zeit unmittelbar nach dem Zweiten Weltkrieg hinein noch die privilegierte Identifikationsmöglichkeit einer kleinen Schicht, des ehemals wohlhabenden Bürgertums. Erst in den letzten zwei Jahrzehnten ist das anders geworden. Es gibt heute keinen verpflichtenden Bildungskanon. Bildung als Ausweis allgemeiner Kultur »nützt« nichts mehr und wird praktisch zu einer Privatangelegenheit. Woran können sich dann Menschen als Teilhaber an einer gemeinsamen Kultur noch erkennen? Je schwieriger es wird, die Prioritäten sinnvoll zu setzen, desto mehr gerät das herkömmliche Kulturbewußtsein in Sackgassen. Damit, daß sie auf eine tiefere Ausschöpfung der alten »Kultur« und deren Anreicherung durch kritische Bildung gerichtet war, paßte die Studentenbewegung der 1960er Jahre im Grunde besser in eine Epoche der akademischen Freiheit als in eine solche der Regelstudienzeit, des Numerus clausus und der maximalen Wissensverwertung.

Betreffen diese Veränderungen die Kultur allgemein, so auch die Pädagogik, vor allem deren rein geisteswissenschaftliche Form, im besonderen. Diese ging aus von dem Begriff des »Verstehens«. Aber komplexe Zusammenhänge kann man nicht mehr ohne weiteres verstehen, denn dazu bedarf es einer Fülle von Daten und des Zusammenwirkens mehrerer Disziplinen. Damit also nach der verstehenden Methode überhaupt gearbeitet werden kann, müssen verstehbare Sachverhalte da sein, die sich lesen und auslegen lassen wie Texte. Das schien in der Reformpädagogik noch ohne besondere methodische Schwierigkeiten möglich zu sein. Heute bringt ein solches Verfahren angesichts der Komplexität von Kultur aber notwendigerweise eine Verkürzung mit sich. Die Reformpädagogik dachte sich Erziehung als eigenes Kulturgebiet, als ob es Vorgänge gäbe, die einen rein erzieherischen und keinen anderen Charakter haben. Diese Vorstellung von Pädagogik und Erziehung war selbst schon eine stark reduzierte Abstraktion von der Wirklichkeit.

Warum verfuhr die deutsche Pädagogik so, daß sie sich stets in einem abgehobenen geistigen Raum bewegte? Warum ist die deutsche Pädagogik niemals in vollem Sinne kritisch geworden? Daß überhaupt Pädagogik als eigenes Kulturgebiet zustande kommt, wird nur möglich durch Ausstanzen eines markierten Bereichs der Wirklichkeit. Die Gesamtheit der menschlichen und gesellschaftlichen Bezüge, die materiellen Umstände, die Handlungskomplexe, die Strukturen der Institution, wo sich sachliche und menschliche Belange treffen – dies alles gerät dabei allzu leicht zu einer verkürzten Grundfigur, etwa der des »pädagogischen Bezugs«. Damit wird das pädagogische Verhältnis als ein Spezialverhältnis stilisiert, aber so, als drücke es eine eigene, in sich ruhende Wirklichkeit aus. Unkritische Pädagogik untersucht nicht die Funktion von Erziehung in einer Zeitepoche, sondern eher umgekehrt die Funktion einer Zeitepoche für die Erziehung. Hier hat sie – strenggenommen – keine eigene Fragestellung, sondern versteht sich als begleitende Disziplin. Zu einem kritischen Ansatz kommt es nicht, da im deutschen pädagogischen Raum seit jeher ein Mißverhältnis gegenüber dem Wesen der Kritik besteht. Man meint, Kritik drücke eine negative Grundhaltung aus; sie erschöpfe sich darin, etwas Gutes und Bewährtes in Frage zu stellen und anerkannte Werte grundlos herabzusetzen. Demgegenüber muß betont werden: Kritik ist nicht subversiv oder nihilistisch; sie will die Perspektive erweitern – daher auch Pädagogik nicht als bloßen Bezug zwischen zwei Personen und als Vermittlung von objektiver »Kultur« sehen, sondern den ganzen sozialen Zusammenhang erfassen.

Hier könnte die Erkenntnis hilfreich sein, daß in der Pädagogik meist auf einer Ebene der *Chiffren* operiert wird. Wenn Unordnung eintritt, dann pflegt man zu sagen, die Erziehung habe versagt, gebraucht also »Erziehung« als Chiffre für »Ordnung«. Gleichwohl könnte man im Sinne einer kritischen Pädagogik auch umgekehrt behaupten: Wenn überall Ruhe herrscht, wenn die Jugend nicht aufbegehrt, wenn es keine Spannung zwischen den Generationen gibt, dann herrscht eine Erziehungskrise; denn dann vollzieht sich die Beschlagnahme der Erziehung für die Erhaltung der Ordnung. Erst wenn dieser Anspruch nicht mehr eingelöst werden kann, wird Erziehung überhaupt interessant, denn nur in diesem Fall kommt es zu neuen Fragestellungen, zur Herausforderung und Auseinandersetzung, zum kritischen Forschen danach, welche Funktion die Erziehung in der Gesellschaft eigentlich wahrnimmt.

»Krise« wäre dann dort zu finden, wo das, was bisher als selbstverständlich galt, nicht mehr gilt. So verstanden, besteht die Krise nicht darin, daß die Erziehung nicht mehr richtig funktioniert, sondern im Offenbarwerden der Fragwürdigkeit aller pädagogischen Ansprüche selbst. Wie sich eine solche Krise bewerten läßt, ist zunächst offen, wenn auch klassische Kulturkritiker stets schnell mit dem Urteil bei der Hand sind. Anstatt die Krise zu analysieren, stempeln sie jede Veränderung von vornherein als negativ. Zur Krise gehört aber gerade, daß auch die Maßstäbe der Kulturkritik selbst schwanken. Pädagogik droht heute überall zu scheitern, weil sie ihre eigenen Voraussetzungen nicht reflektiert.

Dies zeigt sich auf mehreren Ebenen:

– Sie scheitert praktisch, weil sie den Jugendlichen noch direkt beeinflussen will, und wundert sich darüber, daß dieser sich nicht mehr angesprochen fühlt und weghört.

– Sie scheitert im Verständnis der Lage, indem sie die »Andersartigkeit« der Jugend beklagt und darüber frustriert ist, daß sie mit ihrem herkömmlichen Instrumentarium nicht mehr zum Ziel kommt.

– Sie scheitert auch auf gesellschaftlicher Ebene, solange sie nicht erkennt, welchen Interessen sie zuarbeitet, was von ihr verlangt wird, wie pädagogische Erkenntnisse in der Öffentlichkeit verwertet oder ignoriert werden.

In der pädagogischen Variante der Kulturkritik wird der Mensch als ein solcher präsentiert, der von anonymen, mächtigen Kräften zerstört und bedroht wird, so daß er sich mit Hilfe der Erziehung zur Wehr setzen muß. Er befindet sich in einer chronischen Abwehrhaltung, in einer Kampf- und Untergangsstimmung, in einer äußersten Konzentration seiner Kräfte. Doch kann er den ganzen Zusammenhang nicht ins Auge fassen, weil er nicht frei ist. Eine Pädagogik, die für freie Reflexion keinen Raum läßt, kann auch nicht kritisch sein. Sie steht unter materialistischen oder idealistischen Voraussetzungen und wirkt sich deswegen als totalitärer Zugriff aus. Ihr tritt die neue kritische Pädagogik der Neinsager gegenüber; ihr »Nein« sagt sie nicht zu den Bedrohungen der vermeintlich geordneten Welt des Bildungsbürgertums, sondern zu den beharrenden Kräften, die »Kultur« und »Erziehung« als verfügbare Sachen für die Aufrechterhaltung gesellschaftlicher Herrschaft in Anspruch nehmen.

Entscheidungsschlacht auf dem Gebiet der Volkserziehung

Ein Begriff von Erziehung, der aus kulturkritischem Denken hervorgegangen ist, neigt dazu, pädagogische Eingriffe als Abwehr von Katastrophen, als Rettung und Heilsgewährung zu stilisieren. Es wird dort betont, man müsse in der Not zusammenstehen und eine feste Gemeinschaft bilden. Wenn es nicht gelinge, die Gefahr abzuwenden und das Schlimmste zu verhüten, dann werde ein irreparabler Schaden für die einzelnen Menschen wie auch für das Volk insgesamt eintreten. Was aber ist mit dem so häufig beschworenen Fiasko gemeint?

Die Katastrophenstimmung wurde gerade von den Pädagogen immer wieder genährt. Es liegt offenbar nahe, als Mittel gegen den drohenden Untergang die Kraft der Erziehung anzubieten. Wenn schon ein objektiver Wandel der politischen und gesellschaftlichen Verhältnisse nicht möglich ist, dann soll die Erziehung eingesetzt werden, um die erwünschte Veränderung über eine Umerziehung des Menschen zu erreichen. So war die Pädagogik in materiell schlechten Zeiten, vor allem nach dem Ersten Weltkrieg, ein bevorzugtes Feld, auf dem vor Gefahren gewarnt und Rettung verheißen wurde. Erziehung mit der Hoffnung auf die neue Welt und den neuen Menschen fungierte als Chiffre für die Ängste des Bürgertums. Die Pädagogik spiegelte dem unsicher gewordenen Bürgertum das zurück, was es hören wollte, und stärkte damit vordergründig sein Selbstvertrauen. Die dumpfe Angst vor Katastrophen kennzeichnet die »Verbandspersönlichkeit«, verkörpert in Heinrich Manns »Untertan«, der »alle anders Gearteten wie Wilde ansieht«.[4]

Die Ausrichtung der Pädagogik auf Katastrophenabwehr ist indessen keine moderne Erscheinung, sondern kann in der Geschichte der deutschen Erziehung auf eine lange Tradition zurückblicken. Immer wieder ging es einerseits darum, gemäß der »Natur« zu leben; andererseits sollte der Zögling gegen Schicksalsschläge gerüstet sein. So heißt es noch in einem Handbuch 1874: »Auf dem Gebiet der Erziehung raffte man sich erst im 17. Jahrhundert wieder auf. Englische Ärzte, unter ihnen der treffliche Locke, sowie auch die Franzosen Montaigne und Rousseau wiesen auf die großen Vorzüge leiblicher Abhärtung hin, und deutsche Pädagogen, besonders die Philanthropisten, nahmen nach ihnen ihre Pflege in ihre Erziehungsanstalten auf ... Seit jener Zeit ist Abhärtung unter die Erziehungsmittel aufgenommen worden.«[5]

Dieses Prinzip der Abhärtung wird bei T. Ziller moralisch überhöht: »Vielseitigkeit des Interesses als Rettungsmittel bei Stürmen des Schicksals: Es befähigt ihn, in Geduld und Ergebung von Zielen abzulassen und Plänen zu entsagen, die ... aufgegeben werden müssen ... Es ist besonders wichtig in einem Leben, voll von Glückswechseln und widrigen Schicksalen, wie es unser wirkliches Leben ist, in einem Leben, das so viel Veranlassung gibt, die Tugend der Entsagung und Selbstentäußerung zu üben.«[6] In ähnlichem Sinne hatte schon V. E. Milde (1811) die Pädagogik als Mittel zur Rettung vor Gefahren empfohlen: »In dem Leben auf dieser Erde, in welchem Stürme unvermeidlich sind, ist es endlich auch notwendig, daß der Zögling die äußeren Gefahren seines Lebens kennen lerne, mit den Mitteln denselben vorzubeugen oder, sich in denselben zu retten bekannt werde und sich die zur Rettung seiner selbst erforderlichen Eigenschaften des Geistes und des Körpers erwerbe.«[7] Zur gleichen Zeit (1809) hatte J. Sailer Abhärtung und Verzärtelung als extreme Grundhaltungen der Pädagogik stilisiert: »Nichtabhärtung und positive Verzärtelung des jungen Alters wirkt erstens der Taugsamkeit des Leibes zu den Arbeiten des Lebens entgegen ... Durch Nichtabhärtung und positive Verzärtelung des jungen Alters wird zweitens die Entwicklung der verständigen Potenz erschwert ... Durch Nichtabhärtung und positive Verzärtelung des jungen Alters wird drittens die Entwicklung der moralischen Potenz erschwert ... Durch Nichtabhärtung und positive Verzärtelung wird viertens die Ausübung jeder kommenden Berufspflicht dem Zögling erschwert.«[8]

Immer wieder ergibt sich das gleiche Bild: Pädagogik wirkt als Notwehr, als Ordnungsfaktor, als Schutzwall gegen drohende Katastrophen. Das Leben wird insgesamt als bedrohlich empfunden. Der Mensch ist hier grundsätzlich als das unpolitische, passive, dem Schicksal anheimgegebene Wesen konzipiert. Er gestaltet seine Verhältnisse nicht aus eigener Kraft; er ist weder Schöpfer noch Mitträger seiner gesellschaftlichen Ordnung; er »handelt« nicht; sondern er ist Betroffener, der jederzeit gewärtig sein muß, von einer in ihren Ursachen undurchschauten Katastrophe heimgesucht zu werden. Somit ist er der unaufgeklärte, befangene Mensch, der nicht durch Schärfung seiner kritischen Geisteskraft, sondern durch »Erziehung« dazu ausgerüstet werden muß, die Wirrnisse des Lebens zu bestehen.

Dieser Glaube, sich ständig gegen nahendes Unheil wehren zu müssen, kommt vor allem in Zeiten äußerer Bedrohung zum Vorschein. Militärische oder wirtschaftliche Tiefpunkte sind aber nur Auslöser oder Verstärker, nicht Grund für diese Haltung, die durch die sozialen und politischen Strukturen geprägt ist. So finden sich alle wesentlichen Elemente einer

Pädagogik der Katastrophenabwehr bereits bei J. G. Fichte, der die politische und militärische Niederlage Preußens zum Anlaß nimmt, eine idealistische Gesamtkonzeption der Erziehung auszubreiten:
– Im politischen »Zusammenbruch« konzentriert sich beispielhaft die äußere und innere Not des Staates, des Volkes, des Menschen.
– Niederlage und Katastrophe sind durch eine fremde, von außen kommende Macht verursacht, nicht selbstverschuldet.
– Allgemein wird die Notwendigkeit empfunden, eine radikale Änderung herbeizuführen und durch den neuen Menschen auch die Welt neu zu machen.
– Man ersehnt die Wiederaufrichtung einer verbindlichen Ordnung, mit der sich alle identifizieren können.
– Die Belange des einzelnen sind identisch mit denen des Ganzen.
– In einer so exponierten Lage schlägt die Stunde der Pädagogik; die politische wird durch eine pädagogische Autorität ersetzt.
– Erziehung wird dabei als Verlängerung des Abwehrkampfes mit anderen Mitteln verstanden.
– Folgerichtig hat auch die Jugendbewegung mehrfach an Fichte angeknüpft und die Pädagogik als Retterin der Kultur vor dem Untergang als großes nationalpolitisches Unternehmen hingestellt.[9]

Ein typisches Beispiel für die Einstellung auf Katastrophenabwehr ist die Pädagogik von H. Lietz, in der Gefahren beschworen werden, mit denen der einzelne immer nur als Betroffener zu tun hat. Sie kommen stets von außen, aus einer unbekannten Quelle, so daß man sich dagegen wappnen muß wie gegen mögliche Wetterumstürze. Lietz sieht sich als Kämpfer gegen eine Notlage, die sich auf dem Erziehungsfeld besonders deutlich zeigt, aber allgemeineren Charakter hat. Er geht aus von der Situation der Schule und beklagt »die Folgen des herrschenden Systems« wie auch »die ganz unerträgliche Lage«[10] sowohl für den Erzieher als auch für den Zögling: »Man muß also geradezu eine unerträgliche Notlage der deutschen Schule feststellen.«[11] Die Schule kann ihre pädagogische Aufgabe nur wahrnehmen »dadurch, daß sie sich von aller unnötigen Arbeit befreit und sich auf die unentbehrliche, dringende beschränkt«.[12] Angesichts dieser Not ist der verantwortungsbewußte Lehrer und Erzieher zum Handeln aufgerufen: »Durchs Gewissen der deutschen Nation muß alles, was zur Vergiftung der deutschen Jugend dient, hinweggefegt werden: Schmutz in Wort, Bild und Gasse. Jede Art der Verführung und Mißhandlung der Jugend muß aufs strengste bestraft werden.« [13] Hier wird deutlich, daß die pädagogische Not exemplarisch für eine kulturelle und gesellschaftliche Not steht. Der Pädagoge wird zum Reformator und Propheten, der den Staat zum Eingriff aufruft, um drohende Gefahren abzuwehren.

Solche Gefahren sieht Lietz nicht nur in »Ichsucht, Neid, Ungerechtigkeit, Gewalttätigkeit«, sondern vor allem auch darin, daß »trotz aller unserer hochgepriesenen Errungenschaften der Zivilisation und Kultur Alkoholismus und Sexualismus nach wie vor ihre Herrschaft ausüben«.[14] Es gilt, sich diesen drohenden Einflüssen entgegenzustemmen. Das wird zur Aufgabe der deutschen Nationalschule, die über das engere Erziehungsfeld hinauswirken und eine Schule der Nation sein soll: »Vor ungefähr 100 Jahren sahen Männer wie Fichte, Stein, Scharnhorst, Schleiermacher, Arndt, Jahn u. a. die religiös-sittliche Wiedergeburt des deutschen Volkes für die Vorbedingung seiner Rettung von der Fremdherrschaft an.« [15] So geht hier die pädagogische Not unversehens in eine generelle Not des Volkes, des Staates, des Menschen über. Durch Erziehung soll zugleich die gesamte Gesellschaft von Grund auf reformiert werden: »Daher muß konsequent der Grundsatz durchgeführt werden, daß der Schüler fürs Leben erzogen wird, indem ihm die Ertragung der Folgen seiner Handlung nicht erspart wird.« [16] Eine solche Erziehung hat einen sehr hohen Anspruch: »Es darf über der Einzelarbeit nicht vergessen werden, daß alle Erziehung schließlich Selbsterziehung zum sittlichen Charakter ist, welche der eigenen Vervollkommnung sowie der des Menschengeschlechts dient. Darum muß sie sein: Erziehung zur Treue und Zuverlässigkeit, die allein den Bestand der Gesellschaft ermöglicht.« [17]

Zu diesem globalen Entwurf gehört als Erziehungsziel: »Erziehung ... zu harmonischen, selbständigen Charakteren, zu deutschen Jünglingen, die an Leib und Seele gesund und stark, die körperlich, praktisch, wissenschaftlich und künstlerisch tüchtig sind, die klar und scharf denken, warm empfinden, mutig und stark wollen.«[18] Derartige Merkmale, die bereits durch einen präfaschistischen Sprachgebrauch bezeichnet werden, erweisen sich als Tugenden von abhängigen und kritiklosen Menschen, die immer schon einem unbegriffenen Maßstab unterliegen. Obwohl oder gerade weil die gesamte Konzeption idealistisch-verschwommen ist und auf präzise Fixierungen verzichtet, gibt sich diese Erziehung ausgesprochen militant; der Erzieher wird zum Führer im Kampf. Es geht darum, den Schüler »mit genügenden Waffen«[19] auszurüsten. Die Schule nimmt »den Kampf gegen ihren Feind auf ...: Viele kleine Scharmützel werden dabei stattfinden. Aber die Entscheidungsschlacht wird auf dem weiten Gebiet der Volkserziehung geschlagen werden.«[20] Die Jugend wird »hinausgesandt aufs Schlachtfeld des Lebens«.[21] Erziehung und Kultur enthüllen sich als Elemente einer kämpferischen Existenz.

In etwas anderem Sinne vertritt K. Hahn eine Pädagogik der Katastrophenabwehr. Sie findet ihren Ansatz bei einem Menschen, der als ein den Trieben und dem Ansturm der Gefühle ausgeliefertes Wesen auf die Welt kommt. Die Erziehung muß ihm dabei helfen, sich selbst zu überwinden und das Böse in seinem Inneren zu bekämpfen: »Es gibt Neigungen im Menschen, die bei einer gewissen Stärke den guten Willen so feindselig affizieren, daß er unterliegen muß. Es ist die Aufgabe der Pädagogik, diese Neigungen so zu schwächen, daß die Achtung vor dem Gesetz sie überwinden kann.«[22] Auch hier kommt es zu Bildern aus der Welt des Kampfes, die ein ausgeprägtes Freund-Feind-Verhältnis erkennen lassen: »Wer die energische Teilnahme als eine immer lebendige Kraft seiner Seele besitzt, der bringt dem Eigennutz tausend Niederlagen bei ... und wo kein Kampf ist, findet keine Nötigung durch das Sittengesetz statt.«[23] Der gute Wille wird »von feindseligen Mächten bedroht«.[24] Man muß die »Feinde« besiegen und »die Macht der Versuchung brechen«.[25] Es gibt »Sieg« und »Niederlage« im Kampf gegen die Versuchung. Um das alles zu erreichen, müssen wir zu einer einheitlichen Lebensrichtung finden; dabei können wir uns an Platon orientieren, der mit Recht »zunächst die Reinigung des ganzen Volkes« verlangt hat.[26]

Für Hahn ist der junge Mensch zunächst dem Bösen ausgeliefert. Erziehung hat die Pflicht, den Kampf gegen das Böse aufzunehmen und den Jugendlichen über die Verlockungen, für die er besonders anfällig ist, hinwegzubringen. Das ist eine schwere Aufgabe: »Um mit Plato zu reden: das Weideland ist krank. Die Familie kann heute ihre schützende Funktion nicht mehr ausüben.«[27] Erziehung schöpft hier aus einer kulturkritischen Quelle. Ihr »zentrales Problem« lautet: »Wie soll man die Kinderkraft durch die Entwicklungsjahre hindurch erhalten, ungebrochen und unverdünnt? Wie können wir verhindern, daß der plötzlich durchbrechende Geschlechtstrieb die seelische Energie des Jungen beschlagnahmt?«[28] Man muß dieser Gefahr durch geeignete pädagogische Maßnahmen entgegensteuern: »Der ›Bruch‹ in den Entwicklungsjahren läßt sich vermeiden. Durch die Entfaltung von giftlosen Leidenschaften wird in der Pubertätszeit die Alleinherrschaft der erotischen Antriebe verhindert.«[29] Die kulturellen und zivilisatorischen Gefahren verdichten sich im Geschlechtstrieb; besonders ihm gilt daher Hahns pädagogischer Kampf.

Auch bei H. Nohl findet sich eine extensive Auslegung der Pädagogik. In jeder »Notsituation« seines Zeitalters steht Nohl mit pädagogischen Auskünften, Deutungen und Ratschlägen bereit, die weit über das Erziehungsfeld hinausgreifen. So erklärt er 1920: »Solch ein Augenblick scheint nun auch heute wieder für die Pädagogik gekommen zu sein. In diesem Zerfall unserer deutschen, ja menschheitlichen Existenz ist für viele der tiefe Impuls einer neuen Pädagogik das einzig Tröstliche, das ihnen das Leben lebenswert macht. Immer stärker sammelt sich das Interesse des Volkes um ihre Probleme und erwartet von ihr die letzte lösende Antwort für die Not seiner Gegenwart.«[30] In der Umbruchsphase der zwanziger Jahre stilisiert Nohl den Erzieher zum Wegweiser des Volkes: »Immer deutlicher erkennt auch die Theorie der Pädagogik, die bisher nur Schulpädagogik war, die riesige Ausdehnung ihres Arbeitsfeldes ... auf dieser Arbeit ruht die Zukunft des deutschen Volkes, an der mitzuarbeiten Glück und Verantwortung jedes deutschen Erziehers ist.«[31]

Aus solchen Textbeispielen wird deutlich, daß die Pädagogik immer wieder einen weiten Ausgriff, eine generelle Interpretation der gesamten Epoche anstrebt. Erziehung im Sinne Nohls wirkt dort, »wo das Selbst durch eine höhere Ganzheit abgelöst wird«.[32] Sie hat das Ziel, sich selbst überflüssig zu machen, und erreicht ihre obere Grenze dort, wo sie in Ethik übergeht. Das gelingt durch die Hingabe an eine führende Persönlichkeit: »Alle diese Bücher mit den Titeln: Rembrandt als Erzieher, Bismarck, Goethe usw. als Erzieher sind charakteristisch für unsere unglückliche Zeit, die sich sehnsüchtig in solchen Totalerscheinungen den Anblick der lebendigen Möglichkeit eines einheitlichen Menschentums vorhält.«[33] Große Pädagogen verkörpern einen Typus, von dem ein weit über das Erziehungsfeld hinaus wirkendes Heil zu erwarten ist. Diese Auffassung enthält einen merkwürdigen Widerspruch. Einerseits ist der Versuch zu beobachten, Erziehung aus dem gesellschaftlichen Kontext herauszuhalten und sie »autonom« zu machen; andererseits wird aber »Erziehung« gerade dadurch zur Chiffre für die Durchsetzung eines Gesamtaspekts. Was durch die Autonomie und Emanzipation eben erst errungen worden war, wird so durch den Totalitätsanspruch wieder zunichte gemacht.

Als Fazit ergibt sich:

– Der Erzieher ist Anwalt des Guten, denn Erziehung soll den Menschen besser machen.
– Erziehung ist eingebettet in Gemeinschaft, Volk und Staat, die ihr Ziel und ihre Grundlage darstellen.
– Diese Gemeinschaft repräsentiert das Edle, Gute, Gesunde, moralisch Hohe.
– Das deutsche Volk befindet sich in einer chronischen Notlage, der durch Erziehung abgeholfen werden kann.

Insgesamt wird eine nihilistische, kulturkritische Abwehr der zivilisatorischen Einflüsse sichtbar. Der Pädagoge abstrahiert weitgehend von der wirklichen Erziehungssituation, denn die Gegenwart als ganze gilt ihm als schlecht und muß von Grund auf besser gemacht werden. Da es um alles oder nichts geht, kann bei Fehlschlägen auch die tiefe Resignation nicht ausbleiben. »Erziehung« fungiert als Chiffre für ein ganzheitliches, idealistisches, gemeinschaftsbezogenes Denken und Empfinden. Dazu paßt, daß viele Deutsche nach den beiden verlorenen Weltkriegen absolut enttäuscht waren und das Ende als »Zusammenbruch« empfanden. Dieses unkritische Verhältnis zu uns selbst und zur eigenen Geschichte bildet sich im kulturpessimistischen Typus unserer Pädagogik ab. Wo keine radikale Identifizierung mehr möglich erscheint, bleibt nur radikale Verneinung.

Hier sind Erscheinungsformen zu erörtern, die nicht nur in der Pädagogik, sondern in der geistigen Einstellung der Deutschen generell immer wieder aufgetaucht sind. Ein Gewährsmann für die Phänomene der »Kulturkrise« ist R. Löwenthal. Er bezieht sich zunächst auf F. Borkenau, der erklärt hatte: »Dem französischen (wie dem englischen) Denken ist der organische Charakter des gesellschaftlichen Lebens vorgegeben. Bei uns hingegen ist das Vorgegebene die mangelhafte Kontinuität unserer Geschichte. Gerade darum – *nur* darum – wurden wir die Schöpfer der organischen Geschichtsphilosophie.«[34] Dieses besondere Verhältnis zur Geschichte bedingte auch ein besonderes Verhältnis zur Kultur: »Aus dieser Situation der Geschichtszerrissenheit heraus hat nun die Geschichtsphilosophie für die Deutschen in höherem Grade als für andere Völker einen besonderen, quasi-religiösen Sinn gewonnen – ich möchte sagen, einen Erlösungssinn.«[35] Gemeint ist das Phänomen des politischen Messianismus: Geschichte nicht als Komplex von Handlungen und Entscheidungen, an denen die Subjekte dieser Geschichte selber beteiligt sind, sondern als metaphysischer Prozeß, der – gleichsam über die Köpfe der Menschen hinweg – einem Ziel zustrebt und sich darin vollendet. In diese Erlösungssehnsucht, die eine demokratische Willensbildung gar nicht erst aufkommen läßt, werden auch andere Kulturgebiete einbezogen, nicht zuletzt die Pädagogik.

Das religiöse Verhältnis der Deutschen zu ihrer Geschichte stand in einem eigenartigen Bezug zu den äußeren Ereignissen: »In Deutschland dagegen enthielt dieser nationale Missions- und Heilsglaube in Andeutungen schon bei Hegel und später ganz ausgeprägt die Verheißung einer Kompensation für das Scheitern in der Vergangenheit.«[36] Mißerfolge und Niederlagen wurden daher metaphysisch überhöht, teils als absolute Katastrophen hingenommen, teils aber auch durch das Ausweichen auf eine andere Ebene kompensiert: »Erneut breitete sich alsbald der Glaube aus, die Deutschen seien gerade wegen ihrer Niederlage, ihres Zusammenbruchs, ihres wiederholten Scheiterns zu einer welterlösenden Mission in der Zukunft auserwählt. So wurde der deutsche Geschichtsmessianismus in neuer Gestalt wiedergeboren und diesmal (nach 1918) mit verheerendem Effekt.«[37]

Mit der Demokratie wurde im Staat von Weimar noch nicht Ernst gemacht, da eine reaktionäre Unterströmung die autoritären Strukturen im Denken wie in der gesellschaftlichen Wirklichkeit stabilisierte. Das zeigte sich »in dem langen Fortleben starker autoritärer Tendenzen in vielen Bereichen des staatlichen und gesellschaftlichen Lebens – in Bürokratie, Justiz und Erziehungswesen, aber auch in der Industrie bis in die Familie hinein«.[38] Es kommt in Deutschland immer wieder zu Ausdrucksformen totalitärer Sehnsucht: »Der typisch romantische Widerspruch des Strebens nach totaler Persönlichkeit und totaler Gemeinschaft ... Wir finden sie in der Rebellion der deutschen Jugendbewegung gegen die ›verlogenen‹ Konventionen ... und in der Echtheitsidee der Existenzphilosophie ...«[39] Dieses Streben zugleich nach totaler Gemeinschaft und totaler Persönlichkeit führte auch immer wieder zu einem überhöhten Erziehungsanspruch. Die neuere deutsche Pädagogik orientierte sich demgemäß an zwei Grundkategorien: einmal an der Ursprünglichkeit des »Lebens« gegenüber dem Intellekt, des »Ganzen« gegenüber dem einzelnen, der »Gemeinschaft« gegenüber der »Gesellschaft«; zum anderen am Führergedanken und an der Sehnsucht nach der zukunftsweisenden Integrationsfigur.

Die *Ursprünglichkeit* als die erste dieser beiden Kategorien wurde genährt durch ein geistiges Erbe, das aus der Lebensphilosophie hervorgegangen ist. Allerdings neigen die Deutschen dazu, das, was dort als distanzierte philosophische Erkenntnis auftritt, emotional zu füllen und zu einer Weltanschauung auszuweiten, die sich unter bestimmten historischen Umständen unheilvoll auswirken kann. Als Beispiel sei H. Bergsons Unterscheidung von Intellekt und Instinkt genannt: »Der Intellekt ... ist ein Vermögen, künstliche Gegenstände, insbesondere Werkzeug herstellende Werkzeuge zu verfertigen, und diese Anfertigung ins Unendliche zu vermannigfaltigen ... vollendeter Instinkt ist das Vermögen der Anwendung, ja des Aufbaus organischer Werkzeuge, vollendeter Intellekt das Vermögen der Verfertigung und Benützung anorganischer Werkzeuge.«[40] Instinkt richtet sich auf »Dinge«, Intellekt auf »Beziehungen« ... »Intellekt als Angeborenes ist die Erkenntnis einer Form, Instinkt die Erkenntnis eines Stoffes.«[41] Die »instinktmäßige Erkenntnis läßt sich in kategorischen Sätzen formulieren, während die intellektuelle Erkenntnis immer nur hypothetisch ausdrückbar ist«.[42] Der Intellekt ist jedoch dem Instinkt gegenüber ein minderes Vermögen: »... wie der bei der Handhabung des Leblosen so gewandelte Intellekt seine Unzulänglichkeit aufdeckt, sobald er an das Lebendige rührt ... Der Intellekt charakterisiert sich durch eine natürliche Verständnislosigkeit für das Leben«[43], er behandelt Lebendiges wie Totes.

Dieser lebensphilosophische Ansatz ließ sich von einem naiven und gläubigen Publikum für bare Münze nehmen und in eine Grundhaltung einbeziehen, die ohnehin dazu neigte, den Intellekt als lebensfremd abzuwehren, das Irrationale und das Gefühl über das bloße Denken zu stellen – und damit in der Konsequenz allem Geist gegenüber mißtrauisch zu sein; es schien nahezuliegen, dem Instinkt zu folgen und die »kategorische« Gewißheit der nur »hypothetischen« vorzuziehen. Die Folgerungen, die Bergson aus seinem Ansatz für den Charakter der Freiheit und des Handelns gezogen hat, blieben bei dieser oberflächlichen Rezeption unbegriffen.[44]

Da die Vertreter der Lebensphilosophie die Möglichkeiten des Mißbrauchs ihres Denkens noch selber erkannt haben, kommt die Kritik an der naiven Übernahme lebensphilosophischer Begriffe aus dieser selbst. So setzt sich G. Simmel mit dem Schicksalsbegriff auseinander; er warnt davor, das »Schicksal« als eine Macht zu stilisieren, die unwiderstehlich über die Menschen hereinbricht und jede Individualität auslöscht. Gerade »Schicksal« sei eine Leistung des Individuums: »Denn in diesem spricht sich zuallererst die Assimilationskraft des menschlichen Wesens aus: daß sich in dieses als bestimmende Elemente *seines* Lebens Geschehnisse einstellen.«[45] Der Schicksalsbegriff setzt das handelnde und erlebende Individuum voraus, das sich seine Welt selbst schafft und nach seinen Möglichkeiten zuschneidet; weder Tier noch Gott haben »Schicksal«. Indem wir etwas als Schicksal betrachten, heben wir also die Zufälligkeit auf, die zwischen den Ereignissen und dem eigenen Sinn unseres Lebens besteht.«[46] Insofern ist Schicksal Auswahl aus der amorphen Fülle der Ereignisse, Bekenntnis zu eigener Entscheidung, nicht passives Betroffenwerden. Simmel nimmt hier Erkenntnisse des interaktionistischen Ansatzes vorweg. Schicksal besteht im

Wechselbezug zwischen Aktivem und Passivem, »dem bloß Geschehenden und dem Zwecksinn – so entscheidet ersichtlich eben die Geschichtlichkeit der inneren Lebensströmung darüber, was uns Schicksal sein soll, was nicht; sie trifft gewissermaßen eine Selektion unter den uns anrührenden Ereignissen«.[47] So besagt »Schicksal«, »daß das bloß Ereignishafte der Objektivität sich in das Sinnhafte einer überindividuellen Lebensteleologie wandele«.[48]

Eingehend beschäftigt sich Simmel mit der »Kulturkrise«, die er einerseits darin sieht, daß sich Mittel und Zweck voneinander trennen, andererseits in der Überforderung des Individuums durch die immer schneller wachsenden Kulturelemente: »So entsteht die typische und problematische Lage des modernen Menschen: das Gefühl, von dieser Unzahl von Kulturelementen wie erdrückt zu sein, weil er sie weder innerlich assimilieren, noch sie, die potentiell zu seiner Kultursphäre gehören, einfach ablehnen kann. Der Erfolg davon ist, daß das, was man die Kultur der *Dinge* nennen könnte, seinem Eigengang überlassen, eine unbegrenzte Entwicklungsreife vor sich hat.«[49] Die selektierende Assimilationskraft des Individuums erweist sich als begrenzt, seine aktive Teilnahme an der vielgestaltigen objektiven Kultur als problematisch. Aber Simmel vertraut darauf, daß sich das »Leben« immer wieder gegen diese Tendenzen kultureller Fremdheit und Zerrissenheit zur Wehr setzt und seine ursprüngliche Einheitlichkeit behauptet. Überraschenderweise erwartet Simmel diese zusammenzwingende Kraft vom Kriege: »Und darum stehen wir in dieser Epoche an einem Höhepunkt der Geschichte, weil jene Auflösung und Abirrung der kulturellen Existenz ein gewisses Maximum erreicht hat, gegen das sich das Leben mit diesem Kriege und seiner vereinheitlichenden, vereinfachenden, auf einen Sinn konzentrierten Kraft empört.«[50] So scheint der Krieg schließlich doch als objektives Schicksal zu wirken, das unabhängig vom Willen und von der Aktivität einzelner einer immer gültigen Ordnung Geltung verschafft.

Diese Erwartung an die Integrationskraft des Krieges eignet sich gut dafür, den tieferen Zusammenhang zwischen der Ursprünglichkeit des »Lebens« und dem Führergedanken als der zweiten der genannten Grundkategorien klarzumachen. Sowohl die Vertreter des »Lebens« als auch die Rufer nach dem »Führer« wollen die Kultur retten. Wenn gerade der Krieg dies leistet, dann können offenbar »Leben« und »Führung« füreinander eintreten. Es bedarf des radikalen Eingriffs, um die noch vorhandenen Kräfte des Lebens zusammenzufassen.

Dem Bestreben, »Leben« und »Schicksal« zu strukturieren, entspricht auch eine starke Affinität der Pädagogik zum Führergedanken. Als Beispiel für die Sehnsucht nach der heilbringenden Integrationsfigur seien die pädagogischen Erwägungen des Kulturphilosophen L. Ziegler erwähnt: »Nicht die Reform geschichtlich entstandener und so aus ihrem Entstehen mehr oder weniger gerechtfertigter Schulgattungen erstrebte ich, sondern die Konstitution einer grundsätzlich neuen, die erstmals Zug um Zug bestimmt sein würde von den Führungsaufgaben einer werdenden Gesellschaft.«[51] Eine solche Institution wird nötig, wenn es uns gelingen soll, »in zwölfter Stunde eben das nämliche Geschick von uns selber abzuwenden, dem Hellas vormals widerstandslos verfallen ist«.[52] Diese Schule soll in die Zukunft hinein entworfen sein, »einer Zukunft, die bereits auf dem Wege ist – getreu dem erzieherischen Leitbild des vollkommenen Führers, der als der Willensvollstrecker der geschichtlichen Zeit ... in die Welt blickt«.[53]

Zieglers radikal neues Schulmodell hat nicht nur eine spezifisch erzieherische, sondern darüber hinaus eine geschichtliche, anthropologische und kosmologische Aufgabe ersten Ranges, denn sie unternimmt »den Versuch, den Stellenwert der Spezies Mensch innerhalb des Weltgefüges festzusetzen und aus dieser Festsetzung die Summe der geschichtlichen und übergeschichtlichen Menschheitspflichten abzuleiten«.[54] Es geht um »die zielbewußte Aufzucht und Heranbildung von Führern«, die dann mit der »Gefolgschaft zusammen ein wechselbezügliches Ganzes« formen.[55] Sie verkörpert die rettende geistige und moralische Tat innerhalb einer »unaufhaltsam verfallenden Gesellschaft«.[56] Folglich ist sie weder Berufsschule für praktische Zwecke noch Bildungsschule im Sinne des herkömmlichen Gymnasiums, sondern »Gesinnungsschule«, die einen neuen Menschen prägen soll. Das ist eine »Lebens- und Schicksalsfrage unserer Zeit«, da »angesichts dieses wirklichen Notstandes« die »Heraufkunft des Untermenschen« befürchtet werden muß.[57]

Ziegler versteht seine pädagogische Vision als Verwirklichung der wahren Demokratie, »die den Gedanken unbedingter Führerverantwortlichkeit vor dem ganzen Volke zuerst gefaßt und dann wie einen Brand unter die Völker geschleudert hat«[58]; die allein uns bewahren kann »vor jener sterilen Einebnung, Verarmung und Verödung des sozialen Daseins, unter der wir heute seufzen«.[59] In seiner Konzeption einer neuen Schule hatte Ziegler das ihm benachbarte Landerziehungsheim Salem vor Augen, dessen antiintellektueller, auf Formung des »Charakters« und Schülermitverwaltung ausgerichteter Stil seiner eigenen erzieherischen Vorstellung nahezukommen schien. Der präfaschistische Tenor der Kulturkritik und die an die Pädagogik gerichtete Erlösungserwartung fließen auch hier zusammen.

Wie solche Beispiele zeigen, nahm Pädagogik einen religiösen Charakter an, indem sie sich als Rettungsmacht gebärdete. Ihr Erneuerungswille ging davon aus, daß es nur noch die Alternative zwischen absolutem Sinn und totaler Sinnlosigkeit gibt. Er verfuhr auf pädagogischer Ebene analog dem politischen Glauben Hitlers, der im Lazarett von Pasewalk angesichts der deutschen Niederlage die Sinnfrage stellte. Die Pädagogik wurde in Gestalt einer geschichtsphilosophischen und politischen Heilserwartung zum Ersatz für die nicht eingetretene politische Revolution; sie fungierte als Chiffre für die Abkehr von der Politik und die Hinwendung zur totalitären Erfassung des ganzen Menschen. Dies war ebensowenig »pädagogisch«, wie Hitlers politischer Glaube »politisch« war. In beiden Fällen schien alles verloren, wenn nicht ein grundlegender Wandel käme.

Einkreisung des fehlerhaften Kindes

Nach den vorangegangenen Erörterungen kann nun die Frage behandelt werden, warum die deutsche Pädagogik nicht kritisch geworden, sondern in der Kulturkritik steckengeblieben ist. Eine vorläufige Antwort soll auf drei Ebenen gesucht werden: auf der Ebene der historischen Entwicklung, auf der Ebene der Begrifflichkeit und auf der gesellschaftlichen Ebene.

Im Überblick über die *historische Entwicklung* kann festgestellt werden, daß der Hauptstrom der deutschen Pädagogik stets in der gleichen Richtung verlief. Diese Pädagogik ging aus von der Unreife und Inkompetenz des Kindes, das folgerichtig von den Erwachsenen in Unfreiheit gehalten und chronisch kontrolliert werden muß. Erziehung war Funktion der gesellschaftlichen Ordnung und Abbild der in der sozialen Wirklichkeit bestehenden Hierarchie. Beispiele aus der Geschichte der Pädagogik zeigen einige wenige Grundmuster, die sich durch die Jahrhunderte hindurch gehalten haben. Im Zentrum steht die *Kontrolle* des Kindes. P. Villaume[60] bietet praktische Hinweise dafür, von Kindern das Geständnis der Onanie zu erlangen. Dabei wird die Onanie selbst nicht problematisiert, sondern als verabscheuenswert vorausgesetzt. Für A. H. Francke ist »die sorgfältige *Inspektion* der eigentliche *nervus* der Erziehung, daher niemand hierin nachlässig oder *commode*, sondern vielmehr durch die Gnade Gottes *excitat* (geweckt) und mühsam sein soll«.[61] J. H. Campe spricht von der »Einkreisung eines fehlerhaften Kindes«: »So oft Belohnungen oder Strafen, besonders die letzteren, nötig scheinen, so stimme der Hausvater oder der Vorsteher der Erziehungsanstalt vorher erst das ganze Haus, damit alle Glieder desselben harmonisch handeln, damit alle aus einem Munde reden und alle auf einerlei Weise sich gegen das Kind betragen mögen.«[62] Diese »Solidarität« unter den Erziehern ist auch heute, besonders in manchen Internaten, ein bewährtes Mittel der Repression und der Abwehr jeder Kritik. Campe empfiehlt für solche Fälle, den Namen eines »fehlerhaften« Zöglings auf eine öffentlich sichtbare Tafel zu schreiben: »Und der Zögling, dessen Name darauf gefunden wurde, war von dem Augenblick an wie verwaist und verlassen.«[63] Francke betont die Notwendigkeit der Postzensur für Anstaltszöglinge, und C. F. Weisse hält seine Kinder dazu an, ein Tagebuch zu führen, worin sie auch ihre Fehler aufzeichnen müssen.[64]

Ein typischer Vertreter der konventionellen Autoritäts-Pädagogik im 19. Jahrhundert war T. Ziller. Er geht aus von der »psychologischen Erbsünde«, als deren Folge das Geschmacklose und Verkehrte uns naheliegt. Besonders Kinder sind noch unbeherrscht und stiften Unordnung; die Erziehung gilt der Seele des einzelnen Kindes, wobei sie ein hohes ethisches Ziel verfolgt; sie beginnt mit der »Regierung«, die für kleinere Kinder noch notwendig ist; für größere setzt sich die Erziehung in der »Zucht« fort, die nicht mehr nur Druck von oben, sondern bereits eigene Verantwortung und freiwillige Einordnung vorsieht. In jeder Phase bedarf es jedoch des konsequenten Erziehers.[65] Diese Pädagogik setzt einen Rahmen der Hierarchie, der Machtverteilung, der gesellschaftlichen Ordnung immer schon voraus. Erziehung dient der Integration des Unmündigen in ein größeres Ganzes. Die Handlungen des Erziehers werden nicht vom Menschenrecht her begründet, sondern damit, daß die absolute Ordnung aufrechterhalten und der naturhafte Widerstand gegen sie gebrochen werden muß. Es darf nicht einmal der Anschein entstehen, Unordnung oder Eigenwille seien möglich. Die von Ziller konzipierte Erziehung will zwar im Prinzip den selbständigen Menschen. Aber bevor sie dieses Vorhaben überhaupt in Angriff nehmen kann, müssen »Regierung« und »Zucht« ihr Werk getan haben. Alle Maßnahmen der Charakterbildung dürfen nur in den Grenzen der »vernünftigen« Erziehung ablaufen.

Im 19. Jahrhundert entwickelten sich die Herbart-Schule und die Dilthey-Schule als die beiden wichtigsten Strömungen der deutschen Pädagogik. Zwischen beiden bestehen sowohl Gemeinsamkeiten als auch Unterschiede. Da die Reformpädagogik durch Dilthey-Schüler die starre Pädagogik der Herbartianer abgelöst hat, könnte man auf einen tiefen Gegensatz dieser Strömungen in ihrer erzieherischen Aussage schließen. Die Herbartsche Konzeption erscheint als rigide, objektivistisch, repressiv – die Diltheysche Konzeption dagegen als freiheitlich, flexibel, kommunikativ. Gleichwohl gibt es auch tiefergehende Gemeinsamkeiten, die solche Unterschiede auf einer anderen Ebene relativieren. Beide denken teleologisch, wissen also auch den Erziehungsprozeß auf ein vorgegebenes Ziel hin gespannt. Beide sehen den gesamten Erziehungsvorgang in einen objektiven kulturellen Zusammenhang gestellt und verstehen Erziehung als Sozialisation und Integration. Beide zweifeln nicht daran, daß der Erzieher eine weitgehende Verantwortung trägt, aus der heraus er den Zögling zu lenken hat. Beide glauben, bestimmte Gesetzmäßigkeiten für diese Einwirkung erkannt zu haben. Beide gewähren Freiheit nur in engen Grenzen, wie sie objektiv als vernünftig erscheinen. Schließlich bewegen sich beide in einem kulturkritischen Gedankenkreis, so daß sie dazu neigen, die Möglichkeiten und die öffentliche Funktion der Pädagogik zu überschätzen.

Die Primfaktoren der herkömmlichen deutschen Pädagogik lassen sich jetzt wie folgt zusammenstellen:

– Vorausgesetzt ist ein System, das in sich selbst ruht; es gibt klare Machtverhältnisse, die im Zweifelsfall unmißverständlich zur Geltung gebracht werden müssen; der Erzieher fungiert als Vertreter dieses Systems.
– Eine Auflehnung gegen die Ordnung rächt sich bitter; die Macht schlägt als Naturgewalt gegen den Übeltäter zurück; dieser muß die Folgen in voller Verantwortung tragen.
– Was geschieht, geschieht im objektiven Interesse der Kinder, auch wenn sie das noch nicht erfassen können; die Erwachsenen wissen, was gut ist; sie sehen alles voraus und handeln danach.
– Die Pädagogik steht in einer chronischen Abwehrhaltung gegen das Böse; daher die Notwendigkeit des Katastrophentrainings und der Appell, sich in jeder Weise abzuhärten, um äußerlich und innerlich frei zu bleiben.
– Jeder Eigenwille des Kindes weicht von der objektiv gültigen und richtigen Lebensform ab; die Ahndung solcher Aufsässigkeit ist nicht Willkür des Erziehers, sondern Vollstrekkung höherer Notwendigkeit.
– Verantwortlich ist das Kind nicht für die Wahrung seiner Interessen, sondern allein für die ihm zugefügte Strafe; wer nicht hören will, muß fühlen; nur in diesem negativen Sinne gibt es einen freien Willen, sonst nicht.

Auf der zweiten Ebene geht es um die *Begrifflichkeit*. Wir verfahren im allgemeinen so, daß wir das komplexe Erziehungsfeld zunächst in ein übersichtliches abgegrenztes Handlungsfeld transformieren. Hier entstehen Chiffren, die den Umgang mit pädagogischen Phänomenen möglich machen. Im Erziehungsfeld als einem markierten Handlungsfeld sind nur bestimmte Konstellationen vorgesehen: Man rechnet dort mit Kindern und Erwachsenen, Schülern und Lehrern, Lehrlingen und Ausbildern, Delinquenten und Betreuern. Diese Konstellationen sind aber abstrakt und nur offiziell gültig.

Es gibt im Umkreis der Pädagogik viele solche Chiffren,

die mit den erfahrbaren realen Verhältnissen kaum etwas zu tun haben. Eine davon ist das *Retten*. Die Konzeption des Rettens enthält den kulturkritischen Gesichtspunkt in konzentrierter Form. Die Notwendigkeit, andere Menschen vor äußeren, besonders aber vor inneren Gefahren zu retten, bildete schon den Impuls der Rettungshausbewegung und trat dann wieder bei K. Hahn als pädagogisches Ethos hervor.[66] Doch wofür ist das Retten eine Chiffre? Offenbar für eine unfreiheitliche, auf Notstände antwortende Pädagogik, die von einem im Prinzip intakten Menschenbild ausgeht. Wenn die Gefahr gebannt und der Mensch wirklich gerettet ist, dann gilt damit auch das Erziehungsziel als erreicht. Doch in Wirklichkeit fangen die pädagogischen Probleme hier erst an, denn was geschieht nun mit dem Geretteten im alltäglichen Umgang? Wer das Retten überbetont, verwechselt Krieg und Frieden, punktuellen Einsatz und chronische Beziehungen, einzelne Aktion und durchschnittliches Zusammenleben, Organisation und Kommunikation, Hochspannung und Alltagsroutine.

Pädagogische Vorgänge und Veranstaltungen können allgemein als Chiffren für gesellschaftliche Verhältnisse und Zwänge interpretiert werden. Erziehung wird dabei in der Regel zur Formel und Chiffre für eine bestimmte Grundhaltung der Erwachsenen. Diese sind es, die als erste der Erziehung bedürfen, weil sie ihre Zuverlässigkeit und Tüchtigkeit beweisen wollen. Besonders in Zeiten politischer Bedeutungslosigkeit tritt ein autoritäres Denken hervor, das vor allem die Erziehung beherrscht. Tüchtigkeit, Pflichttreue, Zielstrebigkeit, Gehorsam – das sind Tugenden des abhängigen Kleinbürgers. Die alten Autoritäten sind zwar verschwunden, so daß man sich freier fühlen kann, aber die Pädagogik hat deren Platz eingenommen und ist ihrerseits zur Autorität geworden.

Es gehört zum Grundbestand des deutschen pädagogischen Denkens, daß Erziehung die Ordnung gewährleisten soll. Dem liegt ein pessimistisches Menschenbild zugrunde: Wird menschliches Leben nicht durch ordnende Erziehung zusammengehalten, dann bricht es auseinander. Dazu ein Beispiel aus der protestantischen Pädagogik. M. v. Tiling geht davon aus, im Idealismus werde der wirkliche Mensch nicht getroffen, denn »der Mensch existiert also nur als der sein

Sein vom anderen Nehmende ... Indem der andere mir sein Sein gibt und ich ihm gehöre, fordert er zugleich mich als Person in diesem bestimmten Sein ›auf sich hin‹.« Dieser Wechselbezug vollzieht sich innerhalb fester Ordnungen: »Jede neue Ordnung einander gegenübergestellter Menschen trägt, wenn anders ein Volk gesund ist, d. h. noch einen Instinkt für die Menschlichkeit menschlichen Lebens hat, immer dieselben am Menschen, an der menschlichen Natur haftenden Züge an sich.« So wird Ordnung unversehens zur Naturordnung. Die auf Kommunikation und gegenseitige Bezogenheit ausgerichtete Anthropologie erweist sich als naturalistisch. Zum Begriff der Ordnung treten demgemäß weitere Begriffe wie »Wirklichkeit des Volkslebens«, »Instinkt«, »Verantwortung und Dienst«: »Da, wo der Instinkt für das Leben und seinen Sinn einem Volke verlorengeht, bringen die Ordnungen immer weniger das zum Ausdruck, was das Leben der Menschen ausmacht.«[67]

Allerdings befindet sich der Mensch stets »irgendwie in Auflehnung gegen sein eigenes Sein, wie es ihm existenziell gegeben ist«.[68] In diesem Fall verletzt der Mensch die Ordnung, mißachtet sie, tritt dem anderen zu nahe, verweigert sich der Forderung durch den anderen. Wo dieser Mensch sich nicht als Gemeinschaftswesen, sondern als isoliertes Individuum versteht, tastet er die Ordnung an. So hält die Autorin den Hinweis für angebracht: »Die Menschen würden auch der Verführung zum Mißbrauch der Autorität aufs stärkste erliegen, wenn nicht über aller Autorität innerhalb der Ordnungen und über den Ordnungen selbst die Autorität des Staates stünde. Ohne sie würden Ordnungen, die dem Menschen zum Leben gegeben sind, ein Fluch für sie werden.«[69] Der Staat gewährleistet dem Menschen die Ursprünglichkeit seiner Existenz.

Dazu paßt ein weiterer Gesichtspunkt, der den Chiffrencharakter pädagogischer Begriffe verdeutlicht. Pädagogik befindet sich bisher sozusagen stets auf der Gewinnerseite – erfüllt sie doch in säkularisierter Form die frühere Aufgabe der Kirche. Sie glaubt, den Menschen sagen zu können, was sie tun sollen; ob Kaiserreich oder Weltkrieg, ob Demokratie oder Faschismus, ob Bundesrepublik oder DDR, ob Rezession oder Konjunktur: Immer steht die Pädagogik bereit, um den Zweifelnden den rechten Weg zu weisen. Fast nie erfolgt eine inhaltliche Auseinandersetzung mit den Strömungen der Epoche, denn meist ist nur das Verhältnis von Älteren und Jüngeren im Blick. Die Älteren wissen besser Bescheid und können die Jüngeren belehren. Auch wenn es verschiedene Typen von Pädagogik geben mag, die einander ablösen, so bleibt doch diese Grundfigur erhalten.

Die *gesellschaftliche* Ebene als dritte der genannten Ebenen wird im nächsten Abschnitt besprochen.

Gemeinschaft und Gesellschaft

Vielleicht kommen wir dem Bezug von Kulturkritik und Pädagogik am besten mit Hilfe des begrifflichen Instrumentariums von F. Tönnies auf die Spur. Tönnies unterscheidet bekanntlich »Gemeinschaft« und »Gesellschaft«. Zur Gemeinschaft gehören Phänomene wie Würde, Autorität, väterliche Stärke, Verständnis zwischen Liebenden, concordia (herzliche Verbundenheit und Einigkeit). Auch die sozialen Verhältnisse sind auf der Basis der Gemeinschaft naturwüchsig geordnet, nicht durch Kontrakte, sondern auf Verständnis begründet. Zur Gesellschaft gehören: die Abgrenzung der Individuen gegeneinander, die lediglich durch ein gemeinsames Interesse hergestellte Verbindung, fingierte Sozialbeziehungen allein nach dem Prinzip des Tausches. Dazu passen wissenschaftliche Begriffe, die sich innerhalb der Wissenschaft ebenso bewegen wie Waren innerhalb der Gesellschaft. Diesen beiden grundlegenden Sozialformen entsprechen zwei unterschiedliche Willensrichtungen; der Gemeinschaft entspricht der »Wesenswille«, der Gesellschaft der »Kürwille«. Wesenswille konzipiert die Einheit des Lebens, er ist »das psychologische Äquivalent des menschlichen Leibes«.[70] Kürwille: das sind die »Systeme von Gedanken, nämlich Absichten, Zwecken und Mitteln, welche ein Mensch als Apparat im Kopfe trägt«.[71] Der Wesenswille ist gleichsam Teil der Person, der Kürwille wird von der Person zweckhaft an ein Vorhaben herangetragen, richtet sich in die Zukunft, hat planenden, prognostischen Charakter.

Der Wesenswille verhält sich zum Kürwillen wie die Arbeit zum Tausch: Was durch den Kürwillen erstrebt wird, hat lediglich Tauschwert, ist als Gegenstand auswechselbar. Dem

Kürwillen haftet ein aktivistischer Zug an (Pläne entwerfen, Ränke schmieden, Machinationen anzetteln), dem Wesenswillen ein organischer Zug, der durch Anlage, Wiederholung und Nachahmung lebt. Der gleiche Gegensatz findet sich in der Moral: »Auf der einen Seite wesentlich Ausdruck und Organ der religiösen Vorstellungen und Kräfte ... auf der anderen Seite ganz und gar Produkt und Werkzeug öffentlicher Meinung.«[72] Die letztere Moral drängt den Staat, seine Macht zur Durchsetzung seiner Zwecke rigoros einzusetzen, »um alle zu zwingen, das Nützliche zu tun und das Schädliche zu unterlassen«.[73]

Was bedeutet nun dieses begriffliche Instrumentarium für die Pädagogik? Wir können jetzt sagen: Die herkömmliche Pädagogik, wie sie sich auch in der Kulturkritik ausdrückt, versteht Erziehung noch immer nach den Kategorien der »Gemeinschaft«, während sie de facto längst zu einer Ausdrucksform der »Gesellschaft« geworden ist. In der Tat entspricht alles, was in der modernen Pädagogik über die Möglichkeit von Planung, Organisation, Manipulation, Lenkung, Beeinflussung gesagt wird, dem Kürwillen und gehört in den Bereich der Gesellschaft, nicht in den der Gemeinschaft. Auch die daraus entspringende Beschränkung der Freiheit hat Tönnies bereits vorausgesehen. Es mutet wie ein Kommentar zu unserer heutigen Pädagogik an, wenn er über die Gestaltungsform des Kürwillens schreibt: »Wenn aber das Glück erstrebt, verfolgt wird, so wird zukünftiges Ereignis durch das Denken einem Gegenstande gleich, dessen Wirklichkeit bedingt sei durch seine Ursachen, und dessen Ursachen als eigene mögliche Verhaltungen zu Gebote zu stehen scheinen. Und hiernach also seinen Kürwillen als Verfügung über Mittel bestimmend, verwandelt der Mensch ein Stück seiner imaginären Freiheit in ihr Gegenteil.«[74] Folgt daraus, daß wir uns von solchen Ausdrucksformen des Kürwillens in der Pädagogik abwenden und wieder den bodenständigen Lebensbedingungen der Gemeinschaft zuwenden müssen? Die Antwort lautet: Nein! Eine solche Hinwendung wäre eine gefährliche Ideologie.

Hier muß nun an Tönnies selbst eine kritische Frage gerichtet werden. Seine Haltung gegenüber »Gemeinschaft« und »Gesellschaft« scheint schwankend zu sein. Einerseits wird der Gegensatz immer wieder nüchtern herausgearbeitet, etwa mit dem Hinweis: »So beobachten wir bei den historischen Völkern aus ursprünglichen gemeinschaftlichen Lebensformen und Willensgestalten den Entwicklungsprozeß der Gesellschaft und gesellschaftlichen Kürwillensgebilde, aus der Kultur des Volkstums die Zivilisation des Staatstums.«[75] Andererseits wird aber dieser Gegensatz nicht wertfrei gesehen, sondern die Gemeinschaft doch als höherwertig empfunden, die Entwicklung zur Gesellschaft folglich als Abstieg, als Zerfall dargestellt. »Arbeit« hat einen anderen moralischen Klang als »Tausch«; die »Großstadt und gesellschaftlicher Zustand überhaupt (ist) das Verderben und der Tod des Volkes«.[76] Alle Kennzeichnungen der Gesellschaft werden mit einer kulturkritischen Patina überzogen, denn Gesellschaft ist eben nicht mehr das Ursprüngliche, ist eine Veräußerlichung und Verdinglichung der ganzheitlichen menschlichen Existenz.

So ist zu fragen, ob Tönnies nicht selbst einer Ideologie aufgesessen ist. Dafür spricht auch, daß er die Unterschiede der Geschlechter als naturgegeben hinnimmt. Der Mann folgt dem Verstand, das Weib dem Gefühl; der Mann ist beweglich, das Weib seßhaft; das Weib ist der natürliche, der Mann der künstliche Mensch; zwischen ihnen herrscht der nämliche Gegensatz wie zwischen Gesinnung und Bestrebung, Gemüt und Berechnung, Gewissen und Bewußtheit.[77] Weibliches verhält sich zu männlichem Wesen wie Jugend zu Alter. Man möchte kaum glauben, daß Tönnies bei allem Scharfsinn solchen Klischees zum Opfer gefallen ist. So muß gegen Tönnies eingewendet werden: Es gibt im menschlichen Leben überhaupt keine naturwüchsigen Gegebenheiten. Auch was uns wie Gemeinschaft anmutet, ist eine gesellschaftliche Form; und schon gar nicht läßt sich die Geschichte als Fortschritt von Gemeinschafts- zu Gesellschaftsformen interpretieren.

Kritische Stimmen, die den Gesellschaftsbezug der Pädagogik betonen, sind in der deutschen Erziehungsgeschichte selten. Wie schwer es ist, einen kritischen Ansatz durchzuhalten, sehen wir beispielhaft an O. Rühle, der sich vor allem mit Erziehungsproblemen proletarischer Kinder befaßt hat. Rühle klagt die Schule als eine für Proletarier repressive Anstalt an, die durch militaristische Abrichtung zu totaler Entwürdigung führe: »Das proletarische Kind weist relativ mehr konstitutionelle Anomalien und Organdefekte auf als das bürgerliche Kind. Es ist der Gefahr, zu Minderwertigkeitsgefühlen zu gelangen, außerordentlich stark ausgesetzt. Soziale Deklassierung und Ächtung kann dieselbe Wirkung hervorrufen.«[78] Das alles gilt auch für die Fürsorgeerziehung als ein Instrument zur Disziplinierung des Proletariats: »In der Fürsorge-Erziehung, wie sie heute geübt wird, feiert die Autorität ihre wahnwitzigsten Orgien. Hier wird wertvollstes Menschengut verwüstet. Und hier werden Bestien gezüchtet.«[79] Ein solcher Zustand kann nicht anders verändert werden als durch einen radikalen Wandel des Menschen selbst: »Die unautoritäre Jugend, frei von Resten bürgerlich-parteilicher Machtpolitik, steht dem Ziele sozialistischer Gemeinschaft am nächsten. Ihr Protest wird positiv. Dieses Positive ist das gemeinschaftsbildende Element. Der Mensch wird vom Mitmenschen abgelöst. Die Zukunft gehört dem Mitmenschen.« Diese Utopie läßt sich nicht durch Klassenkampf und gesellschaftliche Veränderungen erreichen, sondern nur durch inneren Wandel: »Was heute am dringendsten nottut, ist der Abbau der Autorität im Menschen selbst, in seiner seelischen Verhaltungsweise, in der allgemeinen und alltäglichen Bestätigung des gesellschaftlichen Lebens.«[80]

Rühle ist ein »Neinsager«, aber in anderem Sinne als H. Lietz, denn er geht von einem anderen Gemeinschaftsbegriff aus. Im Unterschied zu Lietz wird die Gegenwart nicht kulturkritisch, sondern gesellschaftskritisch gesehen. Rühle setzt an mit dem Protest gegen gesellschaftliche Zustände, der durch Erziehung weitergetragen werden soll. Erziehung hat die Aufgabe, den einzelnen besser zu machen, ihm dazu zu verhelfen, daß er sich solidarisiert und eine neue Gemeinschaft aufbaut. Sie beginnt daher auch nicht mit dem Emporheben des Kindes durch den edlen Erzieher, sondern mit dem Protest gegen eine sozial ungerechte und kinderfeindliche Welt. Erziehung soll dann sowohl den einzelnen innerlich umwandeln als auch die Gemeinschaft ermöglichen helfen. Der Protest wird zur kollektiven Leistung stilisiert, er führt zur neuen Gemeinschaft aus neuen Menschen. An diesem Punkt wird deutlich, daß selbst Rühles Pädagogik nur zum Teil kritisch ist, denn die Kritik bleibt auf halbem Wege stehen und schwenkt dann um in ein utopisches Denken.

Wollen wir an diesem Punkt weiterkommen, so müßten wir die von Tönnies vorgelegte Trennung von Gemeinschaft und Gesellschaft konsequenter durchführen als er selbst. Das wäre nicht nur ein wissenschaftstheoretischer Schritt, sondern auch eine gewandelte Perspektive. Denn auch das neu gewonnene Instrumentarium kann an der Gemeinschaftsideologie festhalten, etwa wenn es heute die Bedeutung der Familie als primärer und naturwüchsiger Erziehungsform wissenschaftlich zu untermauern hilft. Besonders prekär ist also die Lage, wenn die moderne Sozialwissenschaft mit Mitteln, die aus dem geistigen Umkreis der »Gesellschaft« bezogen sind und die soziale Existenz voraussetzen (z. B. Organisation von therapeutischen Veranstaltungen), Lebensformen herbeizaubern will, die in den Bereich der »Gemeinschaft« gehören (z. B. die Geborgenheit des einzelnen bei verständnisvollen Mitmenschen).

Hier liegt eine Antwort auf die immer wieder zu stellende Frage, warum die deutsche Pädagogik nicht kritisch ist. Sie ist nicht kritisch, weil sie eine Funktion erfüllt, die von vornherein nicht auf Erhellung der gesellschaftlichen Bedingungen, sondern auf Affirmation und Stabilisierung angelegt ist. Der kritisch denkende Mensch stellt Autoritäten in Frage. Eben das soll und will aber die deutsche Pädagogik nicht. Sie empfindet sich als konstitutives Bauelement und als Trägerin von »positiven« Faktoren, also von Normen, Werten, schützenswerten Inhalten und Grundüberzeugungen. Wer daran zweifelt, daß Pädagogik das leisten kann, muß sich des Defaitismus beschuldigen und fragen lassen, ob er resignieren wolle. Hier kommt ein Vokabular zum Zuge, das an kriegerische Lebensumstände erinnert. Pädagogik erscheint als Kampf für die rechte Gesinnung, für die stabile Ordnung, für die öffentliche Sicherheit.

Thesen zum aktuellen Bezug

1. Ein Erbe der Kulturkritik ist der Drang nach »Verhaltensänderung«.

Die Auffassung, daß durch pädagogischen Eingriff Gefahr abgewendet werden soll, ist nach wie vor für das Erziehungsfeld bestimmend. Man geht davon aus, daß es eine feste Norm des Denkens und Verhaltens gibt, von der ein Teil der Kinder und Jugendlichen chronisch abweicht. Der totalitäre Charakter, die Berührungsangst vor dem, was nicht sein soll, die Entschlossenheit zur Abwehr des »Bösen«, der Wille zum gezielten Zugriff für die Stabilisierung der Institution finden ihren Niederschlag in zahlreichen Buchtiteln über »Verhaltensänderung« in Schule und Erziehung. Sie wollen den Lehrer mit griffigen Instrumenten ausrüsten, damit er die Ordnung der Schule (und damit auch die Ordnung der Welt) immer wieder herstellen kann. Dabei wird vorausgesetzt, daß der Lehrer die Norm, auf die hin eine solche Verhaltensänderung stattfinden soll, bereits kennt und selbst vertritt. Vielleicht ahnen wir alle, daß weder der Lehrer noch irgend jemand sonst diesen Maßstab, über den angeblich Konsens herrscht, wirklich kennt; aber wir halten aus Bequemlichkeit an dieser Illusion fest. So wird die allgemeine Ratlosigkeit über das, was sein soll, durch das eifrige Einüben pädagogischer Mittel verdrängt.

2. Mancher aktuelle Bildungsplan führt zurück zur »Gemeinschaft«.

Die Bevorzugung der »Gemeinschaft« gegenüber der »Gesellschaft« ist auch heute im Zuge der allgemeinen Rationalisierung und des Rückgriffs auf konservative Denkmuster durchaus üblich. Daß solche Tendenzen auch einen offiziellen Niederschlag finden können, kann am Beispiel der »Grundsätze für Bildung und Erziehung in Schleswig-Holstein« (1982) gezeigt werden.[81] Der gesamte Tenor dieser Schrift bezieht sich im Grunde nicht auf eine mögliche Schule in der modernen Industriegesellschaft mit ihren vielfältigen Spannungen, Interessengegensätzen und kontroversen Orientierungen, sondern auf ein überkommenes Idealbild der alten überschaubaren, gemüthaften, »menschlichen« Dorfschule. Man fühlt sich an E. Sprangers Aussagen über den »Bildungswert der Heimatkunde« und den »Eigengeist der Volksschule« erinnert. Das Grundmodell ist das im Kern naturhafte, wenn auch durch Bildung beförderte Hineinwachsen des einzelnen in das Gemeinwesen. Die brennenden Fragen nach dem Bezug zwischen Individuum und Staatsmacht, nach der Durchsetzung von Freiheit und Menschenwürde, nach dem Umgang mit konkurrierenden Wertvorstellungen in der modernen Welt, nach dem Sinn und der Chance demokratischer Lebensformen werden ausgespart.

3. Die Angst vor Unordnung schafft sich in der Ausländerfeindlichkeit ein Ventil.

Die gegenwärtig immer stärker werdende Ausländerfeindlichkeit setzt die Tendenzen zur Abwehr gefährlicher Fremdvölker fort, wie sie aus der jüngeren deutschen Geschichte bekannt sind. Einschlägige Denkmuster wurden uns bereits in der präfaschistischen Epoche geboten. So erklärte H. Nohl 1932 mit Bezug auf H. Grimms »Volk ohne Raum«: »Aber angesichts des immer menschenleerer werdenden Ostens hat man mit Recht vom Raum ohne Volk gesprochen: gibt es nicht in der Grenzmark eine ganze Reihe von Kreisen, die heute weniger Einwohner haben als 1870 und wo auf dem qkm nur 43 Menschen wohnen gegenüber 120 bei den Polen. Gelingt es nicht, den Wall von deutschen Menschen hier zu verstärken und sie mit einem anderen Heimatwillen zu erfüllen, so brechen die Polen wirklich über kurz oder lang dort ein, das braucht nicht kriegerisch zu sein, sondern gewissermaßen schon rein mechanisch herüberströmend, und kein Rechtsanspruch auf den Boden wird uns helfen, wenn die deutschen Menschen ihn selbst verlassen haben ... Damit ist die Pädagogik aufgerufen.«[82] Auf etwas anderer Ebene erklärte zu dieser Frage O. Spengler (1933): »Es wird Zeit, daß die weiße Welt und Deutschland zuerst sich auf solche Tatsachen besinnen. Denn hinter den Weltkriegen und der noch unbeendeten proletarischen Weltrevolution taucht die größte aller Gefahren auf, die farbige, und alles, was in den weißen Völkern noch an ›Rasse‹ vorhanden ist, wird nötig sein, um ihr zu begegnen. Deutschland vor allem ist keine Insel, wie die politischen Ideologen meinen, die an ihm als Objekt ihre Programme verwirklichen möchten. Allein das Preußentum ... kann der Erzieher der weißen Welt, vielleicht ihr Retter werden ... Die Gefahr pocht an die Tür. Die Farbigen sind nicht Pazifisten ... Sie nehmen das Schwert auf, wenn wir es niederlegen.«[83] Wenn es möglich ist, daß namhafte Gelehrte sich so äußern, dann brauchen wir uns nicht zu wundern, daß auch heute renommierte Wissenschaftler (wie die Autoren des »Heidelberger Manifests« 1981) kulturkritisch auf die drohende Überfremdung der Deutschen durch unerwünschte Andersstämmige hinweisen.

4. Die Deutschen definieren sich über den »Erfolg«.
Wir Deutschen gewöhnen uns schnell an materiellen Wohlstand und halten ihn heute für selbstverständlich. Kommt wirtschaftliches Wachstum an seine Grenzen, dann greift Bestürzung um sich. Wir befürchten eine totale Veränderung, fühlen uns unsicher, bangen um unsere Identität. Es wird auf einmal fragwürdig, ob wir uns noch mit der Bundesrepublik identifizieren können. Dieses Schwanken hat seine Ursache darin, daß wir uns über den *Erfolg* definieren. Wir fühlen uns in einem politischen System wohl aufgehoben, solange es erfolgreich ist, womit nicht ausschließlich materieller, sondern auch ideologischer, politischer, militärischer, sportlicher Erfolg gemeint sein kann. An uns selbst haben wir offenbar wenig Halt. Wir werden unsicher, sobald der äußere, durch das System verbürgte Halt zusammenzubrechen scheint. Die Rezession stellt daher als »Mißerfolg« den Lebenssinn selbst in Frage. Dies mag unsere ausgeprägte Allergie gegen Bedrohungen begreiflich machen. In solchen Fällen wird immer wieder nach der Pädagogik gerufen: Sie hilft – so hofft man – gegen existentielle Not, schützt das Selbstvertrauen, rettet vor Gefahr.

5. Unrealistische Erwartungen fördern die Frustration der Pädagogen.
Als ein weiteres Merkmal der aktuellen pädagogischen Szene erkennen wir die Frustration der Pädagogen. Diese ist sicherlich verständlich, wo sie darauf beruht, daß das Gesamtklima konservativer wird, daß der Staat immer mehr reglementiert, auch materielle Mittel kürzt und dadurch eine sinnvolle pädagogische Arbeit in Frage stellt. Vielfach kommt solche Frustration aber auch aus unrealistischen Erwartungen und falscher Einschätzung der erzieherischen Wirklichkeit. Manche Pädagogen bringen ein totalitäres Verständnis von Pädagogik in ihren Beruf ein. In der Annahme, alles lasse sich durch »Erziehung« regeln, wollen sie sich dabei selbst verwirklichen und ihre Arbeit an der Klientel rein pädagogisch aus persönlichem Engagement, ohne Ansehen der gesellschaftlichen Bedingungen ausüben. Das zeugt sicherlich von hohem Berufsethos, bleibt aber als Grundhaltung idealistisch. Wie wir seit S. Bernfeld wissen müßten, ist alle Pädagogik eingebettet in die jeweilige Gesellschaft. Will der Pädagoge

auch nur das geringste verändern, dann muß er seine Ideen ständig an der Realität prüfen, muß sich in einen dialektischen Prozeß von Vorstellung und Wirklichkeit hineinbemühen. Wo er das ignoriert, ist Frustration fast unvermeidlich.

6. Das Mißtrauen gegen Staat und Gesellschaft wächst heute »rechts« wie »links«.
Auch das Phänomen des Ausstiegs aus der Gesellschaft ist eng mit den Problemen der Kulturkritik verbunden. Viele Menschen finden sich heute wieder an dem Punkt, wo ihnen »Gemeinschaft« und »Gesellschaft« als unüberbrückbare Gegensätze erscheinen, auch wenn sie dies etwas anders formulieren mögen. Sie empfinden die Gesellschaft als brüchig, menschenfeindlich, nicht mehr regenerationsfähig. Es treibt sie um, daß entscheidende Elemente der Lebensqualität verlorengegangen sind. Die Sehnsucht nach Geborgenheit, Übersichtlichkeit, informeller Lebensweise ist stark. Nun erhebt sich eigenartigerweise der Ruf »Zurück zur Gemeinschaft« (und weg von der Gesellschaft), »Zurück zur Natur« (und weg von der industriellen Überfremdung), »Zurück zum Menschen« (und weg von der unpersönlichen Organisation) von links wie von rechts. Gegen Atomkraft zu sein, ist an sich noch keine Kunst: Das kann auch der Bauer in der Wilster Marsch. Die entscheidende Frage lautet: Wie unterscheiden sich neue Selbstverwaltungsprojekte, die sich als zukunftsweisende Gemeinschaftsformen verstehen, von konservativer Beschwörung der Familie, der Heimat, des vertrauten Lebensraums? Wodurch grenzen sich progressive demokratische Vorhaben von reaktionärem Idyll ab? Zur Antwort bedarf es einer theoretischen Erwägung, wie sie gerade von der alternativen Bewegung nicht gewünscht wird.

7. Erich Fromm zeigt beispielhaft die Möglichkeiten und Grenzen der Kulturkritik.
Einige Probleme des kulturkritischen Ansatzes können an einem seiner profiliertesten Vertreter klargemacht werden. Fromms Schriften zeigen ein für alle Kulturkritik typisches Muster. Die Analyse der gesellschaftlichen und geistigen Situation wird mit äußerstem Scharfsinn durchgeführt, trifft ihren Gegenstand exakt und ist von hohem moralischem Engagement getragen. Aus ihr werden dann aber weitreichende

Folgerungen gezogen, die nicht mehr auf analytischem, sondern auf spekulativem Denken beruhen und die Qualität der Analyse aufheben. Fromms Antwort auf die bedrängenden Probleme der Gegenwart lautet: der neue Mensch, die neue Gesellschaft, die Gestaltung des individuellen und sozialen Lebens nach neuen Prinzipien. Dies kleidet sich in Allerweltsrezepte, die scheinbar zu klaren Schritten ermuntern, sich bei näherem Hinsehen jedoch als verschleiernde Gemeinplätze entpuppen: »Der wissenschaftliche Fortschritt müßte gefördert und gleichzeitig sichergestellt werden, daß seine praktische Anwendung nicht zur Gefahr für die Menschheit wird. Es müßten Bedingungen geschaffen werden, die es dem Menschen ermöglichen, Wohl-Sein und Freude zu empfinden, und die ihn von der Sucht nach ›Maximierung des Vergnügens‹ befreien. Die Existenzgrundlage des einzelnen wäre zu sichern, ohne ihn von der Bürokratie abhängig zu machen.«[84] »Die Gesellschaft muß so organisiert werden, daß die soziale, liebende Natur des Menschen nicht von seiner gesellschaftlichen Existenz getrennt, sondern mit ihr vereint wird.«[85] Indem Fromm nicht müde wird, ganze Kataloge solcher Vorschläge zu präsentieren, verfällt er in die Grundfehler aller modernen Kulturkritiker.

Für den kulturkritischen Ansatz insgesamt wäre zu fragen, ob es vielleicht überhaupt nur die Gebildeten sind, die sich in der modernen Welt nicht mehr zu Hause fühlen, weil ihre Bildung an Bedeutung eingebüßt hat und kaum noch das früher mit ihr verbundene soziale Ansehen gewährt. Alle anderen Menschen waren aber seit jeher objektiv weitgehend entfremdet und hatten keinerlei Anteil am kulturellen Leben. Möglicherweise drückt sich in der Kulturkritik heute der Überdruß der Gebildeten an der Masse aus; dann wäre es das Heraufkommen der Vielen, was dem Vertreter eines aus der Vergangenheit bezogenen Bildungsbesitzes als kultureller Abstieg erscheint.

Natur und Bedürfnis

Werde, der du bist!

Das naturalistische Menschenbild, von dem in diesem Kapitel zu sprechen sein wird, konzentrierte sich beispielhaft in dem von P. Geheeb gewählten Leitspruch: Werde, der du bist! Damit war gemeint: Du bist von Hause aus bereits eine unverwechselbare Persönlichkeit, so daß alle Erziehung dir lediglich dabei helfen kann, diesen Keim zu entfalten und damit deine Bestimmung zu erfüllen. Dieses Menschenbild enthält zugleich idealistische und naturalistische Elemente. Es ist idealistisch, da ein Urbild der Persönlichkeit angenommen wird, das der einzelne als Potenz in sich trägt; es ist aber zugleich auch naturalistisch, da der einzelne die diesem Urbild entsprechende Persönlichkeit schon *ist*, so daß er sich gar nicht anders entwickeln kann als nach einer vorgezeichneten Bahn. Man könnte sagen: Idealismus ist hier in Naturalismus umgeschlagen; da beide eng aufeinander bezogen sind, können sie füreinander eintreten. Erziehung weiß sich zwar einem »Höheren« verpflichtet, bleibt aber praktisch an naturhafte Gegebenheiten gebunden, orientiert sich an vorgefundenen Gesetzen, vollzieht sich als affirmativer Entbindungsvorgang. Dieses Denken, das einen naturalistisch präformierten Idealismus aufweist, soll unter fünf Aspekten interpretiert werden.

(1) Mit seinem Hinweis auf den dialektischen Zusammenhang von *Führen* und *Wachsenlassen* hat Th. Litt ein Grundproblem der neueren deutschen Pädagogik angesprochen.[1] Jedes einseitige Nur-Führen oder Nur-Wachsenlassen sei abzulehnen, denn beides gehöre zusammen: Einerseits brauche der junge Mensch einen verläßlichen Führer, der die richtige Orientierung vermittelt und das Vertrauen der Geführten genießt; zum anderen müsse sein geschöpfliches Wachstum gefördert werden, denn alles Wesentliche sei in seiner Person bereits angelegt.

Dazu ist zu bemerken: Führen und Wachsenlassen sind nicht nur spannungsvoll aufeinander bezogen, sondern beide Verfahren ähneln einander insofern, als sie auf einem naturalistischen Menschenbild beruhen. Es ist daher im Grunde gleichgültig, ob der Akzent hier oder dort gesetzt wird: Immer sind naturhafte Lebensprozesse und objektive Bedürfnisse vorausgesetzt, deren Erkenntnis und Nutzung den pädagogischen »Erfolg« gewährleisten. Der Widerspruch von Führen und Wachsenlassen enthüllt sich als nur scheinhaft. In beiden Fällen

– weiß der Erwachsene aufgrund seiner »natürlichen« Überlegenheit und größeren »Reife«, was dem Educandus förderlich ist;
– verfährt der Erzieher nach einer immer schon bestehenden Gesetzmäßigkeit, deren »Richtigkeit« er nicht anzweifelt;
– besteht der dem Erzieher gelassene Spielraum nur in der Wahl des Weges, so daß seine wahre Funktion als Helfer der Natur gewahrt bleibt.

(2) Ein wesentliches Element des naturalistischen Menschenbildes ist die *Sehnsucht*. Der einzelne hat seine Identität einstweilen nicht gefunden, sondern befindet sich erst auf dem Wege zu ihr. Dieser Status des suchenden Wanderers hält ihn in chronischer Spannung und belebt seine Gefühlswelt, wie es beispielhaft in der Jugendbewegung zu sehen ist. Gleichwohl beruhte das Hinausströmen in die Wälder nicht auf selbstgenügsamer Naturverbundenheit, sondern war immer zugleich eine Chiffre für eine wesensgemäße Existenz schlechthin, für eine Lebensform, die ursprünglicher, echter, einfacher sein sollte als die der Erwachsenen. Man wollte sich den gesunden Instinkt bewahren und sich nicht verkrüppeln lassen wie die ältere Generation in ihren bürgerlichen Karriereberufen. Der Auszug aus der Stadt ließ sich nur sekundär mit der feindlichen städtischen Zivilisation begründen, denn diese selbst galt als Ausdruck einer tiefer liegenden Sinnkrise. So liegt in der Sehnsucht, die sich auf nichts Bestimmtes richtet, stets ein Verlangen nach Geborgenheit. Im Vertrauen auf dieses starke Motiv bieten die Erzieher immer wieder bewährte Formen an, die verfügbar zu sein scheinen und auf einen ursprünglichen Modus der Existenz verweisen. Der Nationalsozialismus hat die Sehnsucht nach Geborgenheit aufgenommen, sie

aber gleichsam von innen nach außen gewendet, so daß sie durch Reizworte wie Volk, Gemeinschaft, Kampf besetzt werden konnte. Auch heute wird wieder auf diese Sehnsucht zurückgegriffen, die sich zugleich auf das Ferne, Unbestimmte wie auf Geborgenheit und Identität richtet. Daraus wird das Phänomen begreiflich, daß hochgespannte, niemals erreichbare unscharfe Erziehungsziele wie »Emanzipation« oder »Selbstbestimmung« und das von der Therapie genutzte Verlangen danach, sich heimisch und wohlaufgehoben zu fühlen, widerspruchslos nebeneinander bestehen.

(3) Der Versuch der Erziehung, sich an der »Natur« zu orientieren, hat immer auch zu Ansätzen einer *natürlichen Erziehung* geführt. Dieses Bestreben läßt sich auf fünf Ebenen nachweisen:

– Auf der *gesellschaftlichen* Ebene ging es seit Rousseau darum, Kinder vor den Gefahren der Gesellschaft zu bewahren und sie in einem behüteten Raum aufwachsen zu lassen. Reformpädagogik und Jugendbewegung lebten wesentlich aus dieser Einstellung, die das reine, wahre Menschentum nur jenseits der etablierten Zivilisation suchen zu dürfen glaubte.

– Auf der *sozialen* Ebene ist an das regionalistische, heimatbezogene Denken zu erinnern, wie es etwa in E. Sprangers Ausführungen zur Heimatkunde und Volksschule beispielhaft formuliert wurde.[2] »Heimat« sollte nicht nur der äußere, überschaubare Lebensraum sein, sondern bezeichnete als Chiffre auch die menschliche Identität mit dem Wertbereich, auf den man sich von Natur aus verlassen kann. Erst wer die Heimat kennt, soll ferne Regionen und das Ausland kennenlernen dürfen.

– Auf der *schulischen* Ebene wurde das »natürliche Lernen« proklamiert. Seit der Reformpädagogik haben wohlwollende Pädagogen gelegentlich die Bedürfnisse des Schulkindes beschworen: In der Schule soll nicht unter Zwang gelernt werden, sondern im spielerischen Vollzug, wie es dem natürlichen Rhythmus, dem ursprünglichen Wissensstreben und dem nächstliegenden Interesse des Kindes entspricht. Dies bezog sich auch auf die Inhalte: Das Kind lernt am liebsten und am leichtesten das, was in seiner natürlichen Umgebung vorkommt.

– Auf der *erzieherischen* Ebene drückt sich das naturali-

stische Menschenbild im Begriff der »natürlichen Strafe« aus. Der Erzieher braucht keinerlei gewaltsame und willkürliche Maßnahmen anzuwenden, denn jede Verfehlung des Kindes sieht sich sogleich aus der »Natur« der Sache mit ihren Konsequenzen konfrontiert. Erziehung ist eingebettet in einen Prozeß, der ohne Zutun der Beteiligten abläuft.
– Auf der *psycho-physischen* Ebene schließlich ist an das Eindringen von Entwicklungspsychologie, Verhaltensbiologie und ähnlichen Disziplinen in die Pädagogik zu erinnern. Wenn dem Kind nur immer das geboten wird, wessen es von Natur aus bedarf, dann gilt das nicht nur als die richtige Erziehung, sondern auch als der beste Kinderschutz.

(4) Die Erfüllung dieser Sehnsucht wird nur möglich durch die *Zugehörigkeit zu einer Gruppe*. Wandervogel und Jugendbewegung operierten von einem bestimmten Menschenbild aus: Du bist von Natur aus nicht als einzelner zur Sinnfindung geschaffen, sondern du gehörst in eine Gemeinschaft; nur dort wird uns allen gemeinsam das Erlebnis der Sinnfindung zuteil; du brauchst zur Selbstverwirklichung die Gruppe Gleichgesinnter, die dich trägt. Folgerichtig war es weniger die abstrakte Zielsetzung oder Weltanschauung, die den Wandervogel zusammenhielt, als vielmehr die kollektive Stimmungslage und der seelisch-geistige Konsens unter jungen Menschen, die dem nämlichen Typus angehören und auf der gleichen Wellenlänge fühlen und denken. K. O. Paetel beschreibt diesen Typus des Jugendbewegten so: »Keinen Zugang fanden frühreife, auf persönliches Fortkommen im Leben eingestellte Zyniker. Abstrakt-intellektuell veranlagte Geister waren verhältnismäßig ebenso selten wie ausgesprochen ungeistige Nur-Sportlertypen, wie schöpferische Individualitäten von ausgeprägtem Charakter oder wirkliche Dummköpfe. Zur Jugendbewegung gingen junge Menschen, die aufgeschlossen, die begierig auf das Leben und interessiert an geistigen Dingen waren, die aber das Bewußtsein hatten, daß beides nur gemeinsam mit anderen sinnvoll war.«[3] Auch hier ist ein naturalistisches Denken wirksam. Das zeigt sich nicht nur darin, daß stets nur ein bestimmter Typus gefragt war, dem man von Hause aus entweder zugehörte oder von dem man abwich; sondern auch dieser Typus selbst bezeichnete ein durchschnittliches Po-

tential, sozusagen die »Normalverteilung«, mit der immer zu rechnen ist.

(5) Auch das *Bedürfnis nach Freiheit* hatte, so paradox es zunächst klingen mag, diesen naturalistischen Charakter. Die bewegte Jugend wollte ja autonom sein, aus eigener Verantwortung leben, nicht von bürgerlichen Verpflichtungen abhängen, wie sie ihr im üblichen Alltagsleben durch den sozialen Stand der Familie, die Erwartungen der Elternhäuser und die Schule oktroyiert wurden. In diesem Streben wirkten in eigenartiger Mischung immer befreiende und unterwerfende Komponenten zusammen. Zuweilen gewannen diese die Oberhand, zuweilen jene. Das ist kein Widerspruch, denn beide Verhaltensweisen waren Ausdruck einer im Grunde schwachen Persönlichkeit. Die »reine« Gesinnung drängte nach unbedingter Verwirklichung aller Ideale, zu denen sich die Jugend durchgerungen hatte. Doch auch die scheinbar emanzipatorischen Elemente führten schließlich zur Einordnung in einen größeren Sinnzusammenhang, der gläubig hingenommen und nicht mehr in Frage gestellt wurde. Insofern schlugen solche Befreiungsakte stets wieder in Unterwerfung um. Freiheit hieß zwar »eigene Verantwortung«, zugleich aber Abkehr von der falschen und Hinwendung zur wahren Autorität. Der »Wert«, um den alles ging, lag nicht im Wandel der sozialen Verhältnisse, nicht in der Hilfe für den Mitmenschen, weder in der realen noch in der intellektuellen Verantwortung für das, was wirklich geschah, sondern allein in der *Gesinnung*. Insofern blieb diese Freiheit von der gesellschaftlichen Wirklichkeit abgehoben: Sie war Chiffre für die Befolgung des Satzes: Werde, der du bist!

Pädagogische Osthilfe

Die folgende Betrachtung knüpft sich an den Beitrag von H. Nohl »Landbewegung, Osthilfe und die nationale Aufgabe der Pädagogik«.[4] Nohl geht aus von der bedrückenden Arbeitslosigkeit, der auch durch Pädagogik nicht abgeholfen werden könne. Gleichwohl sieht er eine wirtschaftliche, geistige und auch erzieherische Aufgabe für die nächste Zukunft: Sie liegt in der »Reagrarisierung« Deutschlands. Auf diesem Wege könne besonders auch der »nationalen Not« des deutschen Ostens begegnet werden, wo es schon nicht mehr ein Volk ohne Raum, sondern einen Raum ohne Volk gebe: »Damit ist aber die Pädagogik aufgerufen. Die Notwendigkeit solcher Landbewegung verlangt eine Änderung der Mentalität unserer Jugend, ein neues Selbstbewußtsein des Landmenschen und eine Steigerung seiner landwirtschaftlichen Ausbildung, verlangt eine neue Perspektive für alle pädagogischen Maßnahmen und Einrichtungen, die bisher im wesentlichen auf die Stadt ausgerichtet waren, und verlangt insbesondere für den Osten einen einheitlichen Kulturaufbau, der, von nationaler Energie getragen, die lebendige Form ländlicher Kulturpflege schafft, die dann auch für die Arbeit in den anderen Provinzen vorbildlich werden kann.«[5]

Pädagogik ist nach Nohl imstande, die Mentalität zu ändern. Sie kann und muß als Nothelferin neue Perspektiven schaffen und die deutsche Kultur des Ostens stärken. Die Antwort auf eine akute Situation, die als nationale Notlage begriffen wird, erfolgt auch hier wieder durch ein anderes Menschenbild. Pädagogik muß den Menschen umerziehen, damit so die Siedlungsbewegung neuen Auftrieb empfängt. Durch diese Erwartung wird Pädagogik zum Knotenpunkt, an dem sich politische, gesellschaftliche, wirtschaftliche, geistige, moralische Probleme schürzen und einer Lösung näher gebracht werden können: »Sollen diese Aufgaben, Reagrarisierung und Osthilfe mit ihren erzieherischen Notwendigkeiten, die hier für unsere Tage auftauchen, verwirklicht werden, so fordert das aber nun auch eine wesentliche Umstellung unserer heutigen Pädagogik. Denn es ist keine Frage: Das Land ist bisher in unserer pädagogischen Arbeit zu kurz gekommen, die Schule war Stadtschule, und auch die Wohlfahrtspflege war vor allem auf das großstädtische Element abgestimmt.«[6]

Immer klarer wird der Pädagogik die Funktion zugewiesen, akute nationale Bedürfnisse befriedigen zu helfen. Dazu muß sie selbst umdenken, denn Erziehung, Bildung und Jugendfürsorge hatten sich zu sehr auf die Stadt konzentriert und folglich die agrarischen Ostgebiete vernachlässigt. Hier will Nohl offenbar etwa das, was heute mit »offensiver Jugendhilfe« bezeichnet wird: »Es muß aber immer erst ein Unglück passiert sein, das die Jugendhilfe danach wiedergutzumachen sucht. Hier liegt meines Erachtens der schwerste Konstruktionsfehler im Aufbau der ganzen Arbeit. Worauf *alles* ankäme, wäre: der Arbeit der Jugendhilfe eine *positive* Wendung zu geben, die das Jugendamt zu einem selbständigen Organ der Volkserziehung machte, dessen große Aufgabe natürlich auch das Heilen ausgebrochener Schäden wäre, dessen vorangehende primäre Leistung aber eine aufbauende Arbeit an unserer Jugend – soweit sie nicht in der Schule stattfindet – im Zusammenhang der ganzen Volksbildung ist.«[7]

Inhaltlich bedeutet das für Nohl vor allem »die Entwicklung gerade der weiblichen Kultur«, denn wie schon Pestalozzi und Fröbel gesehen hätten, beruhe »die Volksbildung ... vor allem auf der Entfaltung der weiblichen und insbesondere der hausmütterlichen Kräfte«.[8] Diese Interpretation der Lage durch Nohl ist recht eigenwillig. Die »Not« ist nicht ein konkreter, materieller oder sozialer Mangel, sondern immer auch ein seelisches, menschliches, erzieherisches Defizit, das durch Pädagogik kompensiert werden soll. Auf die drohende Verödung des Ostens antwortet Nohl mit dem Hinweis auf den agrarisch ausgerichteten Menschen. Das ist eine im Kern naturalistische Auffassung. Bezeichnenderweise bemüht Nohl auch ein Bild aus der Gestaltung der Natur: handelt es sich doch um »ein Unternehmen, das die nationalen Leidenschaften unserer Jugend nicht mehr sinnlos verströmen läßt, sondern wie in einer Talsperre aufstaut, um sie für das ganze Land fruchtbar zu machen«.[9]

Dieser Gedankengang wird fortgesetzt in einem weiteren Aufsatz »Die pädagogische Osthilfe«.[10] Es geht um das »Lebensgefühl« und die »geistige Heimat«, nicht lediglich um wirtschaftliche Fragen. Die Sorge der Politiker, daß das Land, im Gegensatz zum benachbarten Polen, menschenarm wird, fließt in pädagogische Erwägungen ein. Nohl greift aber auch hier weiter aus und liefert einen kulturellen und historischen Überbau. Er spricht von »zwei ganz verschiedenen Welten deutscher Geistigkeit: ich nenne die eine die faustische, die andere die idyllische«. Dem entsprechen zwei Formen der Pädagogik: die eine, vor allem durch Fichte vertreten, habe die Jugend aus den Familien herausgeholt und zum Staate hin erzogen; die andere habe im Sinne Pestalozzis gerade die Familie gestärkt:

»Der Acker ist jene letzte menschliche Lebensverbundenheit der Familie mit ihrem Zuhause ... Ich meine, wir werden für den Kulturaufbau im Osten heute von dieser Einsicht in die zweifache Form der Geistigkeit die richtige Folge ziehen müssen. Bisher sind fast alle Versuche der neuen Volksbildung von dem Fichteschen Ansatz aus, von oben gemacht worden, von der Problematik des Lebens aus. Mit Theorie und Diskussion hat man die Geistigkeit entwickeln wollen. Auch die Jugendbewegung hat von hier aus angesetzt, einfach schon deshalb, weil sie die geistige Bewegung junger Menschen war. Wir wollen diese Arbeit auch keineswegs entbehren, aber sie reicht nicht in die letzte seelische Tiefe des Volkes und baut nicht von unten auf. Der wahrhaft wirksame Ansatz ist bei jener viel elementareren Geistigkeit der Familie, der Entwicklung einer Hauskultur und Wohnstubenkraft. Dieses ganze Leben von Eltern und Kindern im Haus, Feld und Garten, im engsten Zusammenhang mit der Wirtschaft, mit den Tieren und der Natur, mit der Nachbarschaft und der Gemeinde, im Ablauf des Jahres mit seinen Zeiten, seinen Notwendigkeiten und seinen Festen, Volksspiel und Friedhof, Humor und Religion, das gilt es, gemüthaft zu erfüllen und zu gestalten und Kräfte dafür einzuführen, die diese Menschen hier emporbringen helfen, ihr Leben mitleben und ihnen beistehen in der Wirtschaft, bei den Kindern und bei den Kranken.«[11]

– Es geht um einen Typus der Volksbildung, nämlich um die zweite, die idyllische Variante der Geistigkeit;
– Diese Arbeit baut von unten auf, sie pflegt die elementaren Kräfte der kulturellen Gemeinschaft;
– Ein solches Leben steht im Zusammenhang mit den Tieren und der Natur.

An dieser Stelle wendet Nohl einen Trick an. Eine akute Aufgabe wird überhöht, indem sie zur nationalpolitischen Gesamtaufgabe aufsteigt. Dafür stilisiert Nohl einen historischen Erziehungstypus, den es in dieser idyllischen Form nie gegeben hat. Er deutet Geschichte um in ein Nebeneinander von Kulturtypen und setzt die geistige mit der sozialen und ökonomischen Wirklichkeit gleich. Dies geschieht durch wertende Prädikate: elementar, seelische Tiefe, Notwendigkeiten, gemüthafte Erfüllung. Somit wird der anthropologische Wert dieser Lebensform herbeiinterpretiert: Weil der Mensch im Osten gebraucht wird, muß man ihm kulturell helfen.

Nohl mag selbst gespürt haben, daß es damit noch nicht getan ist. Das allzu Idyllische, Statische, im engsten Kreise sich Bewegende erscheint auch ihm als wenig attraktiv. Deswegen gilt es, die Jugend dafür zu begeistern, ihr einen neuen Lebenssinn zu geben:

»Sollen diese Menschen hier einwachsen und gern leben, eine wirkliche Heimat bekommen, so muß versucht werden, unter ihnen eine Kultur zu schaffen, die sie nicht isoliert jeden für sich schuften und kämpfen läßt, sondern die sie von unten herauf trägt, ihnen das gemeinschaftliche Dasein gestalten hilft, vergeistigt und gemüthaft erfüllt. Anders ausgedrückt: dieser ganze Neuaufbau kann nur gelingen, wenn er auf das innigste durchdrungen wird von höheren Energien, die wissen, daß es schließlich hier auf den Menschen ankommt, daß er sich wohlfühlt in seiner Haut und seinem Gehäuse mit Weib und Kind, woraus ihm am Ende allein die Kräfte kommen, die ihn diesem schweren Leben gewachsen machen. Das ist die große Aufgabe heute für unsere Sozialpädagogik!«[12]

Pädagogik erfüllt hier die gleiche Aufgabe wie die politische Propaganda in Diktaturen oder auch wie manche Form moderner Therapie: Der Mensch muß sich wohl fühlen: er muß stabilisiert werden; er muß höhere Energien entfalten; er muß insgesamt, geistig und psychisch, auf das eingestimmt werden, was die Gesellschaft von ihm verlangt, in diesem Fall auf die Siedlungsaufgabe. Weil es dort auch hart zugehen kann, soll dieser Mensch für ein Leben in Härte motiviert werden. Man muß dort nämlich »arbeiten, kämpfen und aushalten wie damals unsere Jugend im Schützengraben ...«[13] So wird unversehens der Rückgriff auf die idyllische Variante der deutschen Geistigkeit zu einer pädagogischen Nötigung, sich im »Schützengraben« von Ackerbau und Viehzucht zu bewähren. Nohl hat alle im Arsenal der deutschen Ideologie bereitliegenden Versatzstücke zusammengetragen und zum Programm der neuen Agrar-Pädagogik aufbereitet.

In den gleichen pädagogischen und weltanschaulichen Zusammenhang gehört der gegen Ende der Weimarer Republik entstandene Arbeitsdienst. Meinte Nohl, Siedlungsarbeit sei ebenso »Kampf« wie Krieg, so suchte Th. Bäuerle nach einem Äquivalent für die verlorengegangene Erziehungsaufgabe des Heeresdienstes:

»Man mag über den *Heeresdienst* denken wie man will: er hat jenseits der rein militärischen Sphäre jugend- und volkserzieherische Kräfte geschaffen, die ernste Beachtung verdienen ... Der Heeresdienst war eine ausgezeichnete Willensschulung, er bewirkte eine Disziplinierung des jungen Menschen, die ihn oft sein ganzes Leben hindurch begleitete, er stählte den Körper und machte ihn dem Willen – auf dem Wege über den Willen anderer – gehorsam. Er brachte dem Einzelnen zum Bewußtsein, daß er nur ein Glied im Ganzen ist; er erzog ihn zur Einfügung in das Ganze und zum Dienst am Ganzen. Daß er die erwachsene Jugend ohne Unterschied des Standes, der Konfession und der politischen Richtung zum Dienst am Staat und Volk zusammenfaßte, war an sich schon ein Bekenntnis zu den großen gemeinsamen und überindividuellen Werten Volk und Staat und schon darum von größter volkserzieherischer und staatsbürgerlicher Bedeutung. Es ist notwendig zu erkennen, daß der Wegfall dieser jugend- und volkserzieherischen Wirkungen sowohl vom Standpunkt der Jugend als auch vom Interesse des Volksganzen aus zu bedauern ist. Ja die ganze politische Entwicklung unseres Jungvolkes und der ungeheure Zulauf, den gewisse Jugendorganisationen finden, läßt sich nur verstehen, wenn man hinter der Oberfläche dieser Erscheinungen die Struktur des jungen Menschen zu verstehen versucht. Jeder Einsichtige wird dann erkennen, daß ihm gegenüber viel versäumt und noch mehr falsch gemacht wurde.«[14]

– Die früher vom Heeresdienst geleistete Erziehungsaufgabe fällt nunmehr dem Arbeitsdienst zu. Die Kampffunktion des Militärs tritt hinter seine pädagogische Ausstrahlung zurück; nicht erst der Einsatz, sondern schon die militärische Lebensform als solche ist menschlich wertvoll und gewinnt eine ethische und ästhetische Qualität.

– Der Autor setzt einen Konsens darüber voraus, daß die Gemeinschaft qualitativ höher steht als der einzelne. Damit macht er sich zum Sprecher einer totalitären Erziehungsauffassung, die andere Meinungen gar nicht für erwähnenswert hält. Kollektive Erziehung gilt als gut, weil das Leben, für das erzogen werden soll, selbst nur noch als Kollektiv denkbar ist.

– Der zu schulende Wille ist als Funktion fremden Willens immer schon ausführendes Organ, das in Gehorsam und Unterordnung aktiv wird, kein eigener, nach selbständigem Entschluß einzusetzender Wille.

– Der Dienst ist insofern eine Lebensform mit sozialer Wirkung, als er die »Stände« überwinden hilft; da der Autor offenbar keine Einsicht in die Klassenstruktur der Gesellschaft hat, geht es ihm nicht um politische Willensbildung zur Durchsetzung sozialer Gerechtigkeit.

– Wenn wir nicht auf die Bedürfnisse der Jugend achten, läuft sie uns weg; wir haben schon viel falsch gemacht, aber wir können unsere Fehler korrigieren (heute würde man sagen: es gehe darum, wieder den »Dialog mit der Jugend« zu führen). – Wir müssen die *Natur* der Jugend erkennen und den Entwicklungen im Jugendalter Rechnung tragen; der junge Mensch hat ein starkes Bedürfnis nach Autorität und Führung; geht der Erzieher darauf ein, so wird es ihm an pädagogischen Erfolgen nicht fehlen.

Auch hier ist ein funktionales Menschenbild wirksam. Gerade die idealistische Überhöhung begünstigt diese Funktionalität, denn beide Motive sind dialektisch aufeinander bezogen. So kann Bäuerle sagen: »Die Frage, ob freiwilliger Arbeitsdienst oder Arbeitsdienstpflicht, soll hier nicht entschieden werden. Die *Freiwilligkeit* hat vom erzieherischen Standpunkt aus so große Vorzüge und ist für die Leistung so wichtig, daß ihr grundsätzlich der Vorzug vor jeder Art von Zwang gegeben werden muß. Erst wenn sich einmal der Arbeitsdienstgedanke in der öffentlichen Meinung durchgesetzt haben wird, kann seine pflichtmäßige Einführung ernsthaft erwogen werden.«[15] Freiwilligkeit weist nicht auf Freiheit; freie Entscheidung gilt nicht an sich schon als menschlicher Wert; sondern sie läßt sich in der *Erziehung* und in der *Leistung* besser unterbringen, ist also günstiger als Zwang.

Nur, weil der Mensch besser funktioniert, wenn er nicht gezwungen wird, kann auch umgekehrt gerade diese Arbeit ihn stabilisieren: »Im Arbeitsdienst ist die Möglichkeit dafür gegeben. Er kann gewiß die Arbeitslosigkeit nicht beseitigen; er wird nur einen bescheidenen Beitrag zu ihrer Beseitigung leisten können. Aber er kann und muß dem heranwachsenden Jungvolk wieder Sinn, Richtung und Inhalt geben. Das aber ist Volksbildung im tiefsten Sinne.«[16] Die Arbeit gibt der Jugend einen Sinn, den sie sonst nirgends mehr findet. Was aber das Sinnvolle an diesem Sinn ist, wird schon vorausgesetzt: Es liegt im Menschenbild, auf das man sich verlassen kann, wenn man sein Naturgesetz erst einmal erkannt hat.

Was Nohl im Zusammenhang mit der pädagogischen Osthilfe sagt, ist kein Einzelfall und bleibt nicht auf diese konkrete Situation zugeschnitten. »Acker« fungiert vielmehr bei Nohl als eine immer wieder auftauchende Chiffre für ursprüngliches, richtiges, einfaches Leben. So erklärt er 1932: »Wir wollen uns auch geistig wieder ›reagrarisieren‹, haben nach all den Expansionen Heimweh nach dem Frieden des Zuhause, und nach der Überfütterung mit tausend Reizen Hunger nach dem Brot des Elementaren.«[17] Und noch 1948 spricht er in ähnlichem Tenor von »Rückführung unserer Geistigkeit aus der Verlorenheit in die Objektivität zu einer neuen Lebendigkeit der Seelen«.[18] Eine aufmerksame Interpretation kann zeigen, was hier vorgeht.

– Die Reagrarisierung versteht sich nicht nur unmittelbar als Siedlungsbewegung, sondern ebenso als geistiger Akt. »Agrarisch« denken ist sozusagen die akademische Form des Siedelns. Mit der »Reagrarisierung« soll ein ursprünglich vorhandener, dann aber verlorener Modus wiederhergestellt werden. Das Ausmaß von Agrarisierung wird damit zum Kriterium, an dem Wert und Gültigkeit anderer Lebensformen gemessen werden.

– Wir spüren Sehnsucht nach dem Zuhause, denn wir haben uns allzu weit vom geistigen Heimatboden entfernt. Eine von diesem abgelöste intellektuelle Tätigkeit war nur ein vorübergehender Ausgriff, der zurückgenommen werden kann, so wie die Expansion der Produktion oder die Besetzung eines fremden Territoriums. Das Geistige wird damit zu einer nachgeordneten Funktion abgewertet. Die Möglichkeit, in neue Gebiete vorzudringen und ungewohnte Gedanken zu denken, ist für den Geist entbehrlich, denn seine Tugend ist die Beschränkung. Es handelt sich im Grunde gar nicht um »Geist«, sondern um eine organische Teiltätigkeit, die beliebig reguliert werden kann.

– Das gilt aber nicht im Sinne des Pragmatismus, wo Geist als eine höhere biologische Funktion gesehen wird. Vielmehr scheint Nohl zu meinen: Der Geist soll sich nicht allzu weit aus seinem Gehäuse wagen und sich nicht auf Dinge einlassen, die ihm fremd sind. Der rechte Geist gibt Vertrauen und Geborgenheit; man kann sich im geistigen Akt wiedererkennen und den Frieden des Zuhause genießen. Weder fordert Geist zu Auseinandersetzungen heraus, noch bringt er die Ungewißheit und Problematik der menschlichen Existenz zur Sprache, denn er verwirklicht sich als kleinbürgerliche Idylle.

– Wir sind mit tausend Reizen überfüttert worden. Diese werden nicht einzeln genannt, sondern pauschal abgewehrt, weil sie alle gleich fremd sind. Mit solchen Reizen können nur die geistigen und kulturellen Bewegungen der 1920er Jahre gemeint sein. Vielleicht denkt Nohl an emanzipatorische und sozialistische Pädagogik, an abstrakte Kunst, Psychoanalyse, Marxismus, gesellschaftskritische Literatur. Alles das wird jetzt überflüssig, denn Geist orientiert sich am Primärbedarf. Nohl stilisiert ein schlichtes, auf die elementaren Bedürfnisse und Reaktionen zurechtgestutztes Menschenbild. Dieser Mensch kann sagen: Wir sind durch solche kulturellen Zumutungen überfüttert worden; nicht wir haben das alles gewollt, nicht wir haben uns daran beteiligt, sondern man hat es uns aufgenötigt, wir mußten es ungefragt schlucken. Geistige und kulturelle Phänomene haben den so Betroffenen nicht dazu aufgerufen, sich ihnen zu stellen; sie boten nur Reize, nicht Anreize. Dies also ist Nohls Einschätzung: Kultur als Reiz, als Reklame, als Kino, als Lärm, auch als exotische Lockung und fremdartiger Flitter. Wenn das aber so ist, dann muß sich der dem »Elementaren« verpflichtete Mensch verwundert und enttäuscht davon abwenden.

– Aber worin besteht das Brot des Elementaren? Nach welchem Kriterium wird hier das Wesentliche, Ursprüngliche vom Äußeren, Objektiven getrennt? Nohl könnte antworten: Das läßt sich nicht formulieren, sondern nur empfinden. Die Stimme der Seele, die Sehnsucht ist ein verläßlicher Wertmesser; das, wonach wir uns mit aller Gemütskraft sehnen, muß auch etwas Gutes sein. Sehnsucht ist glaubwürdiger als Denken.

– Dementsprechend muß unsere Geistigkeit aus ihrer Verlorenheit zurückkehren. Sie ist verloren, wenn sie sich der Objektivität anheimgibt. Das Geistige soll nicht objektiv, sondern lebendig sein; es steht dem Gefühl näher als dem Intellekt. Hier wird ein später Aufguß der Lebensphilosophie präsentiert: die Seele als Widersacherin des objektiven Geistes. Ein Denken ohne engen Bezug auf die Seele hat keinen

Untergrund. Wer abstrakt und kritisch denkt, verliert sich, beschreitet einen Irrweg.

– Mit solchen Formeln überbrückt Nohl zwölf Jahre Nationalsozialismus. Man liest sie so, als habe es diese Epoche gar nicht wirklich gegeben. In der Tat argumentiert Nohl *vor* dem Dritten Reich in demselben Tenor wie *danach.* Gerade die Feindschaft gegen den Intellekt, die Weigerung, abstrakt zu denken, die Abwendung vom Geist, das Fortschieben der zeitgenössischen Kultur, der Rückgriff auf die Natur haben ja zunächst den Nationalsozialismus begünstigt. Nun, da er vorbei ist, läßt er sich auf die Seite der unerwünschten und irrtümlichen Aktivitäten wegschaffen.

Nohls geistige Reagrarisierung ist nicht weit entfernt von einer primitiven Rückwendung zum *Land,* wie sie während des Dritten Reiches proklamiert wurde. In ähnlichem Sinne wie Nohl schreibt H. Reimnitz:

»Gebildet ist der Mensch, der sein Leben in Einklang gebracht hat mit dem in ihm, in seinem Volke und in seiner Heimat liegenden letzten Gestaltungsgesetz. Wollen wir eine solche Bildung verwirklichen, so müssen wir dieses Gesetz kennen; mit anderen Worten: Wir müssen mit den wesenhaften Zügen des deutschen Menschen vertraut sein, die bestimmt sind durch sein Blut und durch seine Heimat. Wir müssen ein Hochbild unserer selbst besitzen, zu dem hin wir die Jugend zu erziehen haben. Ein solches Hochbild hat sich frei zu halten von allem Zufälligen, das in der Vergangenheit am deutschen Menschen in Erscheinung getreten ist: es hat aber auf der anderen Seite all das zu erhalten, was bisher in uns unerfüllt und ungewirkt geblieben ist ... Die Quelle unserer Art liegt nicht in der Stadt, sondern auf dem Lande und beim Bauern ... Über allem aber steht eins: Wir müssen den Sinn unseres Daseins wieder aus den tiefen Brunnen unserer eigenen Art schöpfen, von dorther holen, wo es kein Irren gibt und kein Zweifeln, wo wir nur Auftrag und Pflicht empfangen, und Sendung und Schicksal.«[19]

– Wir können demnach einen neuen Bildungsbegriff schaffen, wenn wir die wahre Gesetzmäßigkeit erkannt haben; die Lösung folgt nicht aus dem Durchdenken des Problems, sondern aus der Hinwendung zu einem neuen Menschenbild; dieses ist als »Hochbild« von Natur aus schon vorhanden.

– Erziehung ist nur möglich auf ein solches Hochbild hin; hier muß das Notwendige vom Zufälligen getrennt werden;

an diesen Zufällen hat der Mensch keinen Anteil, sie kommen von außen.
– Die Quelle des Lebens liegt beim Bauern; es geht um unsere Art, um die Gesetze unseres Menschentums, die uns vorgegeben sind.
– Der Sinn des Daseins kann nur naturhaft sein; wir schöpfen ihn nicht aus uns selbst, sondern verlassen uns auf die Natur, aus der wir in Gestalt von Auftrag, Pflicht, Sendung, Schicksal die irrtumsfreie Wahrheit beziehen; lassen wir uns also nicht auf Irrwege ein, wie sie der Intellekt uns bieten könnte! Wir können nur leben in Sicherheit; und sicher ist, was uns entspricht, was uns in Pflicht nimmt.

Diese Haltung erweist sich als absolut nihilistisch; denn es gibt jetzt kein Kriterium mehr in mir, um meine Art zu erkennen und Zweifel zu überwinden. Ich bin auf das Schicksal oder auf Willensbildung von außen angewiesen. Aus derartigen Bekenntnissen und ähnlichen Aussagen (»Der ernste Denker handelt ebenso einfach wie der ernste Bauer«[20]) wird vielleicht der Begriff des »gesunden Volksempfindens« verständlich, der nicht nur eine Phrase, sondern auch Ausdruck eines Menschenbildes ist: Die politische Führung rechnet mit naturhaften Plebisziten, auch wenn sie nicht ausdrücklich abgefragt und formuliert werden.

Die Fragwürdigkeit dieser Annahme war seinerzeit auch führenden Geistern nicht bewußt, so daß der Nationalsozialismus sie ohne Mühe in sein Kalkül einbauen konnte. Das Problem besteht bis heute, wenn auch der alte Begriff obsolet geworden ist. Weiß das Volk, was »richtig« ist? Darf und soll man etwas im Widerspruch zum Volksempfinden tun? Kann dieses Empfinden sich selber kontrollieren, wenn es zu Exzessen gegen »Fremde« kommt? Jeder, der sich auf das gesunde Volksempfinden beruft, nimmt für sich die ganze Vernunft in Anspruch; er glaubt, vom Strome getragen zu werden, und weiß sich als Vertreter dessen, was für alle sinnvoll und gut ist. Die von einigen Reformpädagogen repräsentierte Haltung zeigt, worauf es hinauslaufen kann, wenn das Rationale in das Irrationale umschlägt.

Die Arbeitsschule und der brauchbare Staatsbürger

Es geht hier nicht um eine ausführliche Würdigung der Arbeitsschule als schulpädagogischer Konzeption, sondern lediglich um einige Bemerkungen über das ihr zugrunde liegende Menschenbild. Der historische Hintergrund ist in der Tatsache zu sehen, daß Arbeit in der neueren Zeit positiver bewertet wird als früher. Das nachreformatorische Christentum betont den bildenden, zur Vervollkommnung des Menschen beitragenden Charakter der Arbeit. Auch der Marxismus sieht Arbeit als Akt der Menschwerdung, doch so, daß dieser Mensch im dialektischen Prozeß stets zugleich als Subjekt der Arbeit und als Objekt der von ihm selbst durch Arbeit geschaffenen Welt erscheint. In den Industrieschulen des 18. und 19. Jahrhunderts wurde Kinderarbeit mit Unterricht verbunden. Diese Institutionen hatten sicherlich vorwiegend ausbeutenden Charakter, waren aber teils auch humanitär als Hilfe zur Selbsterhaltung des proletarischen Menschen gedacht. Der Neuhumanismus, in dem sich die Bildung wieder von der Arbeit entfernte, übte am Industrieschulwesen scharfe Kritik.

Seitdem besteht das Problem der Humanisierung der Arbeitswelt als Thema auch in der Pädagogik. Die neuhumanistische Richtung schuf den selbstgenügsamen idealistischen Bildungsbegriff des aufstrebenden Bürgertums, während die sozialistische Linie von Marx zur polytechnischen Bildung, zur engen Verbindung von Lernen und industrieller Produktion verlief. Kerschensteiner wollte an Pestalozzi anknüpfen, denn er vertrat einen anderen Arbeitsbegriff als der Neuhumanismus oder der Marxismus. Von jenem trennten ihn die ganzheitliche Bildungsvorstellung, die Wertschätzung der Arbeit, die Verbindung von »Kopf« und »Hand«; von diesem unterschied er sich durch die Orientierung am Handwerk, die Distanz zur modernen Industriewelt, den kleinbürgerlich konzipierten politischen Anspruch und das Menschenbild.

Auch innerhalb der Arbeitsschulbewegung gab es unterschiedliche Standpunkte und Menschenbilder. Anders als Kerschensteiner sieht A. Fischer als Wesen dieses Gedankens »die Unterrichtsführung durch den Lehrer, die der freien Eigentätigkeit des Schülers Anregung gibt und Spielraum läßt«. Entscheidendes Merkmal sind »die geistige Eigentätigkeit, die

Selbständigkeit des Schülers in der Erarbeitung von Anschauungen, Vorstellungen, Begriffen, Einsichten von Werten, Gesichtspunkten, Methoden, die selbständige Mitarbeit an der Auseinandersetzung mit den Altersgenossen, mit der älteren Generation, mit der Umwelt, die das tägliche Leben sei es mit sich bringt, sei es ermöglicht. Für diese wichtige Seite der Arbeitsschule ist eine Notzeit u.U. günstiger als eine Periode des Wohlstands.«[21] Das ist eine sehr weit greifende Interpretation des Arbeitsschulgedankens, die in einer Zeit materieller Engpässe mit dem Zweck vorgelegt wurde, die aufwendige Arbeitsschule zu erhalten. Arbeitsschul-Pädagogik wird hier zur Pädagogik überhaupt: hat sie doch alle Vorzüge der progressiven Erziehung in sich konzentriert.

Die Prinzipien der Arbeitsschule sind nach Kerschensteiner:
- der *handwerkliche* Aspekt; Arbeitsunterricht als Fach, als manuelle Betätigung in den Werkstätten der Schule, mit dem Bildungsziel der Exaktheit und Werktreue;
- der *staatsbürgerliche* Aspekt: Arbeitsschule als Berufsvorbereitung zur »Versittlichung« des Berufes und des Staates mit dem Bildungsziel der politischen »Brauchbarkeit« und der Einordnung in die Gemeinschaft;
- der *demokratische* Aspekt: Arbeitsschule als Rahmen sich selbst regierender Arbeitsgemeinschaften, vor allem auch als schulische Selbstverwaltung nach amerikanischem Vorbild mit dem Bildungsziel des Gemeinsinns, der Verantwortung, des sozialen Ethos;
- der *lebenspraktische* Aspekt: Arbeitsunterricht als tragendes Prinzip in allen Schulfächern mit dem Bildungsziel der engen Verbindung von Kopf und Hand und des ganzheitlichen, nicht ausschließlich kognitiven Lernens.

Kerschensteiner ging davon aus, es bestehe eine prästabilisierte Harmonie von Denken und Tun, Arbeitsleistung und Selbstentfaltung, Erfahrung und Lernmotivation, Sachlichkeit und Sittlichkeit. Wie er den Umgang mit der *Sache* immer auch unter *ethischem* Gesichtspunkt betrachtete, so nahm er umgekehrt an, die *Sittlichkeit* sei bereits in der *Sache* selbst angelegt und könne von kundigen Pädagogen dort zum Zwecke der Erziehung hervorgebracht werden. Daß in moralischen Fragen immer auch eine Entscheidung zwischen kontroversen Positionen und konkurrierenden Prinzipien gefordert ist, paßte in Kerschensteiners »organisches« Menschenbild nicht so recht hinein. Die Arbeitsschule ist für ihn der exemplarische Ort für die Heranbildung des »brauchbaren Staatsbürgers«. Er setzt einen fördernden Wechselbezug von Staat und Bürger als zweier Größen voraus, die einander versittlichen. Die Qualität des Staatsbürgers wird im wesentlichen über die geleistete Arbeit definiert – sicherlich nicht im Sinne der Ausbeutung oder des krassen Leistungs- und Erfolgsprinzips, sondern eher in humanitärer Absicht, als Entfaltung des Individuums im Rahmen des »Ganzen«.

Dies ist zweifellos keine realistische Einschätzung des Politischen. Kerschensteiner sieht vielmehr das Staatsganze als einen sich selbst reproduzierenden Organismus. Er verkennt, wie die meisten Reformpädagogen, daß Politik und Staat bestimmt werden vom Machtstreben, vom Kampf der Interessengruppen, vom Zwang, sich öffentlich zur Geltung zu bringen. Im Anklang an Platon argumentiert er: Der einzelne dürfe erst dann in die Politik eintreten, wenn er sich durch Erziehung vervollkommnet habe; da Politik das schwierigste und komplexeste Lebensgebiet sei, könne es auch nur von den komplex erzogenen und am höchsten qualifizierten Menschen bewältigt werden.

Offenbar glaubt Kerschensteiner an eine Analogie von Individuum und Staat. Den Parteien mißtraut er, weil sie nur quantitativ, nicht qualitativ am politischen Menschen interessiert seien: »Vor allem ist klar, daß niemand ein in unserem Sinne brauchbarer Bürger unseres Staates sein kann, der nicht eine Funktion in diesem Organismus erfüllt.«[22] Nach diesen Vorstellungen sind auch die Unterrichtsbeispiele zur politischen Bildung zugeschnitten. Da der Staat zu unübersichtlich sei, solle man vom einfachen Organismus der Klassengemeinschaft ausgehen: auch hier werde – nicht anders als im Staat – modellhaft sichtbar, wie jeder seine Funktion für das Ganze erfülle, wie dieses Ganze nur durch die pflichtmäßigen Leistungen der vielen einzelnen existieren könne.[23]

So gewinnt das Menschenbild der Arbeitsschule seine Konturen. Kennzeichnend ist vor allem, daß die Probleme überhaupt nicht von den gesellschaftlichen Erfordernissen und politischen Verhältnissen her, sondern durch ein *Menschenbild* »gelöst« werden. Kerschensteiner hat einen anthropologischen Begriff von Politik: Sie ist ihm nicht Regelung von Lebensinteressen oder Daseinsvorsorge; er findet in ihr nicht Kampf, Auseinandersetzung, Kompromisse, Planung, Beeinflussung; deswegen sieht er auch nicht, daß das Feld der Politik keineswegs das qualitativ erhabene in einer pyramidenförmig geschichteten Gesellschaft ist, sondern ein eigenes Feld mit spezifischer Karriere, wo jeder, der dort erfolgreich sein will, immer wieder fragen muß: Wieviel Macht habe ich, was kann ich durchsetzen, wem bin ich verantwortlich, mit wem muß ich kooperieren? – aber nicht: *Wie gut bin ich erzogen?*

Dieses Menschenbild wird noch weiter ausgeführt: »Die Arbeitsschule ist jene Organisation der Schule, der die Charakterbildung über alles geht ... Der Sinn der Arbeitsschule ist, mit einem Minimum an Wissenschaft ein Maximum an Fertigkeiten, Fähigkeiten und Arbeitsfreude im Dienste staatsbürgerlicher Gesinnung auszulösen ...[24] Denn jedes menschliche Gemeinwesen hat ungleich mehr körperliche als geistige Arbeiter nötig. Auch die Neigungen und Begabungen der Menschen liegen zunächst durchaus nicht auf den Arbeitsgebieten rein geistiger Tätigkeit, sondern der manuellen Arbeit. Aus ihr hat sich ja im Laufe der Kultur die geistige Arbeit überhaupt erst entwickelt. Das Handwerk ist nicht nur die Grundlage aller echten Kunst, sondern auch die Grundlage aller echten Wissenschaft ...[25] Nun liegt hier der Ursprung allen Denkenwollens im praktischen Tun.«[26]

Der naturalistische Charakter dieser eigenartig verkürzten Anthropologie, die den Menschen als ein politisches Naturwesen auffaßt, kommt hier vor allem unter drei Aspekten zum Vorschein:

– Charakterbildung wird zur Frage der schulischen Organisation; was moralisch wertvoll ist, läßt sich in bestimmten Schulformen besser verwirklichen als in anderen, denn Charakter ist zugleich die Summe von brauchbaren Fähigkeiten, die sich organisieren und nutzen lassen.
– Arbeit ist Dienst am Staat; es geht darum, was das Gemeinwesen »braucht«, nicht um das Interesse des einzelnen; dieser verhält sich zum politischen »Organismus« wie ein Glied zum Körper, das immer nur eine vorbestimmte Teilfunktion erfüllen kann.
– Die meisten Menschen sind von Natur aus mehr manuell

als geistig interessiert; Geist ist Folgeerscheinung oder auch Instrument des Tuns; das Denkenwollen hat keine eigene Qualität, sondern ist – ähnlich wie im Pragmatismus – auf die Praxis gerichtet.

Von verwandter anthropologischer Grundlage aus spricht E. Spranger vom »Eigengeist der Volksschule«:

»Die Volksschule ist die pädagogische Brücke zwischen den Eigenwelten und der einen maßgebenden Kulturwirklichkeit. Es liegt im Wesen einer Brücke, daß man sie in zwei Richtungen beschreiten kann.«

»Die drei Hauptcharakteristika der Volksschule sind: 1. anschauungsnahes Denken; 2. Denken am Tun; 3. Denken in der Gemeinschaft der Lernenden ...[27]

Ein Kind, das man zum bloßen Denken veranlaßt, findet sich dabei unbeschäftigt und gelangweilt. – Die denkende Hand.«[28]

Auch hier ist ein naturalistisches Menschenbild wirksam. Das Denken als Eigenwert mag der kleinen Minderheit der Gymnasiasten und Akademiker vorbehalten bleiben; für das Volk ist »Kultur« der sichere Umgang mit den nächstliegenden Verhältnissen; seine Lernprozesse sind naturhaft auf Anpassung und nützliche Betätigung gerichtet.

In vergröberter Form kommt dieses Bild des schaffenden Menschen, der durch Erfüllung seiner spezifischen Aufgabe zum Überleben des Ganzen beiträgt, im Zusammenhang mit dem – oben erwähnten – Arbeitsdienst zum Ausdruck. Schon vor Anbruch des Dritten Reiches erklärt Th. Bäuerle: »Der Ausgangspunkt liegt in dem jungen Menschen selbst und in dem Problem seiner Eingliederung in den sozialen, völkischen und staatlichen Organismus.«[29] Die erzieherische Komponente des Arbeitsbegriffs wurde dann im Nationalsozialismus besonders betont. Hitler proklamierte eine hierarchisch gegliederte, organisch strukturierte Volksgemeinschaft, in der jeder an seinem Platz für das Gesamtwerk wirkt. Alle Tätigkeiten waren unterschiedslos »Arbeit«, wobei das alte Begriffspaar »Kopf und Hand« jetzt in der Formel vom Arbeiter der »Stirn« und der »Faust« weiterlebte. Die politischen und sozialen Probleme der Arbeitswelt wurden damit in »pädagogische« umgedeutet. Wo die naturgegebenen Elemente der Schaffenskraft, der Leistungsfreude, des

Erfolgs durch Tüchtigkeit, der gemeinschaftlichen Herstellung sinnvoller Produkte zur Geltung kamen, konnten andere Fragen in den Hintergrund treten.

Hilfsschule in der Krise

Wenn auch der Begriff »Brauchbarkeit« bei Kerschensteiner sicherlich noch nichts von Selektion, Ausmerzung und Euthanasie an sich hat, so wird doch seine Problematik bereits deutlich. Brauchbar ist ja für ihn nur, wer eine Funktion im Organismus des Staates erfüllt. Wie steht es aber dann mit den Kranken, Alten, Behinderten? Worin könnte deren Funktion bestehen?

Eben dies war die Grundfrage, mit der sich die *Hilfsschule* in der ersten Zeit des Dritten Reiches konfrontiert sah. Von der durch das Überhandnehmen »Minderwertiger« drohenden Gefahr war schon in den 1920er Jahren viel die Rede. Erzieher, Psychologen, Mediziner, Kulturphilosophen warnten vor der Zerstörung des gesunden Volkskörpers: Die Minderwertigen vermehrten sich rascher und unbedenklicher als die Höherwertigen; die Debilen, Erbkranken, Asozialen würden über Gebühr gefördert, wodurch notwendige Mittel zur Hilfe für die Gesunden und Normalen verlorengingen. Besonders in der Epoche der Rezession nach 1930 wurde dieses Problem immer wieder diskutiert. Fielen die öffentlichen Mittel knapp aus, dann galt es zu entscheiden: Wer verdient Unterstützung durch die Gemeinschaft, wie sind die Prioritäten zu setzen, welche Interessen müssen Staat und Volk zur Sicherung ihrer Zukunft verfolgen?

Die Hilfsschullehrer waren sich der Tragweite der möglichen Antworten auf diese Fragen wohl bewußt. Es ging ja jetzt um ihr berufliches Überleben, denn in der Öffentlichkeit wurden bereits allenthalben Stimmen laut, welche die Existenzberechtigung dieser Schulart im neuen Staat anzweifelten. Mutig und selbstbewußt erhob sich nun die Hilfsschullehrerschaft zur Verteidigung ihrer Schule. Teils verwendeten die Pädagogen geschickt das Vokabular und die unausgegorenen völkischen Parolen der Nazis; teils waren sie wohl von diesen auch wirklich überzeugt und priesen in naiver Bereitschaft ihre »guten Dienste« an. Teils kämpften sie aus persönlichem Interesse an der Erhaltung ihres Berufs und ihrer Schule, teils traten sie tatsächlich für ihre Schüler ein, wobei sich ein hohes Ethos als Motiv ihrer pädagogischen Arbeit erkennen läßt.

An der Grundauffassung des Nationalsozialismus, daß alle Nicht-Gesunden mehr oder weniger »minderwertig« seien, halten auch die Hilfsschullehrer fest. An diesem Punkt unterscheiden sie sich von den Gegnern der Hilfsschule und den zynischen Verfechtern rigoroser Auslese nicht grundsätzlich: »Aus der geistigen Minderwertigkeit der Schüler ergibt sich, daß bei dieser Art der Beschäftigung die nachschulische Arbeit unsererseits das Schwergewicht auf die berufliche Betreuung und die Ausbildung der geistigen Fähigkeiten legen muß. Ihr Ziel findet unsere Arbeit in der Berufsfreude und im Berufsethos unserer ehemaligen Schüler. Die Hauptaufgabe der Hilfsschullehrerschaft der Großstadt dagegen sehe ich in der seelisch-sittlichen Betreuung, in der jugendpflegerischen Tätigkeit. In einem Punkte gleichen sich unsere Aufgaben: beide sind gleichschwer, darum aber auch gleichlohnend, beide bedeuten: Lichter anzünden in dunklen Menschenseelen.«[30] Dazu müsse sich die Hilfsschule allerdings befreien von »Unerziehbaren«, »Bildungsunfähigen«, »schwer Schwachsinnigen«, »stark Gehemmten«.

Unter den Argumenten zur Erhaltung der Hilfsschule, die einen praktischen, ökonomischen und kulturpolitischen Tenor annehmen, lassen sich vor allem vier Schwerpunkte ausmachen:

(1) Die Hilfsschule operiert wirtschaftlich vorteilhaft;
(2) Die Hilfsschule ist organisch gewachsen;
(3) Die Hilfsschule dient der »Aufartung« des Volkes;
(4) Die Hilfsschule produziert nützliche Menschen.

Als Beispiele zur Erläuterung dieser Aspekte dienen einige Artikel aus der Zeitschrift »Die Hilfsschule« (1933), in denen engagierte Pädagogen ihre Meinung kundtun.[31]

Zu (1) Das Argument, es werde zu viel materieller Aufwand für die minderwertigen Hilfsschüler getrieben, ist falsch. Natürlich strebt nach wie vor auch die Hilfsschule selbst danach, sich eines Tages überflüssig zu machen. Aber gerade unter wirtschaftlichem Gesichtspunkt wirkt sich die vorläufige Aufrechterhaltung der Hilfsschule nicht nur keineswegs belastend, sondern sogar förderlich aus:

»Bei den Hilfsschulgegnern der geschilderten Art stehen meist nur rein *wirtschaftliche* Gesichtspunkte im Vordergrunde. Sie geben vielfach zu, daß man auf weltanschaulicher Grundlage, vor allem im Sinne des Nationalsozialismus in ethischer und religiöser Hinsicht zu einer anderen Einstellung der Hilfsschule gegenüber kommen kann, heben aber meist hervor, daß in der augenblicklichen Notlage unseres Volkes derartige Gesichtspunkte der bitteren Notwendigkeit gegenüber in den Hintergrund treten müßten. Und hier ist der entscheidende Punkt, wo wir uns nicht verstehen, und wo man uns vielfach nicht verstehen will; denn es ist unsere feste Überzeugung, daß, *selbst rein volkswirtschaftlich betrachtet, das Zerschlagen der Hilfsschule in der Gegenwart ein Vergehen am Volksganzen wäre, das sich schon nach wenigen Jahren als Fehler herausstellen und schwer rächen würde.* Die Ausgaben an Fürsorgelasten und Unterstützungen für diese durch fehlende und Fehlerziehung groß gewordenen Volksgenossen würden schon nach wenigen Jahren die Kosten der jetzigen Erziehung um ein Vielfaches übersteigen und der Volkswirtschaft ungeheuren Schaden zufügen. Die Heilerzieher haben wiederholt versucht, auch in dieser Hinsicht die Tatsachen klarzulegen, doch auch das vielfach ohne Erfolg.«[32]

Auch der Plan, Hilfsschulfälle in Anstalten zu überführen, ist unsinnig, »denn *jede Anstaltserziehung, Anstaltspflege und Anstaltsunterbringung, selbst die primitivste, die man sich nur denken kann, ist und muß teurer werden als jegliche Hilfsschulerziehung«.* Gerade wer Verantwortung für das Ganze empfindet, muß zeigen, *»daß wir für eine weitgehende Sterilisierung, für größtmögliche Sparsamkeit, für möglichste Einschränkung* der Hilfsschulen, ja in Zukunft vielleicht für ihre *völlige Entbehrlichkeit* und Überwindung sind, daß wir aber im Augenblick *als Nationalsozialisten aus Verantwortung für unser Volk ... die Erhaltung der Hilfsschule als die beste, intensivste und auch billigste Bildungs- und Erziehungsanstalt vertreten müssen«.*[33]

Zu (2) Die Hilfsschule ist *organisch* gewachsen und paßt deshalb sehr wohl in den neuen, als »Organismus« verstandenen Staat: »Wir Hilfsschullehrer können uns nur freuen, daß endlich eine Weltanschauung herrschend geworden ist, die das Prinzip des ›Organischen‹ vertritt und das natürlich Gewachsene respektiert; denn das Hilfsschulwesen ist durch Kampf und Widerstand organisch gewachsen.«[34] Dabei kann man sich auf höchste Autoritäten der nationalsozialistischen Führung berufen:

»Der Führer der deutschen Lehrerschaft, Hans Schemm, hat ausgesprochen: *›Wir denken nicht daran, irgendwelche gesund gewachsenen Formen des Schulwesens zu zertrümmern!‹* Es hat also das Aussicht auf Leben im totalen Staat, das die beiden Voraussetzungen erfüllt: *organisch gewachsen und gesund!* Die Hilfsschule ist gewachsen aus dem Gedanken: Nicht jedem das Gleiche, sondern jedem das Seine, d. h. seinen Anlagen und Kräften Gemäße. Ein Gedanke, der auch von Adolf Hitler in seinem ›Kampf‹ verschiedentlich zum Ausdruck kommt. Und auf diesem Grundsatz fußend, wuchs die Hilfsschule organisch heraus aus dem Gesamt des Schulbaues, ein lebendiges Glied des Ganzen, dessen Zwecke dem Ganzen dienen, und das seine obersten Gesetze nicht aus sich heraus, sondern vom Ganzen her erhält.«[35]

Im Gegensatz zu »materialistischem Amerikanismus, französischer Oberflächlichkeit und englischer Nüchternheit« ist die Hilfsschulidee aus der »Tiefe des deutschen Gemütes« entstanden und in ihr verwurzelt: »Und so wuchs in der Vergangenheit diese Idee *organisch* heraus aus dem geistigen Gesamt.«[36]

Zu (3) Die Arbeit der Hilfsschule ist aber auch aus *eugenischen* Erwägungen nützlich, denn sie leistet einen Beitrag zur »Aufartung« des deutschen Volkes: »Die Hilfsschule muß in Zukunft, mehr als dies in der Vergangenheit geschehen ist, ihre gesamte Arbeit selber unter eugenische und rassenhygienische Gesichtspunkte stellen.«[37] Hier ergeben sich zwei große Aufgaben der eugenischen Erziehung: erstens dahin zu wirken, daß die Nicht-Gesunden freiwillig von der Fortpflanzung Abstand nehmen; zweitens die Einsicht in »Notwendigkeit und Wesen der Blutreinheit« zu verbreiten. Beides wird gerade im pädagogischen Klima der Hilfsschule optimal geleistet.

Zu (4) Alle diese Bemühungen bringen auch einen *praktischen Nutzen:* »Sobald die einfachen Voraussetzungen für die Heranbildung des volkssozialistischen Wertsinnes fehlen, bedeutet das Verbleiben eines solchen Kindes in der Volksschule die Gefahr der Fehlerziehung und Verbildung. Einem solchen Kind ist eine besondere Erziehung zuzusprechen, die es darauf absieht, einen gefolgstüchtigen Volksgenossen heranzuziehen, der unter geeigneter Führung im Vaterlande seinen

Mann steht.«[38] Immer wieder weisen die Heilerzieher darauf hin, daß viele ihrer Zöglinge ins Erwerbsleben eingegliedert werden konnten, wo sie beachtliche Leistungen erbringen und an manchen Arbeitsplätzen ihre Pflicht sogar besser erfüllen und insofern brauchbarer sind als »Normalschüler«. Später im Kriege dürfen einige Hilfsschullehrer stolz darauf sein, daß manche ihrer ehemaligen Schüler gute Soldaten geworden sind und militärische Auszeichnungen empfangen haben.

Insgesamt zeigen sich hier einige Paradoxien, Fallen und Doppelbindungen, die aus einem naturalistischen Menschenbild unter dem Druck eines totalitären Regimes folgen:
– Humanität als soziale Rettung und pädagogische Betreuung von Hilfsschülern kann nur Argumente finden auf der Basis prinzipieller Inhumanität: Diese Menschen seien zu schonen, weil sie nützlich sein können und weniger kosten als in andersartigen Institutionen.
– Lebenshilfe ist für sie nur auf der Basis möglich, daß sie »minderwertig« sind und keinen unnützen und übertriebenen Aufwand verdienen.
– Menschenfreundlichkeit bleibt an die Bedingung gebunden, daß man sich das gesamte Vokabular eines zutiefst menschenfeindlichen Regimes zu eigen macht; eine bestimmte Gruppe schützen kann man nur, wenn man *den Menschen* generell preisgibt.
– Unter diesen Gesichtspunkten müßte geprüft werden, welcher Argumente wir uns heute bei der Hilfe für Behinderte, Kranke, Gestörte bedienen; ob wir einen Ansatz gefunden haben, der grundsätzlich über den oben beschriebenen hinausgeht.

Thesen zum aktuellen Bezug

1. Sozialisation gilt als naturhafter Vorgang.
Die Berufung auf »natürliche« Prozesse, denen Rechnung zu tragen sei, ist in der neueren Pädagogik weit verbreitet. Teils bemüht diese Pädagogik sich bewußt darum, naturhafte Gesetzmäßigkeiten aufzuspüren und sich an ihnen zu orientieren; teils verrät sie ihr naturalistisches Menschenbild durch

gebräuchliche Begriffe: Von »unvollständiger Familie« kann man nur sprechen, wenn man von einer naturgegebenen quantitativ begriffenen Ganzheit, also vom Vorhandensein bestimmter Personen ausgeht; »Nacherziehung« ist nur denkbar, wenn Erziehung überhaupt als quantitativer Kumulationsvorgang gilt, in dessen Verlauf der Educandus sozusagen Stück um Stück zusammengesetzt und vervollständigt wird; »Sozialisationsdefizite« gibt es nur dort, wo die Eingliederung in die Gesellschaft in Analogie zur Ausbildung bestimmter Organe gesehen wird. Dieses naturalistische Menschenbild zeigt sich ferner in der Verhaltensbiologie, soweit sie menschliche Existenz auf »Verhalten« reduziert und dieses Verhalten dann auch noch mit dem von Tieren vergleicht. Es zeigt sich in der sehnsüchtigen Beschwörung »natürlicher« Sexualbetätigung durch Anthropologen, die hoch industrialisierte Gesellschaften ohne weiteres mit Südseevölkern vergleichen. Es zeigt sich im Rückgriff auf die vermeintlich naturgegebenen Bedingungen der Sozialisation, vor allem auf die Familie als den ursprünglichen Lebens- und Erziehungsraum. Und es zeigt sich in therapeutischen Veranstaltungen, wenn der Klient ermuntert wird, seine Gefühle »herauszulassen« und die dem »natürlichen« Empfinden gesetzten Schranken zu überwinden.

2. Das »natürliche« Recht der Eltern ist problematisch.
Wie ehedem sprechen wir auch heute von der Familie als der natürlichen Keimzelle des Volkes. Gelegentlich werden damit sogar bevölkerungspolitische Erwartungen verbunden. Noch immer herrscht die Meinung, alle Erziehung gehe von der Familie aus, so daß die übrigen Institutionen nur das fortsetzen, was dort grundgelegt wurde. Dabei herrscht ein biologistisch-funktionaler Begriff von den menschlichen Beziehungen vor. Die intakte Familie, in der alle Bestandteile da sind, gilt als von Natur aus gut. Das Richtige liegt bereits in der Proportion (Mutter nicht allein, Vater vorhanden, Kinder im Haus). Daraus werden Folgerungen für die Qualität der Familienerziehung gezogen, so etwa durch die Empfehlung von »Prophylaxe« gegen Verwahrlosung, damit das Kind bei den Eltern bleiben kann. Dies alles zeigt, daß unsere Einschätzung von Erziehung sich noch immer an naturalistische Modelle bindet. Besonders fragwürdig ist das »natürliche

Recht« der Eltern. Uns interessiert indessen hier nicht die juristische Dimension dieser Frage, sondern das dahinter liegende Menschenbild. Auf eine der Folgen, die aus einer solchen Einstellung hervorgehen können, sei beispielhaft hingewiesen: Solange die mögliche Gewalt in der Familie durch den Glauben an ein natürliches Recht legitimiert und scheinbar entschärft wird, müssen Kindesmißhandlungen als zwar unerwünschte, aber erklärliche und letztlich unaufhebbare (Natur-)Ereignisse gelten.

3. Naturalistisches Denken erschwert die Emanzipation beider Geschlechter.
In der Reformpädagogik wurde die Frage nach den Beziehungen zwischen den Geschlechtern in der Regel nicht auf gesellschaftlicher Ebene beantwortet, sondern, wie üblich, durch Hinweis auf ein Menschenbild. Dies drückte sich in der Konzeption aus, Mädchen und Jungen seien nicht einfach geschlechtsunspezifische »Kinder«, sondern zwei aufeinander bezogene Pole des jungen Menschen, die koedukativ aufwachsen sollen. Daß die Argumentation auf diesem Feld bis heute zwiespältig ist, zeigt sich an Buchtiteln wie »Wir werden nicht als Mädchen geboren, wir werden dazu gemacht«.[39] Eine solche Formulierung klingt auf den ersten Blick bestechend, erweist sich aber bei näherer Prüfung als Eigentor. Gemeint ist wohl, Jungen und Mädchen seien von Natur aus gleich, nur die Erziehung schaffe willkürlich einen Unterschied zum Nachteil der Mädchen. Die Folgerung müßte jetzt lauten: Erziehung solle sich also an der »Natur« orientieren und nicht an gesellschaftlichen Gewohnheiten und Zwängen. Damit ist aber, sicherlich entgegen der Absicht der Autorin, die gesellschaftliche Ebene der Erziehung verlassen und das naturalistische Menschenbild bestätigt. Emanzipatorisch wäre der umgekehrte Schluß: Naturgegebene Unterschiede zwischen Mann und Frau bestimmen nicht notwendig auch deren soziale Position, denn diese hängt ab von Erziehung und Gesellschaft. – Das Festhalten am naturalistischen Menschenbild zeigt sich auch in der gängigen Alternative: Sollen sich Frauen (egoistisch) emanzipieren oder (altruistisch) in der Familie wirken? So gestellt ist die Frage falsch, weil sie aus dem Teufelskreis der Minderstellung nicht herausfindet. Denn wenn Fragen davon ausgehen, was die Frau

soll, dann ist ihre von »Natur« aus nachgeordnete Position schon festgeschrieben. Eine Emanzipation beider Geschlechter wird nur möglich, wenn sich beide nicht mehr über ihre »Natur« definieren.

4. »Vorbeugung« verwechselt Gesellschaft mit Natur.
Alle Vorschläge zur Vorbeugung gegen soziale Fehlentwicklungen und erzieherische Defizite, so beliebt sie in der Pädagogik auch sind, setzen ein naturalistisches Denken voraus. »Schäden« auf der Ebene des Verhaltens und der menschlichen Beziehung sollen präventiv abgewendet werden wie Krankheiten. Gerade auch die sich als progressiv verstehende »Offene Jugendhilfe«[40] geht von diesem verkürzten Menschenbild aus. Man will nicht an Symptomen kurieren, sondern dem Übel an die Wurzel gehen. Das ist zwar verständlich, stellt aber gegenüber der Logik früherer Verfahrensweisen und Handlungsmodelle keinen Fortschritt dar, weil Gesellschaft und Mensch auch hier wieder als Organismen aufgefaßt werden. Daran wird offenbar, daß unser Bewußtsein in entscheidenden Punkten über den schon vor Jahrzehnten eingenommenen Standort nicht hinaus gelangt ist. Auch im Dritten Reich spielten Vorbeugung und Abwehr schädlicher Einflüsse eine zentrale Rolle. Wir sollten daher überlegen, wie unsere Grundeinstellung zu Kindern heute beschaffen ist. Sehen wir Kinder, wenn wir sie schützen wollen, nicht im Grunde noch immer wie junge Bäume in einer Plantage, die vorsorglich mit erprobten Mitteln gegen Insekten und Witterungseinflüsse immun gemacht werden sollen? Oder sind wir schon so weit gekommen, Kinder als Lebenspartner anzunehmen, die mit uns in derselben Gesellschaft leben und durch ständige Interaktion verbunden sind?

5. Wir halten Schulnoten für Indikatoren natürlicher Begabungsunterschiede.
Eine geheime Neigung zu naturalistischem Denken drückt sich schließlich auch in unserem Umgang mit Schulnoten aus. Zwar weiß jedermann, daß Noten nur eine Verwaltungsfunktion ausüben, indem sie es der Schule ermöglichen, die ihr zugewiesene Selektionsaufgabe möglichst »objektiv« zu erfüllen. Man durchschaut diesen Mechanismus, ärgert sich über ihn und stellt mit Unmut fest, wie dieses Notenprinzip

das gesamte Lebensklima vergiftet. Trotzdem sind Eltern dann doch stolz auf die guten Noten ihrer Kinder. Durch deren Erfolg fühlen sie sich selbst bestätigt und aufgewertet. Die gute Note weist ja offensichtlich die »Begabung« des Kindes aus, und damit indirekt auch die Begabung der Eltern. So wird die Note, wenn man nur auf die »richtige« Seite der Verteilung gelangt ist, unversehens zum Instrument einer gerechten Auslese: Mein Kind ist eben doch von Hause aus besser als andere und genießt gegenüber anderen einen naturgegebenen und mit Recht bestätigten Vorzug; es gibt eben Begabte und weniger Begabte, so daß man sich vor Gleichmacherei hüten und das Bildungssystem nicht vereinheitlichen sollte. In diesem naturalistischen Menschenbild steckt ein tiefsitzender unbewußter Nihilismus: Denn wenn das Kind nichts aufzuweisen hat als eine gute Beurteilung, dann hätte es bei schlechter Beurteilung jeden »Wert« verloren, so daß man mit ihm überhaupt nichts mehr anzufangen wüßte.

Identität und Totalität

Hitler und Nohl

Dieses Kapitel befaßt sich mit präfaschistischen Tendenzen auf verschiedenen Lebensgebieten, die in der Epoche um 1930 der Sehnsucht vieler unsicher gewordener Menschen nach Zugehörigkeit und Identität entgegenkamen. Kennzeichnend für die Grundeinstellung der neueren deutschen Pädagogik sind in diesem Zusammenhang H. Nohls Äußerungen nach dem Ersten Weltkrieg:

»Solch ein Augenblick scheint nun auch heute wieder für die Pädagogik gekommen zu sein. In diesem Zerfall unserer deutschen, ja menschheitlichen Existenz ist für viele der tiefe Impuls einer neuen Pädagogik das einzig Tröstliche, das ihnen das Leben lebenswert macht. Immer stärker sammelt sich das Interesse des Volkes um ihre Probleme und erwartet von ihr die letzte lösende Antwort für die Not seiner Gegenwart.[1] ... Immer deutlicher erkennt auch die Theorie der Pädagogik, die bisher nur Schulpädagogik war, die riesige Ausdehnung ihres Arbeitsfeldes ... auf dieser Arbeit ruht die Zukunft des deutschen Volkes, an der mitzuarbeiten Glück und Verantwortung jedes deutschen Erziehers ist.«[2]

Wir erkennen:
– Deutsche Existenz ist prototypisch für menschheitliche Existenz schlechthin; nicht die Deutschen allein haben den Krieg verloren, nicht nur sie sind die Betroffenen oder gar die Schuldigen, sondern sie erleiden ein allgemeines Schicksal, leiden exemplarisch für andere mit.
– Pädagogik ist das einzig Tröstliche; an sie kann man sich halten, denn sie weiß immer Rat und hat den richtigen Überblick; zur Wegweiserin berufen, soll und kann sie dem Volke Zuspruch und Führung bieten.
– Pädagogik hat eine volkserzieherische, ja eine konstitutive politische Aufgabe; ihr Feld ist nicht auf die pädagogischen Institutionen beschränkt; der Erzieher trägt vielmehr eine

globale Verantwortung für den Menschen, er wächst zur wegweisenden, geschichtlichen Figur.

Die Frage, ob Nohls Erziehungsziele faschistoid sind, so daß er *inhaltlich* den Nationalsozialismus vorbereitet hat, ist hier nur von sekundärem Interesse. Zunächst geht es um die Grundeinschätzung des Verhältnisses von Mensch und Gesellschaft. Die Zeiten sind bedrohlich und unübersichtlich; also zeigt die Pädagogik dem Menschen, was er empfinden und wie er sich verhalten soll: an der Zukunft des Volkes mitarbeiten, sich aus der bösen Zivilisation zurückziehen, volkstümlichen Humanismus aufbauen, sich der Not entgegenstemmen.

Immer ist ein Adressat vorausgesetzt, der passiv von Ereignissen betroffen wird, mit deren Zustandekommen er nichts zu tun hat. Dieser Adressat mag selber ein Kämpfer gewesen sein, der die Aggression im Kriege mitgetragen hat und sich im Fall des Sieges durchaus als Beteiligter und Mitgewinner zur Geltung gebracht hätte. Nun aber, da die Zeiten schlecht sind, kann er sich von den Verursachern des Übels distanzieren. Er wird von den schlechten Zeiten überrascht und überrollt wie von Naturereignissen. Deren historischen und gesellschaftlichen Zusammenhang zu erkennen, liegt ihm völlig fern. Es geht ihm allein um die psychische Wirkung, die solche Schicksalsschläge auf ihn ausüben.

Ein solcher Mensch ist nicht Akteur, sondern Reagierender. Die Pädagogik stabilisiert seine Seele, damit er in Notzeiten nicht zugrunde geht. Erst auf der Basis dieses *Spielball-Theorems,* dieses Rückzugs auf die unverantwortliche Existenz werden Aktivitäten wieder möglich: der Bedrohung entgegenwirken, die Not wenden, an der Zukunft mitarbeiten. Unter »Not« versteht Nohl immer materielle, soziale und seelische Not zugleich, eine mißliche Gesamtlage, die ohne eigenes Verschulden über uns hereingebrochen ist. Pädagogik hilft, dieser Not von innen heraus zu begegnen. Sie entspricht mit ihrem Angebot einer elementaren Sehnsucht des einzelnen, dem das Ertragen so großen Übels nicht zugemutet werden kann: Wird er doch zu Unrecht von Verheerungen heimgesucht, deren Ursachen ihm unbekannt sind, die er nicht verdient hat, denen gegenüber ihm nur emotionale Reaktionen übrigzubleiben scheinen.

Betrachten wir nun zum Vergleich Hitlers Haltung nach dem verlorenen Ersten Weltkrieg:

»Es war also alles umsonst gewesen. Umsonst all die Opfer und Entbehrungen, umsonst der Hunger und Durst von manchmal endlosen Monaten, vergeblich die Stunden, in denen wir, von Todesangst umkrallt, dennoch unsere Pflicht taten, und vergeblich der Tod von zwei Millionen, die dabei starben. Mußten sich nicht die Gräber all der Hunderttausende öffnen, die im Glauben an das Vaterland einst hinausgezogen waren, um niemals wiederzukehren? Mußten sie sich nicht öffnen und die stummen, schlamm- und blutbedeckten Helden als Rachegeister in die Heimat senden, die sie um das höchste Opfer, das auf dieser Welt der Mann seinem Volk zu bringen vermag, so hohnvoll betrogen hatte? Waren sie dafür gestorben, die Soldaten des Augusts und Septembers 1914, zogen dafür die Freiwilligen-Regimenter im Herbst desselben Jahres den alten Kameraden nach? Sanken dafür diese Knaben von siebzehn Jahren in die flandrische Erde? War dies der Sinn des Opfers, das die deutsche Mutter dem Vaterlande darbrachte, als sie mit wehem Herzen die liebsten Jungen damals ziehen ließ, um sie niemals wiederzusehen? Geschah dies alles dafür, daß nun ein Haufen elender Verbrecher die Hand an das Vaterland zu legen vermochte? ... Elende und verkommene Verbrecher! ... Was folgte, waren entsetzliche Tage und noch bösere Nächte – ich wußte, daß alles verloren war. Auf die Gnade des Feindes zu hoffen, konnten höchstens Narren fertigbringen oder – Lügner und Verbrecher. In diesen Nächten wuchs mir der Haß, der Haß gegen die Urheber dieser Tat.«[3]

Hitler bemüht sich nicht um Erkenntnis des objektiven Zusammenhangs. Er personalisiert das Geschehen, das er nur als »Tat« einzelner begreifen kann, und stellt emotional bestimmte Erwägungen über den Sinn von Opfer und Leid an. Alles war umsonst, alles ist verloren, ohne Sieg bleibt der mit so viel Einsatz geführte Kampf ohne Bedeutung. Das ist ungerecht, denn der Heroismus des Frontsoldaten hätte sich auszahlen müssen. Der einzelne wird auch hier zum Betroffenen, der eigentlich mit dem negativen Ausgang der Sache nichts zu schaffen hat, so daß ihm nur ohnmächtiger Aufschrei bleibt. Erst von dieser grundsätzlich passiven Haltung aus kommt es zu einem Aktivismus, der die Not wenden will. Waren emotionale Regungen wie Angst, Glaube, Mut im Kriege offenbar vergeblich investiert worden, so sollen sie nunmehr neu investiert werden, aber so, daß eine zweite Enttäuschung ausgeschlossen bleibt. Ein erster Schritt in diese Richtung besteht darin, die an der gegenwärtigen Niederlage Schuldigen aufzuspüren. Der edle, unschuldige, betrogene Kämpfer bäumt sich auf im Haß gegen die Urheber dieser Schandtat. Das führt zu einer Aktivität, in der sich Erfolgsdenken und Sinnstiftung gegenseitig bedingen: weil militärischer und politischer Mißerfolg eingetreten ist, geht auch der Sinn verloren; geschaffen werden muß *neuer* Sinn, der sich aber auch nur wieder als Erfolg ausweisen wird.

Nohl und Hitler haben gemeinsam eine passive Grundhaltung, die zum Aktivismus ermuntert; den Willen, die Not zu wenden, an der andere schuld sind; die Einstimmung auf ein nicht politisch festgelegtes, sondern globales Ziel der Erneuerung. Beide wollen eine neue Welt machen, nicht lediglich konkrete Probleme lösen. Das Volk war betrogen worden und sieht sich jetzt unverschuldet in den Abgrund gestürzt. Um weiterleben und die eigene wie auch die Existenz des ganzen Volkes wieder als sinnvoll erfahren zu können, bedarf jedermann des seelischen Zuspruchs. Er muß Kraft gewinnen, um die Not zu besiegen.

Aus dieser angenommenen Grundsituation der unverschuldeten Notlage ergeben sich also zwei Möglichkeiten: die *politische* und die *pädagogische.* Beide bringen keine kritische Analyse der gesamten Situation. Die *politische* Möglichkeit appelliert an die Emotion und versammelt den Haß, die Enttäuschung und Verbitterung vieler zu einer Bewegung von unerhörter Durchschlagskraft. Der einzelne ist dann nicht mehr wehrloses Opfer der Not, für die er nichts konnte, sondern er schließt sich mit anderen zusammen, um diese Not zu wenden: dadurch, daß er zum Kämpfer wird, bekommt sein Leben wieder Sinn. Eigenartigerweise werden dann später am Ende des Zweiten Weltkriegs die Deutschen genau so wie Hitler selbst nur die »Not« empfinden und nicht auf den Gedanken kommen, sie hätten diese selbst mit verursacht. Schon Hitler zeigte die »Unfähigkeit zu trauern«, denn sein treibendes Motiv war nicht Trauer, auch wo es sich als Wut, Enttäuschung und Haß ausdrückte.

Die *pädagogische* Möglichkeit wird von ihren Wortführern darin gesehen, den mutlos gewordenen Menschen aufzurichten, seinen Willen zum Engagement wieder zu wecken. Nohl verfährt so, als könne man immer wieder ganz neu anfangen, als habe der einzelne wie auch das Volk in jeder Situation im Prinzip alles vor sich, unbelastet durch Geschichte und Vergangenheit. Eine Verantwortung für das Gewesene wird nicht übernommen. Der Pädagoge steht bereit mit Weisungen, mit Trost und Ermutigung, er deutet dem in Not geratenen Volksgenossen seine Lage und ermuntert ihn zum Neuanfang.

Liegt darin eine gewisse Vorform moderner Therapien, so »therapiert« auch Hitler den notleidenden Volksgenossen. Dieser soll sich von Belastungen befreien, er kann Schuldgefühle preiswert loswerden, braucht sich nicht länger zu verstellen, darf sich ungehindert ausleben; gerade seine Mittelmäßigkeit und Profillosigkeit sind richtig und wertvoll; jedermann darf sich so, wie er ist, voll akzeptieren; er gewinnt auf einmal Identität, ohne sich im Kern zu verändern. Hitler wie Nohl bieten ihren Adressaten Techniken zur Selbstentlastung, zum Aussteigen aus Geschichte und Verantwortung. Beide haben eine tröstende Botschaft parat, die als Versatzstück immer wieder hervorgeholt und eingesetzt werden kann. Nachdem man sich an den eigenen Haaren aus dem Sumpf gezogen hat, geht es wieder vorwärts, gewinnt das Leben wieder Sinn. Die Bindung der vagabundierenden emotionalen Potenzen, der Appell an die Gemütskräfte und der neue Gemeinschaftsbezug sind selbst schon die ersten Schritte zur Notwende.

Höchster Aktivismus wird aus einer passiven Grundhaltung entbunden. Als Hitler am Ende war, spielte er seine *erste Rolle zum zweitenmal.* Er übernahm keinerlei Verantwortung für die Katastrophe, sondern schob den Schwarzen Peter denjenigen zu, von denen er sich im Stich gelassen wähnte, da sie, wie er resignierend befand, seinem gigantischen Vorhaben nicht gewachsen waren. Er selbst hatte ja das beste gewollt und versucht. Der Sieg wäre *sein* Sieg gewesen, die Niederlage folgte aus dem Versagen der *anderen.* Die »Urheber der Tat« waren jetzt nicht mehr eine Gruppe feiger Volksverräter wie 1918, sondern das deutsche Volk insgesamt.

Analog verläuft es in der Pädagogik. Sie ist nach der Überzeugung ihrer Vertreter immer gut und irrt sich nicht. Niemand kommt auf den Gedanken, daß Pädagogik selber Ausdruck einer fragwürdigen Haltung sein und das Böse mit hervorgebracht haben könnte. Dem anderen Hoffnung geben, das heißt immer auch: sich nicht selbst in Frage stellen zu müssen, sondern stets die höhere Welt des Guten, des Wahren, des Richtigen zu repräsentieren. Dies alles zeigt den faschistoiden Charakter mancher Elemente der deutschen Pädagogik.

Daß immer wieder die »Not« beschworen wurde, war sicherlich teils ehrliche Empfindung, teils aber auch ein Trick. Man spricht immer dann von der Not, wenn es eine unübersehbare Not ist, unter der viele leiden, die also als Schicksal empfunden wird. Die Frage nach der möglichen Schuld und Verantwortung der Betroffenen kann dann gar nicht aufkommen. Wo alle in einem Boot sitzen, dort scheint Rettung wichtiger zu sein als kritisches Denken. Werden viele von Not betroffen, so hat diese Not einebnenden Charakter, denn wenn sie generell als Zusammenbruch, als Untergang, als Lebensbedrohung erfahren wird, dann kann man glauben, daß auch etwa vorhandene Schuld durch diese Not abgegolten ist. Man »braucht« die Not, damit aus ihr der neue Mensch hervorgehen kann.

Die Hauptströmung der deutschen Pädagogik verfährt unkritisch, weil sie im Grunde eine Pädagogik für Untertanen ist. Dies heißt nicht, daß sie Untertanen-Tugenden predigt, denn in neuerer Zeit plädiert sie ja durchaus auch für Emanzipation und Kreativität. Aber damit hat sich die Einstellung nicht geändert. Man will immer, daß sich diese Tugenden auch irgendwie auszahlen. Tun sie das nicht, dann fragt man sich: Wozu haben wir denn dann diese Tugenden gepflegt? Die Tugenden erwachsen nicht aus einer politischen und anthropologischen Überzeugung, wie sie etwa in den Menschenrechten niedergelegt ist; nicht aus dem Bekenntnis zur Freiheit als einem letzten und nicht mehr hintergehbaren Postulat; Recht wird nicht um des Menschen willen geübt; man tut etwas nicht, weil man es politisch will, weil es den eigenen Grundüberzeugungen entspricht; sondern man *lernt* solche Tugenden und wendet sie an, um sich vor einer Instanz auszuweisen, die den Aufwand belohnen soll. So lernte man politische Formen wie Monarchie, Republik, Diktatur des Nationalsozialismus, Demokratie, weil es vorgeschrieben und gerade an der Tagesordnung war. Sollte sich Freiheit nicht mehr »rentieren«, dann würden wir sie vermutlich preisgeben und danach durchaus nicht das Gefühl haben, etwas Wichtiges zu vermissen.

Heroischer Nihilismus

Mit dem Ende des Ersten Weltkrieges kommt in Kreisen der »konservativen Revolutionäre« eine Haltung zum Durchbruch, die als *Heroischer Realismus* oder auch als *Heroischer Nihilismus* bezeichnet wird. Der zweite Begriff ist noch treffender als der erste; denn wenn der »Realismus« darin besteht, auf Werturteile, Engagement für eine Sache und sogar auf politische Konzeption zu verzichten und die Welt gleichmütig, aus der Distanz heraus, so, wie sie nun einmal ist, zu akzeptieren (oder – was auf das gleiche hinausläuft: sie zu verwerfen), dann liegt darin eine grundsätzliche Verneinung, die durchaus den Namen »nihilistisch« verdient.

E. Jünger, der wichtigste Interpret dieses neuen Menschenbildes, sieht als eine Schlüsselfigur des Heroischen Nihilismus den »Posten«. Der Posten steht einsam und kaum erkennbar dem Feind gegenüber. Seine offizielle Funktion besteht zwar im Schutz seiner Leute; aber darüber hinaus verkörpert der Posten selbst schon eine Lebensform, einen heroischen Existenzmodus, den Prototyp des auf sich selbst gestellten Kämpfers: »Die einzig tröstliche Erinnerung knüpft sich an Augenblicke aus dem Kriege, in denen plötzlich der Feuerschein einer Explosion die einsame Gestalt eines Postens, der dort schon lange gestanden haben mußte, aus dem Dunkel riß. Durch diese unzähligen und schrecklichen Nachtwachen in der Finsternis wurde ein Schatz gesammelt, der spät verzehrt werden wird.«[4] Daß das Postenstehen nicht vom Zweck der jeweiligen »Kampf«-Handlung abhängt, zeigt sich daran, daß dieser Typus auch auf anderen Einsatzfeldern zu finden ist: »Und doch besetzt ein jeder heute seinen Posten sans phrase und allein, gleichviel, ob er hinter den Feuern einer Kesselanlage steht oder in die verantwortliche Zone des Denkens einschneidet. Der große Prozeß wird dadurch erhalten, daß der Mensch ihm nicht auszuweichen gedenkt, und daß seine Zeit ihn bereit findet. Was ihm jedoch begegnet, indem er sich stellt, ist schwer zu beschreiben; vielleicht ist es auch wie in den Mysterien nur ein allgemeines Gefühl, etwa daß die Luft allmählich glühender wird.«[5]

Der heroische Kämpfer ist Nihilist, der nicht nach dem Sinn des Kampfes und dem Ziel des Einsatzes fragt, da ihn die Welt im ganzen gleichgültig läßt. Er sieht sich auf sich selbst zurückverwiesen; nirgends findet er Halt, alles erfüllt ihn mit Abscheu: »Unsere Hoffnung ruht in den jungen Leuten, die an Temparaturerhöhung leiden, weil in ihnen der grüne Eiter des Ekels frißt ...«[6] Jünger nennt sich – in bewußt paradoxer Formulierung – einen »preußischen Anarchisten«, dessen Ethos ausschließlich in der Haltung liegt, und »der, allein mit dem kategorischen Imperativ des Herzens bewaffnet und nur ihm verantwortlich, das Chaos der Gewalten nach den Grundmaßen neuer Ordnungen durchstreift«.[7] Der Ekel gehört als konstitutives Merkmal zur Existenzform des heroischen Nihilisten, der nur *ästhetisch,* nicht *moralisch* lebt. Seine Devise lautet nicht: die Welt verändern oder nach Alternativen fahnden, sondern: allem Ekel zum Trotz nach einsamer Entscheidung weiter auf dem Posten bleiben. Der Charakter des Menschen bewährt sich nach dieser Auffassung im Aushalten bei Bedrohung. Dort wird, jenseits aller Kampfziele, der neue Mensch geschmiedet. Nichts gilt mehr als wertvoll – außer der Bewährung des Kämpfers in der Kampfsituation.

Eine Brücke vom heroischen Nihilismus des einsamen, sich selbst genügenden Kämpfers zum Führerkult der aufkommenden politischen Massenbewegungen schlägt O. Spengler am Schluß seines Buches »Der Untergang des Abendlandes«:

»In jedem Krieg zwischen Lebensmächten handelt es sich darum, wer das Ganze regiert. Es ist stets ein Leben, nie ein System, Gesetz oder Programm, das im Strom des Geschehens den Takt angibt. Das Aktionszentrum, die handelnde Mitte einer Menge sein, die innere Form der eigenen Person zur Form ganzer Völker und Zeitalter erheben, das Kommando der Geschichte haben, um das eigene Volk oder Geschlecht und seine Ziele an die Spitze der Ereignisse zu führen, das ist der kaum bewußte und unwiderstehliche Trieb in jedem Einzelwesen von historischem Beruf. Es gibt nur persönliche Geschichte und deshalb nur persönliche Politik. Der Kampf nicht von Grundsätzen, sondern von Menschen, nicht von Idealen, sondern von Rassezügen um die ausübende Macht ist das erste und letzte, und auch die Revolutionen bilden keine Ausnahme, denn ›Souveränität des Volkes‹ ist nichts als ein Wort dafür, daß die herrschende Gewalt den Titel Volksführer statt König angenommen hat. Die Methode des Regierens verändert sich damit kaum, die Lage der Regierten gar nicht. Und selbst der Weltfriede, so oft er schon da war, ist nichts gewesen als die Sklaverei einer ganzen Menschheit unter dem Regiment einer kleinen Zahl zum Herrschen entschlossener Kraftnaturen.«[8]

Geschichte löst sich auf in »persönliche Geschichte«. Aus dem grauen Einerlei der Welt, die jeden räumlichen und zeitlichen Kontext eingebüßt hat, ragen einzelne Gestalten heraus, die sich selbst verwirklichen, indem sie als Führer dem profillosen, massenhaften Treiben Strukturen einfügen.

Das unmittelbare Vertrauen in sich selbst oder in den Führer ersetzt das eigene kritische Denken. Spengler empfiehlt die Einordnung in die Zucht des »Preußentums«; O. Spanns autoritärer Ständestaat wird zum erstrebenswerten Modell der neuen Gemeinschaft. Indem die Autorität an die Stelle des politischen Urteils tritt, verlieren die normalen Regeln ihre Gültigkeit: Ihr Verschwinden wird mit der Ausnahmesituation begründet. So ist die neue Hinwendung zur haltgebenden, hierarchischen Form nur die Kehrseite des Nihilismus.

H. Arendt beschreibt den gleichen Vorgang unter einem anderen Aspekt: Wo alles auf die Tätigkeit eines einzigen Mannes zusammenschrumpft, dort kommt das politische Element in Staat und Gesellschaft zum Erliegen. Der Diktator ist im Grunde noch immer der heroische Nihilist, tarnt sich aber durch chronische Hinweise auf das von ihm repräsentierte Gesamtinteresse, das die Interessen aller einzelnen vernichten muß:

»Nicht nur in der Französischen Revolution, sondern in allen Revolutionen, die ihrem Beispiel folgten, erscheint das Einzelinteresse als eine Art gemeinsamer Feind, und die Terrortheorien von Robespierre bis Lenin und Stalin nehmen alle als selbstverständlich an, daß das Gesamtinteresse automatisch und ständig in Feindschaft liege mit dem Eigeninteresse jedes einzelnen Bürgers. Jedem unvoreingenommenen Betrachter der Revolutionen muß die eigentümliche Selbstlosigkeit der Revolutionäre auffallen und in Erstaunen setzen, aber zur Bewunderung ist kein Anlaß, denn diese Selbstlosigkeit hat nichts mit ›Idealismus‹ und wenig mit Heldentum zu tun. Seit Robespierre eine Tugend predigte, deren Begriff er von Rousseau hatte, ist es üblich geworden, Tugend und Selbstlosigkeit gleichzusetzen; nirgends aber hat diese Identifizierung sich unheilvoller ausgewirkt als in dem, was man die gängige ›revolutionäre Moral‹ nennen könnte, die es schließlich selbstverständlich fand, daß der Wert einer politischen Entscheidung danach bemessen werden dürfe, wieviele Einzelinteressen durch sie verletzt werden, und daß der Wert eines Menschen nach dem Ausmaß und der Radikalität beurteilt werden könnte, mit der er gegen seine eigenen Interessen und Impulse handelt.«[9]

Auf dem politischen Feld wird der Heroische Nihilismus zum formalen Akt der Systemerhaltung, wie er moderne Diktaturen, besonders den Faschismus, kennzeichnet. Im Kern verwandt mit dieser Auffassung von Mensch und Welt sind pädagogische Bestrebungen, die sich als »autonom« aus dem historischen und gesellschaftlichen Zusammenhang herausstellen und – analog der politischen Konstellation zwischen dem einzelnen und der Masse – einen immer wieder gültigen Grundtypus der Beziehung stilisieren.

Nohl und ähnlich denkende Pädagogen stimmen auf ihrer Ebene in diesen Tenor ein. Vertritt Jünger die dynamische Variante des Heroischen Nihilismus, so Nohl oder Spranger die beschauliche. Es kommt vor allem darauf an, *wie* wir erziehen. Dazu paßt der »pädagogische Bezug«, das losgelöste Erziehungsverhältnis, die Abstraktion von sonstigen Bezügen und Bedingungen ebenso wie die Angst der Bünde, daß ihnen die Jugend wegläuft, um in den Massenparteien Unterschlupf zu finden. Erziehung wird zur Chiffre für nihilistisches Denken und totalitären Zugriff. Wer befugt ist, diese Chiffre zu benutzen, darf und kann auch sagen, wie richtig erzogen werden soll. Aber nicht erst durch die Erziehung wird Herrschaft ausgeübt, sondern die Herrschaftsstruktur geht der Erziehung voraus und liegt bereits in der Entscheidung darüber, wer die Chiffren anwenden darf. Damit konnte sich dieser Nihilismus gerade als stabilisierende und wegweisende Kraft maskieren.

Auch das schon von H. Freyer empfohlene Horchen auf den Zeitgeist, das Herausspüren derjenigen Tendenz, die »an der Zeit ist«, drückt diesen Nihilismus aus. Und ebenso verfuhr die Pädagogik. Sie sagte ihrer Klientel, was an der Zeit war: Deprimiertheit nach verlorenen Kriegen, Empfinden von Not im Volke, Partnerschaft und Gemeinschaft als erste Schritte zur Notwende. Kaum je hat die Pädagogik selbstkritisch erklärt: Hier ist unsere Grenze, hier gibt es einstweilen pädagogisch nichts zu deuten. Nicht einmal die Veränderungen unmittelbar nach dem Zweiten Weltkrieg, als ganz andere Probleme im Vordergrund standen, brachte sie zum Verstummen. Weil sie sich stets dazu berufen fühlte, in jeder Lage etwas mitzuteilen, bot sie in ihrem nihilistischen Ansatz die Garantie der Kontinuität. So sagte Nohl 1947: »›Leben lehren‹ wollte Rousseau seinen Zögling. In der Not unseres zerschlagenen Volkes hat dieses Wort eine ganz neue Bedeutung bekommen. In dem Gemeinschaftsleben des Kindergartens, der Tagesheimschule und des Jugendarbeitsjahres wird unsere Jugend lebendig erfahren, was ein sauberes, uneigennütziges und schönes Leben ist, und wird diese Erfahrung aus der Schule in die Welt hinaustragen.«[10] Dies ist die in konstruktiv klingende Formeln gekleidete Version der heroischen Selbstbehauptung: Nichts kann uns umbringen, ein schönes Leben ist immer möglich. Und wenn auch sonst nichts hält, dann hält doch die Pädagogik: Auf sie kann man sich verlassen, sie steht »auf dem Posten«.

In ähnlichem Sinne hatte Nohl schon früher gesagt:

»Wo es um die Werte und Ziele des Lebens geht, die für die Pädagogik leitend sein sollen, kann man wohl, wie es die Ethik als Wissenschaft versucht, eine Anzahl evidenter ethischer Wahrheiten herausheben. Aber diese stehen untereinander nicht in einem rational konstruierbaren Zusammenhang, sondern nur in einem inhaltlich lebendigen; ihre Einheit ist nicht die Einheit eines Systems, sondern eines Ideals, zu vergleichen etwa mit der Einheit eines Kunstwerks ... Jedes Lebensideal eines Volkes oder einer Generation ist eine solche lebendige ethische Gestalt, in der die einzelnen ethischen Momente ganz verschiedenen Raum einnehmen, tiefer noch, in der ganz verschiedene Lebensbezüge entscheidend sind, die dann auch ihren verschiedenen ethischen Sinn geltendmachen.«[11]

Solche harmonisierenden Deutungen können, so versöhnlich sie auch klingen mögen, nicht darüber hinwegtäuschen, daß die ästhetische Auflösung aller ihrer objektiven Bedingungen die Pädagogik als bloßes »Kunstwerk« zum zufälligen Phänomen verflüchtigt und damit auch die beschworene »Ethik« selbst um ihren moralischen Sinn bringt.

Negative Identität der Pädagogik

Die Pädagogik ist seit Beginn unseres Jahrhunderts auf der Suche nach ihrer Identität. Um sich selbst finden und definieren zu können, hat sie, vor allem in Reformpädagogik und

Faschismus, immer wieder »Autonomie« beansprucht. Damit war indessen nicht der selbstgenügsame Rückzug auf einen ausgestanzten Sektor des öffentlichen Lebens gemeint, wo sie frei schalten konnte, sondern gerade der totale Bezug auf das »Ganze«. Totalität wurde erkauft durch Abgrenzung gegen alle anderen Kulturgebiete, also durch die Feststellung, was die Pädagogik selbst *nicht ist.* Diese Eigendefinition erfolgte durch fünf Hauptargumente: Pädagogik ist

- nicht Staat, Politik, Partei;
- nicht Geschichte;
- nicht zwischenmenschliche Beziehung;
- nicht Gesellschaft;
- nicht Recht.

Indem sie alle diese Bedingungsfaktoren überholt, findet Pädagogik eine von der empirischen Wirklichkeit abgehobene *negative Identität.* Wenn es überhaupt einen Bezug gibt zu den Kulturgebieten, von denen sie sich distanziert, dann in der Form, daß sie diese für ihre eigene Sinngebung beschlagnahmt und in Dienst nimmt. Autonomie im Verhältnis zu anderen Kräften vertrug sich sehr wohl mit deren Pädagogisierung.

Pädagogik ist *nicht Staat, Politik, Partei.* Dies wurde vor allem von Nohl formuliert:

»Jede Kulturfunktion hat sich langsam aus den Bedingungen von Kirche, Staat und Stand befreien und das Recht ihres eigenen Wesens erkämpfen müssen. Das gilt für das Recht, die Wissenschaft oder die Kunst und vor allem auch für die Erziehung. Ihr ist diese Befreiung am spätesten gelungen, und sie muß auch heute noch um solche Anerkennung ihres eigenen Charakters und die Feststellung ihres Wesens ringen, ohne daß sie doch hilflos dem Druck der anderen Mächte ausgeliefert ist, die sie alle für sich in Dienst nehmen wollen. Die Weltanschauungen oder eigentlich richtiger ihre Organisationen möchten die Pädagogik nur als ausführendes Organ gelten lassen. Der Erzieher ist dann einseitig der subalterne Beauftragte der Kirche oder des Staates oder gar einer Partei. Angesichts des grausamen Kampfes dieser Mächte und der Weltanschauungen, die hinter ihnen stehen, kommt es heute mehr als je darauf an, daß die Pädagogik den Ort findet, der sie in gewissem Sinne unabhängig von ihnen macht, ihr eine Arbeit aus eigenem Recht erlaubt und damit Selbstbewußtsein, Würde, aber auch Zusammenhang und Fortschritt ermöglicht. Also die Bestimmung der selbständigen Stellung der erzieherischen Arbeit und Lebensform im Zusammenhang der Kultur ...«[12]

Erziehung sollte nicht länger im Schlepptau anderer Kulturgebiete schwimmen, sondern sich ihren eigenen Grund und Boden schaffen. Nunmehr war sie dem Absoluten verpflichtet, verfolgte globale Ziele, stiftete Lebenssinn, erhob sich über die Sphäre der Alltagspolitik. Sie wurde zur Ausdrucksform einer metaphysischen Sinneinheit, zur Chiffre für das Bild des wünschenswerten Menschen. Der Autonomie-Begriff paßt sehr gut zum autoritären Denken, obwohl er doch gerade das Gegenteil zu behaupten scheint: Wir tun etwas, was nicht nur ebenso wichtig ist wie Politik, sondern noch darüber steht. Diese direkt auf den Menschen bezogene Erziehung ist sozusagen »unmittelbar zur Wahrheit« und wird, indem sie Formeln und Chiffren statt Tatsachen präsentiert, zum Äquivalent für politische Aktivität.

Wie von der Politik, so nimmt Pädagogik auch Abstand von der *Geschichte.* Das drückt sich beispielhaft aus in Nohls »zwei Formen der Pädagogik«, der sokratischen und der platonischen.[13] Derartige Deutungen haben mit der historischen Wirklichkeit nichts mehr zu tun, weil sie einen geistesgeschichtlichen und typologischen, keinen politischen Geschichtsbegriff voraussetzen. Geschichte wird zur Abfolge von typischen Erscheinungsformen, die durch die Jahrtausende hindurch einander ähneln. In diesem spiralförmigen Geschichtsmodell hat das konkrete historische Ereignis eine untergeordnete Bedeutung. Nohl konnte damit vom wahren Charakter des Dritten Reiches ablenken; dies geschah jedoch sicherlich nicht lediglich aus Taktik, sondern vorwiegend aus wirklichem Unverständnis. Ein solches Vorgehen hebt die Pädagogik aus der Realität heraus. Indem alle Außenverbindungen gekappt werden, etabliert sich der Heroische Nihilismus als äußerste Form der Selbstgenügsamkeit, die in Wahrheit eine Reduktion aller lebendigen Bezüge ist. Erziehung degeneriert zu einem ausblendenden, zur Isolation führenden Vorgang, zur Chiffre für eine irrational-selbstgefällige Ohne-mich-Haltung. Diese wird dann nach 1945 die bevorzugte Haltung dessen, der nichts gewußt hat, von den Ereignissen überrascht wurde und sich um seine Gutwilligkeit betrogen sah.

Daß Pädagogik ferner *nicht zwischenmenschliche Beziehung* ist, sondern weit darüber hinausgeht und steil ins Kosmische aufragt, läßt der folgende Text von P. Petersen erkennen:

»Erziehung ist ein organisches Geistwerden, vergleichbar einem Vorgang der Anpassung, des Hineinlebens, richtiger des Hineingelebtwerdens in die Gemeinschaft, ein Hineinleben nicht nur in die Güter und Formen der Kulturwelt, sondern vor allem und stets damit auch in ihre Werte, die Ewigkeitscharakter tragen ... Was auf dem ganzen Erdenrund hinter diesen Formen steht, eben die Erziehung, offenbart sich damit als eine Urmacht, als eine kosmische Funktion innerhalb der Menschheit.«[14]

Pädagogik will auch *nicht Funktion der Gesellschaft* sein, sondern sich über deren Zwänge erheben. Sie erzielte jedoch praktisch das Gegenteil, denn ohne es zu wissen und zu wollen, blieb sie dank ihrer Abstinenz »wehrlos« eingebunden in Prozesse, die ohnehin abliefen, und wirkte dort als stabilisierendes Element. Dies wurde besonders im Dritten Reich deutlich. Durch den Nationalsozialismus kam nicht etwas ganz Neues in die Pädagogik hinein, sondern die begonnene Linie setzte sich fort. Im Autonomiestreben der Reformpädagogik war ja schon die Tendenz angelegt, sich nicht empirischen Autoritäten zu unterwerfen, sondern nur die allerhöchste denkbare Instanz anzuerkennen. Diese Instanz, die das »Ganze« verkörperte, trat nun im Nationalsozialismus in Gestalt der politischen Führung auf. Wie die Autonomie als Reduktion hier nahezu bruchlos fortgesetzt werden konnte, zeigt eine Äußerung von B. v. Schirach:

»Adolf Hitler erblickt in seinem Buch ›Mein Kampf‹ das Wesen der sozialen Tätigkeit darin, daß sie *›nicht Gnaden verteilt, sondern Rechte herstellt‹* ... Auch der Sohn des Millionärs hat keine andere Tracht als der Sohn des Arbeitslosen. Beide tragen das Kleid der Kameradschaft. In ganz Deutschland gibt es keinen kostbareren und für seinen Träger ehrenvolleren Anzug als das Braunhemd der HJ. Das weiß jeder Hitlerjunge, genau so wie jedes Hitlermädel, dem die Tracht dasselbe bedeutet ... Unsere Weltanschauung ist eine Sache des Herzens. Für uns ist das Gefühl mehr als der Verstand. Ein Arbeiterjunge, dessen Herz heiß für unseren Führer schlägt, ist für Deutschland wesentlicher als ein hochgebildeter Ästhet, der jede Regung seines schwächlichen Gefühls mit verstandesmäßigen Überlegungen bekämpft.«[15]

So konnte die Behauptung, es komme im Nationalsozialismus vor allem auf »erzieherische« Belange an, den Eindruck erwecken, die objektiven sozialen Unterschiede seien entweder tatsächlich aufgehoben oder doch unwichtig geworden, da in der neuen, durch Erziehung verbürgten Einheit aufgehoben.

Eine eigenwillige und folgenschwere Bemühung »erzieherischen« Geistes kam schließlich von juristischer Seite. Sie lief darauf hinaus, daß Pädagogik *nicht an herkömmliches Recht* gebunden ist, sondern das Recht aus opportunistischem Kalkül »um des jungen Menschen willen« manipulieren darf, so daß Rechtspflege zum Wirkungsfeld der Volkserziehung wird. Als Beispiel sei ein Artikel von R. Freisler vorgestellt:

»Es ist nicht so schlimm, wenn ein Sünder an der Jugend, der die sittliche Reinheit eines deutschen Mädchens oder Knaben auf dem Gewissen hat, für immer hinter den Mauern der Sicherungsverwahrung verschwindet, selbst wenn die theoretische Möglichkeit besteht, daß er, hinausgelassen, vielleicht in Zukunft sich nicht wieder vergehen würde. Viel schlimmer ist es, wenn nicht die Härte aufgebracht wird, die erforderlich ist, um zu verhindern, daß derjenige, der sein Leben durch seine Verbrechen an der Jugend bereits zerbrochen hat, wiederum auf die Jugend losgelassen wird, nachdem er eine mehr oder weniger lange Zeit daran gehindert war ... Das Erziehungsziel des deutschen Volkes kann nur erreicht werden durch das Leben der deutschen Jugend in der ihr gegebenen, von ihr selbst geschaffenen Gemeinschaft ... Und wahrhaftig, diese Hitler-Jugend hat es nicht nötig, Zeugen aufzurufen dessen, daß sie in ihren Reihen dafür sorgt, das bestmögliche Instrument körperlicher, geistiger und seelischer Ertüchtigung der Jugend im Sinne des Nationalsozialismus zu sein. Wenn aber einer aus seiner amtlichen Tätigkeit von außerhalb der Hitler-Jugend in der Lage ist, das zu bezeugen, so gehöre ich sicher zu denen, die das können: aus der Art und Schärfe, wie dort für Sauberkeit gesorgt wird, kann und muß jeder deutsche Vater und jede deutsche Mutter die Gewißheit mitnehmen, daß dort ihr Junge und ihr Mädel bestmöglichst erzogen und ertüchtigt werde ... Der italienische Justizminister hat mir bei seinem letzten Besuch in Berlin von der außerordentlichen erzieherischen Wirkung der Wiedergeburt der italienischen Jugend erzählt, die darin besteht, daß der junge Faschist an dem Tage, an dem er in die faschistische Partei aufgenommen wird, eine bürgerliche Wiedergeburt erlebt. Von diesem Augenblick ab sind noch einmal seine Papiere vollkommen weiß, und was darauf gestanden haben mag, ist so ausgelöscht, daß es nirgends und niemals mehr hervorgeholt werden kann ... Ein solcher Vorschlag liegt natürlich außerhalb des Jugendstrafrechts und kann nicht in dessen Rahmen geregelt werden. Wo es um die Auslese geht ..., sind die zu treffenden Maßnahmen nicht Sache des Staates, sondern Sache der Bewegung. Es fragt sich aber, welche Folgerungen hier auch der Staat, d. h. die Justiz als Hüterin des Strafregisters, zu ziehen hat. Man kann auch nicht sagen, daß damit der Grundsatz einerlei Rechts verletzt werde, denn einerlei Recht gilt innerhalb der Volksgemeinschaft immer mit Bezug auf gleichwertige Glieder der Volksgemeinschaft. Das minderwertige Glied muß sich demgegenüber auch eine andere Wirkung der Rechtsordnung gefallen lassen ... Es ist früher schon einmal zum Ausdruck gebracht worden, daß der Nachwuchs der Jugendrichter in Zukunft nur noch aus den Reihen der sich bewährenden Rechtsreferenten der HJ gemustert werden möchte, und daß diese Kameraden mit Einsatzbereitschaft, Spannkraft und Befähigung nicht immer wieder durch zufällige oder andere Entwicklungen nach Abschluß ihrer Ausbildung diesem wichtigen Zweig der Rechtspflege verlorengehen.«[16]

Läßt sich das »Faschistische« herauspräparieren, oder ist es so, daß das, worüber ohnehin Konsens herrscht, unmerklich in den positiven Faschismus übergeht?

– Der Grundtenor des Textes sieht eine Zweiteilung der gesamten Population vor: in solche, die durch das neue Recht geschützt werden sollen, und in andere, die davon betroffen sind. Recht ist parteiisch, ist Waffe im politischen Kampf gegen die Feinde im Inneren des Systems. Diese Auffassung, daß Recht »Gerechtigkeit« im Sinne der konformen Majorität schaffen soll, ist zweifellos noch immer weit verbreitet, so etwa in der Einstellung zu Ausländern und Randgruppen.

– Daß Richter und Recht Schutz- und Erziehungsfunktionen zu erfüllen haben, ist ein bis heute vertretener Gesichtspunkt aus der Jugendgerichtsbewegung mit ihren durchaus plausibel klingenden und allenthalben gutgeheißenen Forderungen: Erziehung statt Strafe, Wiedereingliederung statt Wegsperren.

– Gleichwohl ist diese Resozialisierung des gestrauchelten Jugendlichen kein langsamer Prozeß, sondern könnte nach faschistischem Vorbild mit einem Schlage erfolgen. Frühere Straftaten werden dann nicht auf der juristischen, sondern auf der politischen Ebene abgegolten: »Richtige« Einstellung ist einem als abstrakt denunzierten Recht überlegen.

– Wenn Eltern sich auf die saubere und ordentliche HJ-Erziehung verlassen können, so heißt dies, daß sie selber vom Erziehungsprozeß schon abgekoppelt sind. Ihre Aufgabe ist nicht mehr pädagogische Aktivität, sondern Zustimmung, Glaube, Mittragen des Ganzen. Der die moderne Welt kennzeichnende pädagogische Funktionsverlust der Elternhäuser wird hier bereits in Form von politischer Sozialisation vorweggenommen.

– Vormundschaft, Verwaltung, Gericht sollen nicht bürokratisch vorgehen, sondern schöpferisch wirken und stets die Sozialisation des jungen Menschen vor Augen haben. Das alles wünscht man sich auch heute; ist doch die Aversion gegen die Bürokratie so stark wie seit jeher.

– Besondere Sorgfalt soll in der Auswahl und Ausbildung der Jugendrichter walten. Deren pädagogische Befähigung und Erfahrung wird auch heute verlangt.

– Unbelehrbare sind Minderwertige, die sich eine besondere Behandlung gefallen lassen müssen. Daß es geborene Verbrecher gibt, glauben viele Menschen auch heute, ja, die wissenschaftliche Richtung, auf die man sich dabei zu berufen pflegt, ist offenbar sogar im Vormarsch.

Fazit: Die Grundlage für diese Ausführungen besteht teils im »gesunden Volksempfinden«, kann also als vorherrschende Stimmung vorausgesetzt werden; teils sind aber auch Gedanken aus der Jugendgerichtsbewegung wirksam. Als weitere Bestandteile lassen sich ausmachen: Appell an die Sehnsucht nach Abbau von Bürokratie; Berücksichtigung der gängigen Erwartung, daß die Erziehung wirksam und erfolgreich sein soll; Beschwichtigung der Volksseele durch die Auskunft, daß Unverbesserlichen das Handwerk gelegt wird. Das alles ist nicht spezifisch faschistisch – oder vielmehr: Es ist eine weitverbreitete allgemeine Haltung, die auch den Faschismus getragen hat. Dieser ist nicht etwas ganz Neues; er macht aber Ernst mit dem, was vorher nur erträumt wurde, er ist konsequent: im Verschwindenlassen, in der Auslese, in der Härte gegen Unverbesserliche. Diese Verfahrensweise fußt darauf, daß viele nicht wußten und vielleicht auch nicht wissen wollten, was eigentlich *Recht* ist, was Rechtsstaatlichkeit bedeutet. So brauchte nicht viel verändert zu werden: Galt es doch vor allem, das im Denken der Bevölkerung vorhandene Potential zu bündeln und zielstrebig zu verwerten. Der Sehnsucht nach Identität wurde durch totalitären Zugriff entsprochen.

Merkmale präfaschistischer Stimmung

In der Epoche unmittelbar vor dem Dritten Reich glauben viele Menschen zu spüren, daß etwas Neues bevorsteht. Sie erwarten einen Wandel nicht nur der politischen Verhältnisse, sondern auch des Lebensklimas insgesamt. In dem Bestreben, sich auf diese Veränderung einzustellen, ergreifen sie Partei, formieren sich, ordnen sich einem Lager zu. Das ist etwas anderes als das Votum für eine politische Partei alten Stils oder eine weltanschauliche Splittergruppe, denn das Bekenntnis zu einem Typus, zu einer Gemeinschaft, zu einer Bewegung soll nicht ein Spezialinteresse verfolgen, sondern das »Ganze« ordnen helfen. Die Zeit wird als so unsicher empfunden, daß der einzelne sich nur noch über Vorbilder, Ideale, Gesamtaufgaben definieren kann. Solche Strömungen, die fast durchweg einen mehr oder weniger »pädagogischen« Charakter annehmen, werden auf mehreren Lebensgebieten wirksam. Als Beispiele seien genannt: (1) die Betonung von *Typen* in Literatur und Dichtung; (2) die Fixierung der historischen Existenz auf unterschiedliche *Zeitepochen;* (3) der Appell zur *Einordnung* in politische Bewegungen.

Zu (1) E. Otto spricht von zwei Menschentypen aus der Literatur. Es sind: Goethes Wilhelm Meister als der Typ des sich suchenden und der eigenen Vollendung zustrebenden Individuums und K. P. Moritz' Anton Reiser als Gestalt aus der sozialen Unterschicht, für welche die »Gelegenheit der Selbstdarstellung auf der Bühne eine ausgesprochene Ersatzbildung für alle die Möglichkeiten, die das wirkliche Leben des Hungerns, der Kränkungen und des steten Mißgeschicks dem Titelhelden versagt«. Von hier aus wird ein Bogen zur Gegenwart geschlagen: »Die Sonderung der beiden Menschentypen, zwei verschiedenen Ständen zugeordnet, mag damals vielleicht der Wirklichkeit entsprochen haben und noch jetzt ein Faktum bedeuten. Eine Lösung des Problems: Individualismus – Sozialismus (i. w. S.) ist sie aber nicht. Wir vermögen der Aufspaltung von Persönlichkeitspflege und Gemeinschaftsdienst nicht zuzustimmen. Die neuere Pädagogik stellt demgemäß mit Recht das Ziel auf: die Persönlichkeit im Dienste der Gemeinschaft. Damit ist auch der Gegensatz einer Individual- und Sozialpädagogik überwunden.«[17] Daß es jedoch überhaupt um einen Typus, um ein Menschenbild, um eine verallgemeinernde Lebensformel als Orientierung für viele geht, bleibt als Grundauffassung bestehen.

Ein weiterer Text zum Goethejahr (1932) unterstreicht die Bemühung um die wegweisende Persönlichkeit. Nicht von einer Analyse der wirklich bestehenden gesellschaftlichen Verhältnisse wird die Lösung erwartet, sondern vom Anschluß an das große Vorbild: »Ihr seid ›ungoethisch‹ geworden, wirft man unserem unter der Herrschaft der Maschine stehenden und vom Technikrausche ergriffenen Gegenwartsgeschlechte vor. Den ›Menschen von heute‹ hat man mit Hohn als ›Chauffeurtyp‹, als ›Untermenschen‹ bezeichnet. Was diese fraglos zu harten Ausdrücke besagen sollen – gewiß wollen sie keine Herabsetzung des ehrbaren Autolenkers sein –, dürfte aus den vorstehenden Ausführungen zur Genüge klargeworden sein. Das deutsche Volk sei nicht würdig, sagt man, in seiner gegenwärtigen inneren und äußeren Verfassung, den Manen Goethes zu huldigen. Wir gedenken Goethes in einer ›Weltfeier‹; wir nennen das Jahr 1932 das *Goethejahr.* Beides soll uns ein Mahnzeichen dafür sein, uns zu bemühen, wieder ›goethisch‹ zu werden. Das gilt nicht zuletzt auch für uns Erzieher.«[18] Gemeint ist wohl, daß wir auch heute wieder das Persönlichkeitsideal aufrichten müssen. Es wird abgehoben auf die herrschende Kulturkritik, die den gegenwärtigen Menschen, gemessen an Goethe, als Fehlform ansieht. Gelänge es dem Erzieher, wieder goethisch zu werden, so könne er in der seelenlosen Industriewelt eine neue Orientierung vermitteln.

Zu (2) Geht es – beispielhaft im Goethejahr – um die Wiederbesinnung auf den wahren Menschentypus, wie ihn der große Dichter verkörpert habe, so beschäftigt sich der Kulturphilosoph E. Diesel mit der historischen Existenz des Menschen im Hinblick auf die »Neugestaltung der Welt«: »Vorderhand freilich müssen wir ein Doppelleben der Übergangszeit führen und hin und her gerissen werden zwischen den Erfordernissen des Neuen und der Symbolik des Alten. So schreiten wir ... in den neuen Lebensraum hinein, und eben das ist unser heutiges Erlebnis. Wir sind gezwungen, den neuen Lebensraum anzupacken und zu gestalten, wie unsere Ahnen den alten Raum erst einmal anpacken mußten, um Raubtiere zu töten und Urwälder zu roden. Raubtiere, Sümpfe, Unwetter, gefährliche Gewalten haben wir auch in unserem Lebensraum ... als Konjunkturen, unerwartete Dressurphänomene der Masse, gefährliche Zerstörungsgeräte, Arbeitslosigkeit, biologische Entartungen, mechanisierte Politik usw. Es ist lediglich die Frage, ob Geist und Leben, sei es aus sich selbst heraus oder durch die Arbeit geistiger Wegweiser in die Lage gesetzt werden, die neue Weltlage als etwas Reiches und Fruchtbares zu ergreifen.«[19] Der Mensch erscheint als ein Wesen auf der Schwelle zur Zukunft. Die Gefahren heute sind den früheren vergleichbar, so daß es immer wieder um deren Abwehr und Zähmung geht. Nicht nüchterne Auseinandersetzung mit den Anforderungen der gegenwärtigen Gesellschaft ist im Blick, sondern eine pauschale Abwehr der Verderbnis. Alles bedroht uns und muß bekämpft werden, aber nicht durch Konzeptionen oder Programme, sondern so, wie man wilde Tiere bekämpft. Der Mensch wächst empor zur überhistorischen heroischen Figur im Kampf gegen die Elemente. Dabei wird eine im weitesten Sinne pädagogische Lösung angeboten: Widerstandskraft und Charakter werden die Lage meistern können.

Zu (3) Der dritte und pädagogisch sicherlich wichtigste Aspekt ist die Zuordnung der Jugend zu den politischen Strömungen der Zeit. Allgemein wird diese Zeit als Übergang empfunden. In den pädagogischen Zeitschriften erscheinen immer wieder Appelle, sich nicht im Abseits zu halten, sondern aktiv an den politischen Auseinandersetzungen teilzunehmen. Diese Teilnahme wurde vor allem durch die Erziehung befördert und von einem bestimmten Menschenbild erwartet. Herausgestellt wird eine besondere Aufgabe der Jugendpflege, die ganze Jahrgänge politisch schützen und vor Radikalität bewahren soll. Schwerpunkt ist die Arbeit mit Erwerbslosen, von denen man fürchtet, daß sie in die radikalen Parteien abwandern, weil sie das Gefühl haben, nur dort noch gebraucht zu werden. Auch die Bünde wollen diesem Sog widerstehen und bemühen sich weiterhin um Menschenerziehung. Es geht um Formung des politischen Menschen, aber ohne spezifische politische Aktionsprogramme. Politische Verbände gelten mit ihrem besonderen Begriff des Politischen eher als unpolitisch, während die Jugend direkt politisch eingesetzt werden will. Wie läßt sich diese Jugend verstehen, erreichen und für ein sinnvolles Zukunftsvorhaben gewinnen? Das war immer wieder die entscheidende Frage, in der es auch darum ging, welchen Sinn Erziehung überhaupt noch haben könne. Pädagogen wie A. Fischer und andere, die sich hier besonders verantwortlich fühlten, sahen eine nationale Aufgabe darin, gegen Skepsis und Mutlosigkeit anzukämpfen und eine Entscheidung über das geistige Antlitz der Zukunft herbeizuführen. Die Erziehung wird als Instrument begriffen, um die Not des Volkes zu beheben und den als unmoralisch empfundenen gegenwärtigen Zustand zu verändern: Pädagogik sei im Rahmen der Volksordnung Teil der Politik.

In linken Zeitschriften klingt die Diskussion um Formierung und Zuordnung teils ähnlich, teils anders. War das konservative und liberale Bürgertum darauf bedacht, durch »Menschenerziehung« die politischen Probleme zu klären und sich selbst wie auch die Jugend von direktem politischen Engagement zurückzuhalten, so werden in der »Weltbühne«[20] linke Bürgerliche aufgefordert, diese Abstinenz aufzugeben und sich einzureihen. Auch eine Auseinandersetzung um die Pädagogik des Nationalsozialismus wird eingeleitet, so etwa in den Artikeln »Hitler als Erzieher«[21] und »Aufstehen–Hinlegen!«[22] Solche Ausführungen sind teils kritisch und realistisch, tragen aber teils auch zur Verharmlosung des Nationalsozialismus bei. Ihr Tenor lautet: Nehmt Stellung gegen die Nazis, denn wenn sie kommen, erwartet euch eine sture Gehorsams-Pädagogik. Der Kern des Faschismus wurde auch hier nicht bloßgelegt.

Generell läßt sich sagen:

– In der präfaschistischen Krisenepoche geht es um totale Zuordnung, wofür der Begriff »Erziehung« nur eine Chiffre ist. Eine so begründete Pädagogik drückt den Unmut, die Resignation und Verzweiflung des deutschen Menschen aus, der das Gegenwärtige nicht schätzt, weil ihm das Künftige als das absolut Neue und Andere vorschwebt. Je globaler die Ziele

werden, desto deutlicher markieren sie Mangel, Sehnsucht, Hilflosigkeit.
– Kennzeichnend ist, daß der allenthalben gewünschte und beschworene neue Mensch im Grunde *keine Innovation* des Menschen darstellt. Man spricht zwar viel vom Menschenbild und von der neuen Orientierung, doch geht es dabei nicht um ein Umdenken an der Basis, das jeder einzelne leisten müßte – so wie es ursprünglich im Christentum gefordert wurde. In der deutschen Pädagogik fehlte der Innovation jene Dialektik, die darin besteht, daß die Identifizierung mit einer neuen Gemeinschaft immer zugleich ein persönlicher Akt der Entscheidung ist. Übrig bleibt eine Zuordnung ohne Verantwortung.
– Die Grundfrage in der präfaschistischen Stimmungslage lautete: Wohin gehörst du – zu uns oder zu den anderen? Eine Jugendkultur konnte Befriedigung gewähren und das Gefühl von Identität vermitteln, enthielt aber für den einzelnen kein besonderes geistiges oder gesellschaftliches Risiko, denn dieses Angebot galt für *viele*. Solange aber der einzelne nur darauf bedacht sein muß, daß er sich der »richtigen« Gruppe einfügt, erwartet er das »Heil« von der gewählten Formation. Großgruppen, die problemlose Identifikation versprechen, antworten lediglich auf ein seelisches Massenbedürfnis und stellen auch ihre pädagogischen Angebote auf das ein, was die Mehrheit erwartet.

»Die Weltbühne« und »Die Erziehung« – ein Vergleich

Im folgenden Abschnitt wird der Versuch gemacht, zwei der bekanntesten Zeitschriften der 1920er Jahre nebeneinanderzustellen. Ein solcher Vergleich ist nur bedingt möglich, weil die beiden Blätter auf verschiedenen Ebenen operieren. Gemeinsam ist ihnen jedoch, daß sie sich mit aktuellen Erziehungsproblemen befassen. So wäre zu prüfen, von welchem Ansatz aus das jeweils geschieht. Fruchtbar werden könnte dieses Vorhaben vor allem unter der Fragestellung, wie jede der beiden Zeitschriften sich in der Behandlung pädagogischer Belange auf den heraufkommenden Nationalsozialismus einstellt.

»Die Weltbühne« ist eine »Wochenschrift für Politik Kunst

Wirtschaft«. Pädagogische Themen greift sie auf, soweit sie sich unter diese drei Stichworte subsumieren lassen, besonders also dann, wenn sie nicht lediglich von erziehungsimmanentem, sondern von öffentlichem Interesse sind. So nimmt sie Stellung zu folgenden Problemkomplexen: Schulreform; Erziehung von Proletarierkindern, besonders im Zusammenhang von Fürsorgeerziehung, Heimerziehung, Jugendkriminalität; revolutionäre Schülerzeitschriften; Sexualreform; Jugendbewegung und Jugenderziehung, auch im Vergleich mit der Sowjetunion und anderen Ländern; Persönlichkeiten aus Kulturpolitik und Bildungsreform im In- und Ausland; Naziterror an Universitäten; Verfolgung linksgerichteter Lehrer an Schulen; Pädagogik des Faschismus.

»Die Erziehung«, eine »Monatsschrift für den Zusammenhang von Kultur und Erziehung in Wissenschaft und Leben« behandelt als pädagogische Fachzeitschrift alle Themen aus dem Erziehungsfeld, wobei sie sich um eine zusammenfassende und richtungweisende Perspektive bemüht und regelmäßig auch über »Die pädagogische Bewegung« berichtet.

Zwei etwa gleichzeitig erschienene Aufsätze können exemplarisch den Unterschied in der gesamten Konzeption der beiden Zeitschriften deutlich machen. Wir wählen: E. Rosenstock: »Mannwerdung« (Die Erziehung, 1933) und F. Ausländer: »Hitler als Erzieher« (Die Weltbühne, 1932).

Rosenstock erklärt:

»Man vergaß, daß Normen nicht aus der Natur stammen, sondern die jeweiligen Wege des Gottesdienstes der Gesellschaft sind. Ein führender Erzieher aus dem Kreise um die ›Neue Erziehung‹ schrieb mir noch vor wenigen Wochen in einem kurzen Briefwechsel darüber ein interessantes Bekenntnis. Ich hatte ihm seine Not, so schwer in der gegenwärtigen Lage sich wirtschaftlich zu behaupten, damit begründet, daß er eben ganz und gar vom Anormalen und Psychopathen ausgehe. Die Gegenwart aber hungere nach straffer Ausrichtung auf eine Norm ... Aber der Gegensatz eignet sich nicht zur Diskussion abstrakter Art, sondern er ist ein Gegensatz des Kampffeldes und des Schauplatzes der politisch-pädagogischen Entscheidungen. Es ist zwangsläufig – heute im Jahr 1932 – für die meisten Politiker und Pädagogen, wo die Kugel rollt. Sie rollt im Roulette Mannwerdung und der Andragogik, der Auslese und der Normalerziehung, nicht bei der ›Sozialpädagogik‹ der ›Asozialen‹ ... Die erste Erläuterung der Zielsetzung ist damit gewonnen: Ein guter Durchschnitt ist das Ziel (Rekorde kommen also auch nicht in Frage, diese Schatten des Heldentums). Unsere Absicht darf sich nie auf das Außerordentliche richten, gerade wenn wir eingesehen haben, daß die Maße der Ordnung, ohne das Außerordentliche, das sie überspringt, etwas Totes bleiben. Aber schon der ordentlich eingerichtete Durchschnitt ist eine beträchtliche Leistung ... Von alledem sehen wir heute das schroffe Gegenteil. Der Angriff der neuesten Erziehung wird massiert und er wird politisch vorangetragen. Man will Schlüsselstellungen erobern ... Dieser konzentrische Angriff auf die Ordnung der Manneszucht ist doch wohl des Nachsinnens wert: Die Nachkriegsjugend will formell und formal Krieg führen seit drei Jahren. Sie führt nun diesen Krieg als Bürgerkrieg, weil ihr kein anderer Kriegsschauplatz zu Gebote steht. Und nun wird der innere Volksraum Kriegsschauplatz, und Kriegsbeute sind gerade die Erziehungsfragen ersten Ranges. Die pazifizierten Gelehrten, die friedlichen Pädagogen werden einfach beiseite gedrängt von diesen Erziehungsleutnants und Erziehungsfreiwilligen, Erziehungsstrategen und – vor allen Dingen – Erziehungstaktikern.«[23]

Dieser Text ist symptomatisch für das Denken der Reformpädagogik, wie es nicht nur in »Die Erziehung« zum Ausdruck kam, sondern allgemein die Einstellung des engagierten Bürgertums beherrschte. Zunächst orientiert sich der Autor daran, »wo die Kugel rollt«. Pädagogisches Engagement kann auf eine theoretisch fundierte Konzeption verzichten, denn es geht von »aktuellen Kampffeldern« aus. Dieser intellektuelle Opportunismus legitimiert sich durch die hinzunehmende »Zwangsläufigkeit« der gegenwärtigen Erziehungspolitik. Das Menschenbild fungiert als Ausdruck des Zeitgeistes. Politik wird demnach nicht eigentlich von Menschen gemacht, die ein Interesse durchsetzen wollen, sondern ist Ausdruck einer übergeordneten historischen Bewegung. Den heraufziehenden Totalitarismus lehnt Rosenstock zwar ab; aber nicht aus politischen Erwägungen – also etwa deswegen, weil er die schon sichtbar werdende Strömung als Bedrohung von Freiheit, Humanität und politischer Ordnung begreift; sondern vor allem mit »pädagogischen« Argumenten als Mißbrauch der »Manneszucht«. So ist der Tenor seiner Ausführungen mehr durch Enttäuschung und Abwehr gekennzeichnet als durch nüchterne politische Reflexion. Dies ist die Haltung vieler Reformpädagogen dem Nationalsozialismus gegenüber: Wenn schon nicht offene Zustimmung, die es auch gab, so doch kulturkritische Klage, halbherzige Kritik, Verengung des Blicks auf Erziehungsfragen.

Ausländer leitet seine Kritik an der nationalsozialistischen Pädagogik mit der Frage ein, was die Nazis auf dem Bildungssektor wollen. Er identifiziert »Rasse«, »Führertum«, »Züchtung des Herrenmenschen«, »Religion« als Elemente der faschistischen Erziehungskonzeption. Die »mystisch-religiöse Überhöhung« des neuen Systems und seines Führers sei indessen nur eine Phrase, die das geplante Bündnis Hitlers mit den Kirchen verschleiern solle:

»Indes keine Bange! Hitler braucht die Kirchen, wie sie heute sind und wie sie der Kapitalismus braucht. Die Extravaganzen eines Rosenberg dienen nur dem Zentrum heute dazu, sich als politische Vertretung der katholischen Kirche gegen die Koalition mit Hitler zu sperren. In Wahrheit ist hinsichtlich der Schule der Pakt, zum mindesten mit der evangelischen Kirche, bereits geschlossen: Hitler, der stets positiv christlich war, wie es ja auch im Parteiprogramm für die ganze Bewegung steht, läßt es bei der konfessionellen Spaltung bewenden. Auch ein Stück Verrat aus Opportunismus: Die nationalfaschistische Einheitsschule, von der ein Teil der faschistischen Lehrerschaft träumt, ist bereits geopfert. Die geistliche Schulaufsicht wirft bereits ihren Schatten deutlich über die Schule, wie namentlich der kommunistische Abgeordnete Wecker feststellte.«[24]

Im übrigen sei dieses gesamte Bildungsprogramm auf die »Schrumpfungsperiode der kapitalistischen Wirtschaft« zugeschnitten und diene dazu, das Proletariat aus dem höheren Schulwesen auszuschließen. Diese Interpretation ist erstaunlich. Einerseits analysiert Ausländer die faschistische Pädagogik klar und distanziert, indem er sie in den gesellschaftlichen Zusammenhang stellt und ihre Schlagworte als hohl entlarvt; andererseits verkennt er aber völlig den wirklichen Charakter des Nationalsozialismus, wenn er dessen Gefahr vor allem in der geistlichen Schulaufsicht und in der Stabilisierung des Kapitalismus erblickt. Hier verläßt den Autor die analytische Schärfe. Er verstaut neue Phänomene in altbekannte ideologische Schubladen, ohne den spezifischen Ansatz der faschistischen Bewegung zu erfassen.

Zusammenfassend läßt sich für den Vergleich der beiden Zeitschriften sagen:
– Eine kritische Pädagogik findet sich nur in »Die Weltbühne«, nicht in »Die Erziehung«. Diese behandelt pädagogische Fragen entweder rein fachimmanent oder in eine über-

greifende »Weltanschauung« eingebettet. Sie folgt dem geistesgeschichtlichen Paradigma, wonach sich einzelne Kulturgebiete außerhalb der politischen Geschichte aus sich selbst heraus weiterentwickeln. »Die Weltbühne« versucht zwar eine Einordnung von Erziehungsfragen in die politische Geschichte, löst sich aber doch meist nicht von Schablonen, die alles nur unter den Kategorien eines klassenkämpferischen Mechanismus sehen lassen und daher den herannahenden Nationalsozialismus verharmlosen.

– »Die Erziehung« nimmt zum Nationalsozialismus nicht direkt Stellung. Sie hat keine Distanz zu ihm, weil sie selber von einer breiten präfaschistischen Strömung getragen wird. So bringt sie eine Pädagogik zur Sprache, die bereits konstitutive Elemente des faschistischen Erziehungsdenkens enthält. Diese konnten dann von den neuen Machthabern übernommen und für ihre Zwecke verkürzt werden. »Die Weltbühne« befaßt sich immer wieder mit dem Nationalsozialismus, aber sie teilt alle politischen und kulturellen Erscheinungen holzschnittartig in »links« und »rechts«, »gut« und »böse«. Damit sitzt sie selber dem Zweiteilungsprinzip der Nazis auf und läßt sich den kritischen Blick trüben.

– Beide Zeitschriften verkennen die Besonderheit Hitlers. »Die Erziehung« sieht im Nationalsozialismus nur eine Fortsetzung der Pädagogik mit anderen Mitteln; sie hält ihn für eine Weiterführung ihres eigenen Strebens und für die Erfüllung ihrer Sehnsucht nach Gemeinschaft und Führertum. »Die Weltbühne« lehnt zwar den Nationalsozialismus kategorisch ab, aber sie schießt am Ziel vorbei, da sie Hitler nur als Exponenten der Kapitalisten um Hugenberg wahrnimmt. Von wenigen Ausnahmen abgesehen, leiden auch diese linken Autoren an einer Verengung der Perspektive.

– Die Autoren beider Zeitschriften sind von einem »Glauben« erfüllt. In »Die Erziehung« glaubt man an ein Menschenbild, dessen Verwirklichung man vom Faschismus erwartet. »Die Weltbühne« verfährt intellektuell und kritisch, aber auch sie stützt sich auf einen »Glauben«: Glaubt sie doch an Argumente, an Vernunft, an die Wirkung des aufklärenden Wortes; vor allem glaubt sie daran, daß die gesamte Öffentlichkeit schon bald sehen wird, wie lächerlich die Nazis sind.

– »Die Erziehung« sieht im Faschismus keine Gefahr – wird

sie doch herausgegeben und gestaltet von etablierten Pädagogen, die an politisches Denken nicht gewöhnt sind und sich im Besitz des Zeitgeistes wähnen. Warnende Stimmen konnten sich hier gar nicht artikulieren. In »Die Weltbühne« kommen Intellektuelle und Literaten zu Wort, die ärgerlich und staunend vor dem Phänomen des Faschismus stehen. Sie erkennen zwar, daß die Nazis, sobald sie an der Macht sind, die Diktatur aufrichten, die Freiheit eliminieren und den Geist des Militarismus durchsetzen werden, aber sie unterschätzen das zutiefst nihilistische Potential, das diese Bewegung im Volk entbinden sollte.

Obwohl also »Die Weltbühne« der »Erziehung« an Klarheit, Schärfe und intellektuellem Mut hoch überlegen war, haben beide Blätter den Faschismus nicht voll erfaßt. Sie markierten vielmehr zwei Positionen, die auch heute noch in der Pädagogik lebendig sind: auf der einen Seite die kritiklose Pflege eines selbstgenügsamen, jenseits der Politik gültigen Menschenbildes; auf der anderen Seite die Einordnung aller geschichtlichen und kulturellen Phänomene in vorgeprägte Erklärungsmuster.

Thesen zum aktuellen Bezug

1. Die »Dialektik der Aufklärung« führt zu neuer Verstocktheit.

Horkheimer/Adorno weisen darauf hin, daß auch progressive Ansätze oft steckenbleiben und zu einem neuen Dogmatismus führen. Die einmal geleistete Aufklärung wird als verfügbare Errungenschaft betrachtet und wirkt dann nicht minder repressiv als der alte Zustand, gegen den sie sich gewendet hatte. Eine erste Stufe der Aufklärung ist in diesem Fall zwar erreicht; aber Aufklärung wird nicht als Prozeß, nicht als kritische Grundhaltung verstanden. Man weiß die neue Bewußtseinsstufe nicht zu nutzen und schöpft das kritische Potential nicht aus, sondern verschließt sich aufs neue der kritischen Durchdringung. Ebenso ergeht es uns gegenwärtig mit den Erkenntnissen der Pädagogik. Im Versuch, den Faschismus zu bewältigen, hatten wir uns zunächst die Befunde und Instrumente der zeitgeschichtlichen Forschung wie auch der kritischen Sozialwissenschaften zunutze gemacht. Wir erkannten, daß die Erziehung im Dritten Reich Ausdruck eines totalitären Systems war, das jede individuelle Freiheit für überflüssig hielt und die Identifizierung aller mit dem »Ganzen« herstellte. Daraus haben wir den im Prinzip richtigen Schluß gezogen, Erziehung in der Demokratie müsse freiheitlich sein und emanzipatorische Tugenden fördern. Da wir aber den »Mißbrauch« dieser Freiheit durch das unvorhergesehene Gebaren der Jugend nicht ertragen können, geraten wir in eine neue Verstocktheit. Erziehung soll zwar *frei,* aber zugleich *richtig* sein. So rufen wir wieder nach Orientierung, begeben uns in neue Abhängigkeit, suchen wie früher Identität im Anschluß an den breiten Strom dessen, was normgemäß abläuft.

2. Systemkritik bleibt Sache von Außenseitern.
Immer wieder zeigt sich, daß nach dem Menschenbild der deutschen Pädagogik eine Kritik innerhalb des Systems am System selbst nicht mehr möglich ist, weil das eingeführte Denken in den Kategorien von Identifizierung und Totalität dies verbietet. Was soll Kritik, wenn man sich schließlich doch identifizieren muß? Mit der Möglichkeit, daß in einer pädagogischen Institution selbst kritische Elemente nicht nur zu dulden sind, sondern sogar eine wichtige innovative Funktion erfüllen, wird nirgends gerechnet. Sobald die anderen spüren, daß der Kritiker etwas Neues will, lehnen sie ihn als Person ab; und dies nicht, weil er einzelnes nicht gut findet, sondern weil er überhaupt eine Ebene der kritischen Argumentation für legitim hält und den vorgeschriebenen und eingespielten Konsens zu durchbrechen droht. Dieses Partei ergreifen ist als Haltung auch heute üblich. Jeder glaubt zusehen zu müssen, daß er auf der richtigen Seite steht. Radikalenerlasse und Berufsverbote sorgen dafür, daß eine frühzeitige und klar erkennbare Identifizierung stattfindet: Nur nicht zum kritischen Außenseiter werden, der auffällt, dessen Bereitschaft zur Einordnung man in Frage stellen könnte! Das bestimmt dann das Karrierestreben und die allgemein erwartete Haltung: kämpferisch auftreten, solange man zu den Starken gehört; sich zurückhalten, wo man schwächer ist; sich von Außenseitern absetzen; keine Betroffenheit über die Anwendung von Gewalt verspüren, wenn sie nur die »Richtigen« trifft.

3. Auch heute besteht zwischen ideeller und gesellschaftlicher Verantwortung eine Diskrepanz.
Eine gewisse Ähnlichkeit der gegenwärtigen mit der Lage vor einem halben Jahrhundert besteht in dem Mißverhältnis zwischen der ganzheitlichen pädagogischen Verantwortung »für den jungen Menschen« und der wirklich bestehenden gesellschaftlichen Chance, eine noch so kleine Verantwortung ernstlich zu übernehmen. Auch heute beschwören wir gern eine globale erzieherische Zuständigkeit auf der Ebene des Menschenbildes. Dies führt aber dazu, daß der Pädagoge in den idealen Raum abgedrängt und von konkreten Entscheidungen ferngehalten wird. In der Pädagogik wiederholt sich immer wieder die Geschichte des Bürgertums in der neueren Zeit: die nach dem Ausscheiden aus dem öffentlichen Leben vorgenommene Hinwendung zur Innerlichkeit, wo ein imaginärer »totaler« Raum durchmessen werden konnte. De facto ist in der deutschen Pädagogik bis heute eine reale gesellschaftliche Verantwortung nicht vorgesehen, es sei denn, man verstehe darunter die Nötigung zum Einhalten von Vorschriften. Der Pädagoge kann aber in seinem Beruf nur Identität finden, wenn er Entscheidungen trifft: sowohl inhaltlich, etwa als Lehrer in der Wahl der Stoffe und Gesprächsthemen, als auch institutionell durch die Zuständigkeit für regelnde Maßnahmen. Wird ihm beides verwehrt, so bleibt »Erziehung« eine unbedeutende Randerscheinung.

4. Offizielle Instanzen können die Jugend nicht mehr »erreichen«.
Das in der präfaschistischen Epoche übliche Bestreben, die Jugend zu »erreichen« und nicht der Konkurrenz zu überlassen, ist auch heute hochaktuell. Parteien, Gewerkschaften, Verbände, Erwachsene aller Art geben sich Mühe, die Jugend zu verstehen und zur Rückkehr in das normale gesellschaftliche Leben zu bewegen. Selbst Fachleute gehen vielfach davon aus, normalerweise müßten die Erwachsenen den Weg und die Entwicklung der Jugend überblicken und einordnen können. Gelingt das nicht, so herrscht Ratlosigkeit. Die Identität des Pädagogen ist äußerst verletzlich: Wo er keinen »Erfolg« mehr sieht, macht er sich entweder selbst Vorwürfe oder klagt die erziehungsfeindliche Gesellschaft an. Als Beispiel sei auf H. Gieseckes Aufsatz »Wir wollen alles, und zwar subito!«[25]

hingewiesen. Giesecke analysiert zunächst zutreffend, daß die Jugend in jeder historischen Epoche eine bestimmte Funktion zu erfüllen hatte, und kommt zu dem Befund, dies sei heute nicht mehr möglich. Doch anstatt jetzt konsequent weiter zu argumentieren, daß gegenwärtig also das Verhältnis von Erwachsenen und Jugendlichen neu interpretiert werden müßte, verfällt er in Resignation. Er sieht den »Mißstand« nicht als Symptom der gesellschaftlichen Gesamtlage, sondern schiebt den Schwarzen Peter mürrisch der Jugend zu.

5. Identität wird über die »Szene« bezogen.

Die Prinzipien der Zuordnung und Formierung sind auch heute hochbedeutsam. Besonders jüngere Menschen wollen kenntlich machen, wohin sie gehören. In der amorphen Industriegesellschaft drückt sich das Verlangen nach Identität als Zugehörigkeit zu einer *Szene* aus. Es muß also nicht unbedingt eine politische oder weltanschauliche Option im Spiel sein, obwohl gerade auch hier die ökologischen und Friedensbewegungen als Alternativen zu den etablierten Parteien wichtig geworden sind. Vor allem geht es um einen anderen Lebensstil mit sichtbaren Merkmalen. So kommt es zu einer Segmentierung der Gesellschaft, wobei sich ingroups und outgroups gegenseitig abgrenzen. Der Generationsunterschied fungiert nur als ein Kriterium unter mehreren möglichen. Jedenfalls ist man schnell bereit, den Mitmenschen einer Gruppe zuzuschlagen und damit das eigene Verhalten ihm gegenüber zu strukturieren. Das ist seit den »harmonischen« 1950er Jahren auch für die Pädagogik besonders aktuell geworden. Mit der peer-group-Forschung wurde sie darauf aufmerksam, daß junge Menschen sich mehr horizontal nach ihren Altersgenossen orientieren, weniger vertikal nach ihrer familialen Herkunft. Seitdem tut der Pädagoge gut daran, die Szene zu kennen, die Mentalität von Gruppen zu erfassen, das Streben nach Identität als Motiv realistisch einzuschätzen.

6. Die »Erfolglosigkeit« von Erziehung verführt zu fragwürdigen Folgerungen.

Ein zweckgerichteter Erziehungsbegriff erweist sich in der heutigen Situation als überholt. Wo an ihm festgehalten wird, dort ist Frustration fast unvermeidlich. So erklärt W. Brezinka[26] Erziehung für »nutzlos«, wenn sie ihr Ziel, den jungen Menschen in der vorgesehenen Weise zu disponieren, nicht erreichen kann. Darin offenbart sich eine aktuelle Form totalitären Denkens: Entweder Erziehung leistet genau das, was die Gesellschaft ihr vorschreibt; oder sie ist unbrauchbar und gehört in die Rumpelkammer. Diese Folgerung ist problematisch, weil sie das herkömmliche Denkschema beibehält. Der adäquate Schluß müßte lauten: Je deutlicher wir sehen, daß Erziehung ihre Zwecke nicht erfüllt, desto mehr erweist sich die Prämisse, Erziehung sei ein zweckgerichteter Vorgang, selbst als überprüfungsbedürftig. Nicht die Erziehung ist zu verwerfen, sondern unsere totalitäre Erwartung an sie. Andernfalls müßte unsere Alternative lauten: Wenn wir unsere Zwecke nicht mehr durch Erziehung erreichen können, dann müssen wir eben zu anderen Mitteln greifen. Wir halten in diesem Fall Erziehung lediglich für den falschen Weg, erkennen sie aber nicht als Reizwort für eine falsche Grundkonzeption von den menschlichen Beziehungen.

7. Lebenssinn wird heute wie früher als Zuteilung erwartet.

Ein entscheidender Wandel scheint auf dem Gebiet der Identität mit Staat, Volk, Vaterland eingetreten zu sein. Zwar konnte Präsident Reagan noch 1980 sagen: Die 50000 jungen Amerikaner in Vietnam könnten doch nicht umsonst gefallen sein; auch er meinte also noch, Opfer müßten sich irgendwie »rentieren«. Demgegenüber läuft die herrschende Auffassung, quer durch die Generationen, heute eher umgekehrt darauf hinaus, daß man überhaupt keine Opfer bringen solle, weil man dadurch objektiv ausgenutzt und subjektiv frustriert werde. Aber daß die beiden konträren Versionen nebeneinander bestehen können, weckt den Verdacht, daß sie nur zwei Seiten derselben Medaille sind; denn in beiden Fällen sucht der einzelne seine Identität nicht bei sich selbst, sondern will sie von einer übergeordneten Instanz beziehen. Glaubte man seinerzeit, das Opfer müsse wegen seines moralischen Aufwandes belohnt werden, so hat sich diese Erwartung auch in der Ablehnung jeden Opfers kaum verändert. Hier wie dort lautet die Frage: Was habe ich zu bekommen, was steht mir zu? Der moderne Mensch in der breiten Unterströmung, die auch den Faschismus mit getragen hat, ist Kind seiner Zeit. Er gestaltet sein Leben nicht selbständig, existiert sekundär, bleibt von anderen abhängig, läßt sich sagen, was ihm zusteht, ordnet sich einem »Ganzen« unter, auch wenn er diesem scheinbar selbstbewußt mit Ansprüchen gegenübertritt.

Moral und Norm

Ist Pädagogik für Normen und Werte zuständig?

Seit es schriftliche Aussagen über die Aufgaben der Erziehung gibt, wurde diese Frage in der Regel mit »Ja« beantwortet. In den herkömmlichen Gesellschaftsformen bestanden nur offizielle Normen und Werte, die von den Erwachsenen, von den Gebildeten, von den Mächtigen formuliert und vertreten wurden. Da diese Gruppen auch das Erziehungswesen kontrollierten, wirkte ein einheitliches, zusammenhängendes System. Wer genug Macht hatte, konnte die offiziellen Normen und Werte selber durchsetzen, so daß eine alternative Willensbildung oder Denkrichtung gar nicht aufkam. Die Frage nach den Normen und Werten glich der Frage, wer in der Lage war, solche Prinzipien zu formulieren und ihnen Geltung zu verschaffen.

Erst in der neueren Zeit wurde die Zuständigkeit für Normen und Werte zum Problem. Hierzu bedurfte es eines Wandels, als dessen Folge das Bewußtsein solcher Grundsätze nicht mehr mit der Fähigkeit, sie auch durchzusetzen, identisch war. Als Übergangszeit kann die Epoche der Reformpädagogik genannt werden, in der E. Spranger und andere sich darum bemühten, die Erziehung als Vermittlung von Werten darzustellen. Sie glaubten, das früher naiv praktizierte Verfahren jetzt auf wissenschaftlicher Grundlage durch die etablierte Pädagogik vollstrecken zu können.

Immerhin war damit eine höhere Reflexionsstufe erreicht. Dadurch, daß die Normen und Werte jetzt eigens angesprochen wurden, traten sie als abstrakte Größen aus dem fraglos hingenommenen Zusammenhang der früheren Pädagogik heraus. Erst auf dieser Stufe konnte die Frage gestellt werden, welche Normen und Werte gültig sein sollten. Zu dieser kritischen Betrachtung kam es allerdings auch in der Reformpädagogik noch nicht, denn diese ging mit ihrem Autonomie-

Anspruch von einer geschlossenen, im Prinzip heilen Welt aus, die in der politischen und sozialen Wirklichkeit gar nicht bestand.

Im Dritten Reich war die Zuständigkeit kein Problem. Ziele und Maßstäbe des politischen Systems konnten von der Führung proklamiert und auch in den offiziellen Institutionen durchgesetzt werden. So entstand das Bild einer einheitlichen Erziehung und eines von der ganzen Gemeinschaft getragenen Werte-Kanons. Auch hier wäre die Frage, ob die Pädagogik für die Geltung von Normen und Werten zuständig sei, ohne Zögern bejaht worden.

Daß heute das Problem der Zuständigkeit so dringlich ist, beruht auf dem verbreiteten Gefühl, die Gesellschaft sei durch Mangel an Konsens und durch den sich immer weiter auffächernden Pluralismus in ihrem Bestand bedroht. Zwar wünscht man keine einheitliche Ideologie, wie sie in Diktaturen üblich ist, sondern weiß die Vorzüge der individuellen Orientierung durchaus zu schätzen. Dennoch möchte man die Jugend in eine straffe Ordnung hinein sozialisieren und sehnt sich nach klaren, übersichtlichen Verhältnissen zurück. Damit entsteht für die Konzeption der Erziehung in einer offenen Gesellschaft ein *vierfaches* Problem.

Erstens erweist sich die oft zu hörende Klage, die gegenwärtigen Mißstände seien auf ein Versagen der Pädagogik zurückzuführen, als verfehlt. Wenn es angesichts von Jugendkriminalität, sexueller Ausschweifung oder Drogenmißbrauch heißt, hier habe offenbar die Pädagogik nicht rechtzeitig und energisch genug eingegriffen, dann ist damit gemeint: Sie sei zuständig dafür, Normen und Werte nicht nur aufzustellen, sondern auch ihre Einhaltung zu garantieren. Nun kann man aber von Versagen nur sprechen, wenn es sich um eine klar definierte, erfüllbare Aufgabe handelt. Diese Voraussetzung war in der ständischen Gesellschaft des 18. und 19. Jahrhunderts noch gegeben. Heute ist es dagegen sinnlos, vom Versagen der Pädagogik zu sprechen, da sowohl der Konsens als auch die auf ihm beruhende Spezialaufgabe der Erziehung verschwunden sind.

Zweitens ist die Weitläufigkeit des Erziehungsfeldes dadurch gekennzeichnet, daß Normen und Werte auf verschiedenen Ebenen auftreten. Zur höchsten und allgemeinsten Ebene gehören die seit der Aufklärungszeit verbreiteten allgemeinen Menschenrechte. Für sie ist offiziell auch die Pädagogik zuständig, denn ihr kann zur Auflage gemacht werden, sie in Unterricht und Erziehung, in Familie und Schule zu vertreten. Auf einer mittleren Ebene liegen die offiziellen Erziehungsziele, die überall genannt und in die Programme und Verordnungen des Bildungswesens aufgenommen wurden. Hier können Mündigkeit und Charakterstärke ebenso als Werte erscheinen wie Heimat- oder Tierliebe. Schließlich herrschen auf der unteren Ebene der alltäglichen Wirklichkeit die inoffiziellen, aber gültigen Normen und Werte, nach denen wir uns praktisch zu richten pflegen. Zu ihnen gehören alle Eigenschaften, die in der Industriegesellschaft Erfolg versprechen.

Drittens existieren in der Gesellschaft nicht nur verschiedene Ebenen der Orientierung, sondern auch mehrere Gruppen mit unterschiedlichen Wertvorstellungen. Zwar wird noch immer der Anschein von Einheitlichkeit aufrechterhalten, indem Abweichende, Verhaltensgestörte, Schul- und Berufsversager an den Rand gedrängt und de facto als wertlos eingestuft werden. Dieser Versuch, schlechthin gültige Normen und Werte gewaltsam aufrechtzuerhalten, kann aber immer weniger gelingen, weil immer mehr junge Leute aus der Gesellschaft aussteigen und ein alternatives Leben führen wollen. Nach allgemeinem Urteil weichen solche Gruppen von den sonst gültigen Normen und Werten ab. Nach ihrem eigenen Urteil ist es gerade umgekehrt, denn sie sagen: Wir vertreten ja die allgemein menschlichen Normen und Werte, von denen der größte Teil der Gesellschaft nur redet; nur wir sagen dem Menschen, was lebenswertes Leben ist; die Gesellschaft ist es, die aus der möglichen Solidargemeinschaft des Kampfes für ein menschenwürdiges Leben ausbricht.

Daraus ergibt sich *viertens,* daß eine Zuständigkeit der Pädagogik eine fragwürdige und nicht leicht zu klärende Angelegenheit ist. In bestimmtem Sinne läßt sich allerdings diese Zuständigkeit nicht abweisen: Wenn man nämlich davon ausgeht, daß alles, was gelten soll, gelernt, beigebracht und organisiert werden muß, weil die Gesellschaft nicht mehr naturwüchsig lebt. Ist eine solche Ebene der Differenzierung, Abstraktion und Distanz einmal erreicht, dann muß sich die Pädagogik in einem bewußten Zugriff der Normen und Werte annehmen. So ist es ihre Sache, daß in den Schulen, etwa bei der Behandlung des Nationalsozialismus, Probleme der Normen und Werte, der Menschenrechte, der Freiheit, des Rassismus, der Gewalt zur Sprache kommen. Sie hat eine kritische Kontrollaufgabe, da sie immer wieder darauf hinweisen muß, wenn irgendwo Menschen in ihrer Würde verletzt und grausam behandelt werden.

Dies alles ist jedoch nur möglich, wenn die Pädagogik nicht allein steht und ihrer Mitverantwortung nicht im Sinne einer Spezialaufgabe nachkommen soll. Normen und Werte sind keine Parzelle in einer Gesellschaft, die im übrigen ganz anders orientiert sein darf; sie gelten vielmehr entweder für jedermann, oder sie gelten überhaupt nicht. Man kann sich nicht davonstehlen und die Zuständigkeit den Pädagogen überlassen. Wo man das versucht, wie es im Verlauf unseres Jahrhunderts immer wieder geschah, dort gerät die Argumentation in Sackgassen.

Die *erste* Sackgasse kommt durch Fehleinschätzung zustande. Der Pädagoge ist kein Fußballtrainer, dem man die Schuld zuschieben kann, wenn seine Mannschaft schlecht abschneidet; denn seit wir nicht mehr in einer gegliederten Gesellschaft leben, ist die Aufgabe des Pädagogen nicht genau abgegrenzt. Gleichwohl schreibt man ihm Versagen zu, wenn die Normen und Werte nicht mehr eingehalten werden. Dieses Abwälzen der Last auf den Pädagogen zeigt, daß die Öffentlichkeit sich mit der Sache selbst gar nicht auseinandersetzen will und kann. Damit ergibt sich folgende Alternative: Entweder leben alle in einer offenen Gesellschaft, dann kann man die Defizite in der Erziehung nicht einer einzelnen Berufsgruppe ankreiden; oder man gibt den Pädagogen ernstlich die Verantwortung, dann muß man die Gesellschaft schließen. So ist eine paradoxe Lage entstanden: Gerade, indem man erklärt, die Erziehung habe versagt, und also nach mehr Erziehung ruft, zeigt man ungewollt, daß man im Grunde eine Gesellschaft ohne Erziehung will, denn man befördert das gesamte Erziehungsfeld in eine andere Gesellschaft. Wenn das nicht gemeint ist, dann kann nur gemeint sein, daß man umgekehrt mit der Erziehung wieder in die alte geschlossene Gesellschaft zurückstrebt, wo man dann aber auch auf alle Freiheiten verzichten müßte, an die man sich heute gewöhnt hat. Wer also erklärt, die Erziehung habe versagt, der meint entweder: Ich will Freiheit ohne Erziehung – das heißt eine freie Gesellschaft, aus der die Erziehung in eine geschlossene Gesellschaft hinein abgeschoben ist; oder ich will eine Erziehung ohne Freiheit – nämlich eine geschlossene Gesellschaft für alle und damit den Rückschritt in vergangene Verhältnisse.

Die *zweite* Sackgasse drückt sich in der heiklen Alternative aus: entweder Normen und Werte als freie Qualität ohne besondere Zuständigkeit – oder Zuständigkeit ohne Qualität. Von allgemeiner Zuständigkeit für Normen und Werte kann man heute kaum sprechen. Wohl aber könnte man sagen: Der einzelne Pädagoge muß erkennen lassen, welche Normen und Werte er selber für wichtig hält. Diese gehören dann zu seiner Person und werden von ihm in der erzieherischen Praxis vertreten. Andere werden sie vielleicht nicht übernehmen, wissen aber wenigstens, woran sie mit ihm sind. Haben Normen und Werte eine moralische Qualität, dann sind sie frei, also gerade nicht organisierbar, denn sonst wären sie untergeordnet, zweitrangig, bürokratisch verwaltet. Für Qualitäten kann hingegen niemand direkt zuständig sein. Daraus ergibt sich: Entweder handelt es sich um Freiheit und Qualität, dann sind weder einzelne Personen noch bestimmte Gruppen zuständig, sondern dann ist das eine in Freiheit wahrzunehmende Aufgabe der Gesellschaft; oder es besteht eine regelhafte Zuständigkeit, dann geht es aber nicht um Normen und Werte, sondern um bloße Ordnungsprinzipien.

Die *dritte* Sackgasse betrifft das Problem der Geltung von Normen und Werten. Ein Wert ist nur, was auch als Wert gilt. Wie wirkt sich aber diese Geltung praktisch in der Institution aus? Sicherlich kann man durch Beschlußfassung bestimmte Regeln aufstellen, die dann in der Institution gelten – doch sind solche Regeln schon Normen und Werte? Oder müssen nicht Normen und Werte schon vorher da sein, damit solche Beschlüsse überhaupt gefaßt werden können? Geltung heißt, daß alle eine Regel als Norm anerkennen, sich an sie halten und damit einverstanden sind, wenn Übertretungen bestraft werden. In diesem Fall ist die Pädagogik in einer Institution für die Geltung zuständig. Jede eingehaltene Regel beruht jedoch auf einem tiefer liegenden Konsens. Worauf es in der erfahrbaren Wirklichkeit ankommt, ist die gemeinsame Lebensform, die jedem einzelnen selbstverständlich als wertvoll gilt und seinem Willensakt schon vorausliegt. Wiederum offenbart sich ein Dilemma: Entweder ergreift die Pädagogik die ihr zugedachte Aufgabe und versucht allen Ernstes, bestimmte Normen und Werte zur Geltung zu bringen, dann muß sie überall dort scheitern, wo die Voraussetzungen dafür nicht bestehen; oder Normen und Werte gelten tatsächlich, dann aber nicht durch Pädagogik, sondern auf der Basis einer ursprünglichen Gemeinsamkeit.

In die *vierte* Sackgasse gerät man dort, wo man undifferenziert von *der* Pädagogik spricht – so als gäbe es nur eine einzige. In Wirklichkeit bestehen aber mehrere Pädagogiken, nämlich viele Arten und Weisen, wie die Erziehungsfaktoren zusammengebracht werden, was man auf dem Erziehungsfeld für wichtig hält, unter welcher Perspektive man es betrachtet. Hier liegt ein neues Dilemma. In der Pädagogik gibt es unterschiedliche wissenschaftliche Ansätze und eine Fülle an Formen des Denkens und Verfahrens. Wenn man von ihr so spricht, als sei sie ein wissenschaftlich abgesichertes Sondergebiet, auf dem Profis arbeiten, dann kann die Haltung des Laien nur durch Distanzierung, durch ehrfürchtiges Staunen, vielleicht durch Unterwerfung gekennzeichnet sein. Diese Haltung führt zu einem Klima der Unfreiheit; denn das Denken unter der Kategorie der Einheitlichkeit geht von der Vorstellung aus, es gäbe bereits klare Normen und Werte, nur seien sie momentan aus irgendwelchen Gründen nicht in Geltung. Daher läßt sich die vierte Sackgasse wie folgt markieren: Entweder gibt es Normen und Werte im Rahmen der Pädagogik, dann sind sie so abstrakt, daß sie nicht gelten können; oder sie sind konkret, dann gehen sie nicht von der Pädagogik aus, sondern fließen erst nachträglich in die verschiedenen Pädagogiken ein. Eine kritische Aufhellung dieses in der neueren Zeit immer wieder aktuellen Fragenkomplexes ist in der präfaschistischen Epoche so wenig gelungen wie heute.

Das »moralische Äquivalent des Krieges«

Im Zusammenhang mit der Frage, ob die Pädagogik für Normen und Werte zuständig sei, kann ein Kernsatz der pragmatistischen Philosophie von W. James zitiert werden: »›Das Wahre‹ ist, um es kurz zu sagen, nichts anderes als das, was uns auf dem Wege des Denkens vorwärtsbringt, sowie ›das

Richtige‹ das ist, was uns in unserem Benehmen vorwärtsbringt.«[1] Diese Aussage beruht auf einem Menschenbild, demzufolge sich der Mensch in der empirischen Wirklichkeit vorwärts entwickelt. Die Grenze der gesellschaftlichen Orientierung ist auch die Grenze der Wahrheit und der Moral, denn es gibt keine ideale Wertwelt oberhalb der Gesellschaft. In der Konsequenz dieses Denkens schrieb James 1910 den Essay »The moral Equivalent of War«, dessen wesentliche Gedanken K. Schwarz zusammenfaßt:

»Auf dieser Grundlage entwickelte James seine eigenen praktischen Vorschläge. Danach müßte es möglich sein, durch die Entdeckung von ›better substitutes‹ für den Krieg den Kampftrieb im Menschen in positive Bahnen umzulenken und dadurch die notwendige Entladung vorhandener Impulse auf ehrenvolle Weise zu ermöglichen. Erst wenn ein solcher Gegenwert des Krieges, ein ›moral equivalent of war‹, gefunden ist, werden die Pazifisten die Militaristen von der Entbehrlichkeit der Kriege überzeugen können ... Als mögliche Einsatzbereiche betrachtet James die Arbeit in Kohle- und Erzbergwerken, in Gießereien und Hochöfen, beim Teller- oder Fensterwaschen, beim Straßen- und Tunnelbau, auf Frachtschiffen oder bei Ozeanfischern. James sieht in einem solchen Einsatz der Jungen als ›utopia‹ die Möglichkeit für einen Dauerzustand des Friedens voraus. In ihm würde unter Bewahrung der männlichen Tugenden an die Stelle der ›old morals of military honor‹ ein festes System von ›morals of civic honor‹ treten. Dann wird das Individuum in entrüsteter Scham erröten, wenn es sich in eine Gemeinschaft gestellt findet, die diese alte Moral aufrechterhält.«[2]

Diese Konzeption interessiert uns vor allem deswegen, weil sie in K. Hahns »Charaktererziehung« einging. Damit wurde sie zum konstitutiven Element einer wichtigen Strömung der deutschen Reformpädagogik, ließ einen Zusammenhang des pragmatistischen mit dem präfaschistischen Denken erkennen und kam gewissen Erwartungen entgegen, die bis heute lebendig geblieben sind. Unsere Frage lautet nicht, ob wir diese ganze Richtung inhaltlich für pädagogisch sinnvoll halten; wir bemühen uns vielmehr um eine kritische Analyse des ihr zugrunde liegenden Menschenbildes.

– Diese Pädagogik geht aus von einem zeitlosen Menschenbild, das im Prinzip immer gilt, allerdings nur in manchen Epochen voll zum Vorschein kommt, in anderen verschüttet bleibt. Sie vertraut darauf, daß eine moralische Rekonstruktion des ursprünglich intakten Menschen auch die Gesellschaft moralisch rekonstruieren wird. Für diesen Vorgang der Bestätigung, Freisetzung und Identitätsfindung ist der Pädagoge verantwortlich. Er besitzt eine Art Schlüsselgewalt, die ihm kraft seines Amtes zukommt, also nicht aus seiner eigenen Reflexion über die Herkunft der gesellschaftlichen Bedingungen von Normen und Werten gewonnen wurde. Pädagogik als kritische Wissenschaft ist für ihn entbehrlich.

– Ausgangspunkt ist offenbar die Erkenntnis der dem Menschen innewohnenden »Triebe« als vermeintlicher Naturgewalten, denen durch zielgerichteten Eingriff gesteuert werden kann. Pädagogik erscheint somit als die Kunst, Naturvorgänge zu erfassen und sie – wie in Landwirtschaft und Technik – praktisch zum Wohle des Educandus zu nutzen. Hat der Erzieher die Zusammenhänge einmal aufgespürt, dann braucht er sich ihrer nur noch zu bedienen. Indem er sich auf solche Gesetzmäßigkeiten verläßt, gibt er sein naturalistisches Menschenbild zu erkennen.

– Die Ausnutzung der Naturkräfte geschieht jedoch mit der kulturkritischen Zielsetzung, wahrgenommene Verfallserscheinungen zu beheben. Auch der Kulturbegriff selbst ist insofern naturalistisch. Die Pädagogik kann einen moralischen Standard, von dem die Gesellschaft einmal durch eigenes Verschulden abgewichen ist, neu zur Geltung bringen. Alle Erkenntnis des Erziehungsfeldes gilt dem Nachempfinden naturhafter und moralischer Gesetzmäßigkeit wie dem Arrangement von Veranstaltungen, um den Menschen und die Kultur wieder in ihren wahren Aggregatzustand zurückzuversetzen. Einer Untersuchung darüber, wodurch Verhaltensnormen hervorgebracht werden und welchen Platz die Moral in einer Gesellschaft überhaupt einnimmt, scheint es gar nicht zu bedürfen.

– Es geht mithin nicht um kritische Erziehungswissenschaft, sondern lediglich um geistige Fundierung des praktischen Tuns. Der Bezug von Denken und Handeln ist nach diesem Menschenbild nicht so verstanden, daß das Denken das Handeln begründet, begleitet und korrigiert; sondern Denken fungiert umgekehrt nur als Werkzeug, als Organ, als Hilfsmittel des Handelns. Hat es seine Aufgabe erfüllt, so wird es nicht mehr benötigt. Die diesem Verfahrensmodus immer schon vorausgesetzten maßgebenden Urteile über Mensch und Gesellschaft sind entweder spontan empfunden oder vielleicht auch unkritisch von anderen übernommen, jedenfalls nicht durch pädagogisches Denken erworben.

– In dieser Konzeption ist Pädagogik immer auf der Gewinnerseite. Sie kann nach ihrem Selbstverständnis eigentlich nur »Positives« bewirken, weil ihr diese Fähigkeit von Hause aus innewohnt. Sicherlich mag es vorkommen, daß sie ihre Ziele im einzelnen nicht erreicht; aber ihr Anspruch bleibt unangefochten. Immer ist der Pädagoge zur Stelle, um das Kind auf den rechten Weg zu führen, die Gesellschaft in Ordnung zu bringen, die Verantwortung für die Auslösung und Durchführung der einschlägigen Prozesse zu übernehmen. In der Überzeugung, er sei hierzu befähigt und legitimiert, glaubt er die Prämissen dieses Verfahrens nicht mehr prüfen zu müssen. Daß aus dem erzieherischen Zugriff selbst ein Schaden für das Kind entstehen könnte, bleibt außer Betracht.

– Schließlich steckt darin auch eine inhaltliche Aussage über den Krieg. Der Krieg wird zu einer quasi-pädagogischen Veranstaltung entschärft. Eine Pädagogik, die den Krieg auf diese Weise für sich beansprucht, trägt dazu bei, dessen Schrecken zu verwischen und die Frage nach Schuld und Ursache wegzuschieben. Der Krieg erscheint als Naturereignis, das die Menschen ohne eigenes Zutun überkommt. Diese können sich aber, wenn sie aufmerksam sind, den Krieg moralisch zunutze machen. Der Verdacht liegt nahe, daß es sich um eine pädagogisch umgedeutete und sublimierte Variante des Heroischen Nihilismus handelt. Zwar wurde dort der Krieg unmittelbar als moralische und erzieherische Veranstaltung gedeutet, während hier nur das »Äquivalent« des Krieges gesucht wird; aber in beiden Fällen werden die Anforderungen des Kampfes vom Kampfziel gelöst und im Sinne eines Menschenbildes pädagogisiert.

– Zur Frage, was eigentlich das Wahre und Richtige ist, wird nicht Stellung genommen. Wahrheit ist wohl das, was allgemein dafür gehalten wird. So setzt der pragmatistische Pädagoge einen Konsens darüber, in welcher Richtung das »Vorwärtsbringen« verläuft, immer schon voraus. Mit Recht hat B. Russell auf die Schwäche dieses Ansatzes hingewiesen: »Man muß daran festhalten, daß die eigene Einschätzung der ethischen und faktischen Auswirkungen eines Glaubens wahr ist, denn wäre sie falsch, dann wäre auch das Argument für die Wahrheit dieses Glaubens irrig. Aber die Behauptung, der eigene Glaube an die Konsequenzen sei wahr, bedeutet nach James, er habe gute Folgen, und das wiederum ist nur wahr, wenn er gute Folgen hat und so fort ad infinitum. So geht das offensichtlich nicht.«[3] Russell erkennt, daß in einer anders strukturierten Gesellschaft dieser gesamte Kreislauf zusammenbrechen müßte.

– »So geht es offensichtlich nicht.« Und weil es nicht so geht, dürfen wir auch pädagogisch heute nicht so argumentieren. Was uns bleibt, ist die Aufgabe, nicht nur wie bisher nach »besseren« Institutionen Ausschau zu halten, sondern auch den Zusammenhang von Moral und Erziehung selbst neu zu begründen. Wenn sich Moral nicht mehr an den dafür vorgesehenen Plätzen auffinden läßt, dann bleibt uns nur der Rückgriff auf die eigene Entscheidung. Wir können nicht wissen, ob wir »richtig« entscheiden; denn das Kriterium von Entscheidung ist nicht Richtigkeit, sondern Freiheit. Wir müssen unsere Entscheidung nach dem jeweils erreichten Kenntnisstand treffen, die Verantwortung für sie allerdings voll übernehmen. Pädagogik operiert vielfach noch nach dem Denkmodell des moralischen Äquivalents des Krieges. Wo sie so verfährt, bleibt sie indessen unfrei, weil sie den entscheidenden Schritt zur Emanzipation noch nicht vollzogen hat.

Sinngebung des Opfers

Zentrale Bedeutung gewinnt in der präfaschistischen Pädagogik der Begriff des »Opfers«. Jedes Opfer soll seinen Sinn gehabt haben, seine Investition darf nicht vergeblich gewesen sein. Man investiert quasi mit Tugenden in einen ideellen Fonds, aus dem der Ertrag in Form des (militärischen) Sieges herauskommen muß. Dies ist jedoch bereits eine Fehlform des Opfergedankens. Denn in dem Moment, in dem das »Opfer« zwangsweise oder freiwillig erbracht wurde (Beispiel: Langemarck), empfand das niemand als ungerecht. Wer Opfer nur als renditenträchtige Anlage begreift, ist ein Spießer. Das wirklich freiwillige Opfer wird durch den Glauben bestimmt: Der Opfernde gibt etwas in gutem Glauben für eine Idee oder Sache hin. Der Sinn liegt in diesem Fall im Opfer selbst, so daß es auf eine materialisierte Erfüllung nicht ankommt.

Im Opfer bilden Leistung und Sinngebung eine Einheit.

Wenn jemand nach dem Kriege sagt, das Opfer sei offensichtlich umsonst gewesen, weil der Krieg verloren wurde, dann meint er: Die Einheit von Leistung und Sinngebung ist zerbrochen, das ideale Gleichgewicht ist zerstört, der seelische Haushalt ist durcheinander. Daraus folgt die Suche nach neuem Sinn, um das Ganze wiederherzustellen. Die Kriegseuphorie von 1914 war die Begeisterung über den vorweggenommenen Sieg, auf den man moralisch Anspruch erhob. In der Niederlage fragte man dann verdutzt: Wie war das möglich, da wir uns doch so tapfer geschlagen haben? Man erfährt vermeintliche Ungerechtigkeit: Wir sind gut, aber es geht uns schlecht! Diese Schlechtigkeit wird nicht als Folge von Handlungen gesehen, für die man selber mit verantwortlich ist, sondern als Betrug. Man findet die eigene Identität nur im Erfolg, kann sich selber nur über den Sieg definieren.

In ironischer Weise bemerkt dazu »Die Weltbühne«: »Die Vaterlandspartei hat sich aufgelöst, nicht ohne noch einmal von ihrem Siegeswillen zu sprechen. Wenn sie dann fortfährt: ›Jetzt hat dieser Siegeswille nicht uns Deutsche, sondern unsere Feinde zum Sieg geführt‹ – so hat sie ganz einfach recht: in der Tat hat der Siegeswille der Vaterlandspartei einen erheblichen Anteil am Sieg der Entente.«[4]

Bei der üblichen Interpretation des Opfers operiert man wieder mit einem Trick. Der um den Lohn für sein Opfer Geprellte reklamiert nachträglich Freiwilligkeit, als habe er das Opfer nicht aus Zwang, sondern aus freiem Willen und aus edler Gesinnung gegeben. So kann sich jedermann das ihm abverlangte Opfer als persönliche Tugend zuschreiben. Zugleich wird die Enttäuschung über die Niederlage zum Merkmal einer Schicksalsgemeinschaft, die jedem Betroffenen zur Identität verhilft. Die Lage ist eigenartig: Einerseits wünscht man den Lohn für das Opfer, andererseits ist aber gerade diese Schicksalhaftigkeit der Existenz im Grunde noch wichtiger als ein äußerer Ertrag. Wenn es »Erfolg« bringt, bezieht ja das Opfer seinen Sinn aus einer außermoralischen Quelle, verliert also seinen moralischen Anspruch. Die Notgemeinschaft derer, die vom gleichen Schicksal betroffen wird, setzt die »Nutzlosigkeit« des Opfers voraus. Das ist eine Double-bind-Situation: Will ich, daß das Opfer sich »lohnt«, dann nehme ich ihm seinen Sinn und seine gemeinschaftsbildende Kraft; will ich mich über den Sinn des Opfers definieren, dann muß es »umsonst« gewesen sein.

Auch die Pädagogik versteht sich immer nur als *siegreich*, wenn auch in etwas anderem Sinne als auf dem militärischen oder politischen Feld. So kann sie sich nicht denken, daß sie einmal keinen Anspruch darauf haben dürfte, als Wegweiserin und Sinnstifterin aufzutreten. In gewisser Weise geht sie sogar noch weiter als das »normale« Denken und Empfinden, weil sie auch die äußeren Niederlagen zu nutzen weiß. Eine Niederlage der Pädagogik selbst oder ihr Überflüssigwerden scheint undenkbar; äußere Ereignisse können ihr nichts anhaben; sie lebt immer weiter, steigt ungebrochen aus allen Krisen hervor. Auch den Nationalsozialismus meinte sie irgendwie vereinnahmen zu können. Diese Grundeinstellung, von den Pädagogen selbst gewiß keineswegs zynisch gemeint, ist ein objektiver, »metaphysischer« Opportunismus.

Daraus ergibt sich die Frage an die Pädagogik: Wie kommt es eigentlich, daß man Erziehung und Bildung so leicht überschätzen und mißbrauchen kann? Wer hat die Macht, wer beeinflußt das Individuum in welchem Sinne? Diese Frage stellt sich aber die Pädagogik selbst nicht. Sie fragt vielmehr immer wieder nur: Wie kommen der einzelne und die ganze Gemeinschaft wieder zur Identität, zum Gleichgewicht? Gerade im Hinblick auf das Opfer-Problem zeigt die Pädagogik, daß sie nicht imstande ist, solche Zusammenhänge aufzuklären und das erlittene Schicksal zu verarbeiten. Sie beteiligt sich vielmehr in der Regel an dessen Verschleierung.

Eine Verbindung von Opfergedanke und Pädagogik präsentiert E. Spranger in einer Rede »Wohlfahrtsethik und Opferethik in den Weltentscheidungen der Gegenwart«:

»Schon die schlichte Arbeit des Tages: sie will dem Leben dienen, aber sie ist auch ein Opfer an Lebenskräften. Die Mutter, die der Welt ein neues Leben schenkt und es mit pflegender Sorge behütet: sie ist dabei selbst das wieder verschwindende Leben, dem Sorge und Gram so oft das duldende Herz zerbrechen. Der Forscher ›verzehrt sich‹ um der Wahrheit willen, die er den Lebenden schenken will. Der Krieger, der das Dasein opfert, tut es nicht um des Krieges und des bloßen Opfers willen; sondern: ›Deutschland muß leben, und wenn wir sterben müssen.‹ … Für die philosophische Formulierung dieser seltsamen Dialektik bestehen somit zwei gleich einseitige Zugangswege: sie kann alles auf das Ja zum Leben abstellen oder alles auf den ethischen Verzicht, die Überwindung. Im ersten Fall führt sie zur *Wohlfahrtsethik*, im zweiten zur *Opferethik* ...

Wir huldigen in dieser Stunde voll Ehrfurcht dem hohen Greis an der Spitze des Reiches, der dieses Reich beschützt hat, im Kriege als opferbereiter Soldat, im Frieden bemüht um seine Wohlfahrt – beides mit gleich selbstverständlicher altpreußischer Pflichttreue bis ins letzte. Wir huldigen dem Andenken derer, die im großen Kriege ihr Sein für uns hingegeben haben, Arbeiter und Akademiker vereint in derselben schlichten Größe. Ihre Opfer waren *nicht* vergebens. Weil siezu sterben wußten, deshalb dürfen wir leben. Aber das Geschenk des Lebens verpflichtet. Nicht tatenlos trauern wir der Vergangenheit nach, sondern wir stehen am Steuer der Zukunft. Ihnen, liebe Kommilitonen, Ihrer Reinheit, Ihrer Opferbereitschaft, Ihrer besonnenen Tat ist diese Zukunft anvertraut. Legen Sie Zeugnis ab von der Macht der Idee, die aus der Wahrheit stammt. Das wird die Probe auf Ihre Berufung sein. Und wenn Sie die Zeichen der Zeit verstehen, so wird kein anderer Wille in Ihnen stärker sein als der zur Einigkeit mit Ihrem Volk. Für dieses neue Reich sei kein Opfer zu schwer: ein Reich der Wohlfahrt und der friedlichen Arbeit, vor allem aber ein Reich ›voll Einigkeit und Recht und Freiheit‹.«[5]

Dazu paßt ein weiteres Wort von Spranger: »Ja in höchster sittlicher Bedeutung kann Herrschen und Dienen ganz zusammenfallen. So betrachtete sich Friedrich der Große als den ersten Diener seines Staates. Das heroische Opfer, das ein *Hindenburg* dem deutschen Staat und Volk bringt, ist aus dem gleichen Geist geboren.«[6]

Hier sind nun alle Versatzstücke der bürgerlich-konservativen Weltanschauung beisammen; am Begriff »Opfer« wird ein pädagogisches Programm entwickelt, das in seiner opportunistischen Verschwommenheit als typisches Zeugnis für die geistige Situation der präfaschistischen Epoche gelten kann:

– Schon die schlichtesten Verrichtungen erlangen die Qualität des Opfers. Alles rückt auf dieselbe Ebene, sei es nun freiwillig oder nicht, sei es eine besondere individuelle Leistung oder die normale Berufsarbeit. Diese Überhöhung des Alltags wurde kurz darauf ein Merkmal der faschistischen Ideologie.

– Die Ethik läßt sich in Typen einteilen, so daß jedermann sich hier oder dort einordnen kann. Alle bleiben aber im großen Gezeitenrhythmus von Opfer und Wohlfahrt. Indem Moral sich darin ausdrückt, daß man seinen Platz in diesem

Gesamtprozeß wahrnimmt, erfährt sie eine naturalistische Verflachung.

– Die moralische Orientierung wird vertikal aus der Geschichte gewonnen, wobei der Erste Weltkrieg als Sinnquelle für die nachfolgenden Jahrzehnte bestimmt wird. Der heute angesprochene junge Mensch steht in einem großen Dialog mit der vorangegangenen Generation. Dadurch können gegenwärtige Ereignisse wie das Herannahen des Nationalsozialismus ausgeblendet werden.

– Es handelt sich um eine Moral des Untertanen, der dem Staatsoberhaupt und vergangenen Größen »huldigt«. Von ihnen erfährt er Identität und Ansporn. Der so Angesprochene kann mit der Tatsache, daß er in einer Republik lebt, im Grunde nichts anfangen.

– Dieser Mensch findet Form und Zielrichtung seines Willens schon vorgeprägt. Wenn er die Zeichen der Zeit richtig aufnimmt und sich von der herrschenden Stimmung vereinnahmen läßt, werden ihm Reflexion und eigene Entscheidung entbehrlich.

– In einer Situation, die von einem führenden Pädagogen so gekennzeichnet werden konnte, brauchten die Nazis nur zuzugreifen. Von diesen unpolitischen, opferbereiten, autoritätsgläubigen Akademikern hatten sie keinen Widerstand zu erwarten; im Gegenteil: Das Feld war für den völkischen Staat, für das Führerprinzip, für die nationale Hochstimmung pädagogisch gut vorbereitet.

Nach 1945 bei der »Bewältigung« des Nationalsozialismus kam auch der Opfergedanke wieder zum Durchbruch und drückte sich in entlastenden und beschwichtigenden Argumenten aus: Unsere Gutgläubigkeit, unser Idealismus, unser reines Wollen wurden ausgenutzt. Die Deutschen bedienten sich also in dem Bestreben, sich von Hitler zu distanzieren, der gleichen Denkfigur, die er selber bereits gebraucht hatte. Wieder sahen sich die Deutschen betrogen, weil der äußere Erfolg ausblieb, nicht etwa deswegen, weil das gesamte Vorhaben, für das man sie eingespannt hatte, böse war. Sie erblickten das Böse weniger in der Bosheit des Verführers selbst als vielmehr darin, daß sie hinterher in lästiger Weise dafür zur Rechenschaft gezogen wurden und auf einmal reale Konsequenzen ihres reinen Wollens verantworten sollten.

Interessant ist nun die Frage, wo und wie Moral sich praktisch verwirklichen kann. Auf sie hat die Pädagogik, wenn sie auf vordergründige Lösungen wie das »moralische Äquivalent des Krieges« verzichten will, noch keine Antwort gefunden. In der Regel verfährt Erziehung so, daß sie abstrakt den »guten« Menschen anzielt, auf die Dialektik von Moral und gesellschaftlichen Verhältnissen aber nicht eingeht. Sie hält vielmehr den Anschein aufrecht, das Gute lasse sich »unverdünnt«, in reiner Form umsetzen.

Für eine Auseinandersetzung mit diesem Problemkomplex bietet sich als Beispiel M. Webers berühmte Rede »Der Beruf zur Politik«.[7] Da dies für Weber im wesentlichen ein moralisches Thema ist, passen seine Ausführungen sehr gut in den Rahmen unserer Fragestellung. Weber bringt eine treffende Analyse der Möglichkeiten und Grenzen moralischen Handelns. Er untersucht einerseits, unter welchen Bedingungen und Perspektiven Moral politisch verwirklicht werden kann, und zeigt andererseits, wie in der recht verstandenen Politik selbst ein immanentes Ethos wirksam wird. Daß allerdings auch er von manchen zweifelhaften Prämissen ausgeht, wird vor allem an drei Gesichtspunkten deutlich:

– Weber setzt nach dem Vorbild Platons bei der Frage an: »Was vermag die Politik als ›Beruf‹ an inneren Freuden zu bieten, und welche persönlichen Vorbedingungen setzt sie bei dem voraus, der sich ihr zuwendet? ... Durch welche Qualitäten kann er hoffen, dieser Macht und also der Verantwortung, die sie auf ihn legt, gerecht zu werden? Damit betreten wir das Gebiet ethischer Fragen; denn dahin gehört die Frage: was für ein Mensch man sein muß, um seine Hand in die Speichen des Rades der Geschichte legen zu dürfen.« Es geht Weber also um ein Menschenbild, das sich in einem Berufsbild ausdrückt: Wie muß der Politiker beschaffen sein? Die adäquate Ausübung des Berufs wird von der richtigen Konstellation bestimmter Eigenschaften erwartet, während gewisse negative Charakterzüge wie Distanzlosigkeit und Eitelkeit nach Meinung des Autors zum Beruf des Politikers ungeeignet machen. In diesem anthropologischen Denken liegt ein Zug zu Formalismus und Abstraktion.

– Von hier aus neigt Weber auch zur Heroisierung des Berufs

zur Politik: »Aber der, der das tun kann, muß ein Führer und nicht nur das, sondern auch – in einem sehr schlichten Wortsinn – ein Held sein. Und auch die, welche beides nicht sind, müssen sich wappnen mit jener Festigkeit des Herzens, die auch dem Scheitern aller Hoffnungen gewachsen ist, jetzt schon, sonst werden sie nicht imstande sein, auch nur durchzusetzen, was heute möglich ist.« Auch in dem trotzigen »Dennoch«, das den Politiker auszeichnen soll, liegt eine überhöhte Erwartung. Offenbar hat Weber das Bild des bedeutenden, selbstlosen Staatsmannes vor Augen. Daß Politiker auch unfähig und zynisch sein können, ist ihm sicherlich bekannt; aber er glaubt wohl, ein solcher Pseudo-Politiker müsse notwendigerweise scheitern, denn eine »Sünde« wider Geist und Ethos des Berufs werde in Form von Mißerfolgen unmittelbare Konsequenzen nach sich ziehen. Weber vertraut darauf, daß sich auch das politische Feld dank seiner immanenten Logik immer wieder von selbst regeln wird. Den in den Parteien und Verbänden eingespielten Mechanismus der Machterhaltung läßt er unerwähnt: ist Politik doch für ihn immer noch Sache des einzelnen Politikers, nicht eines auf Massenbasis und mit Funktionären operierenden Apparates. – Wie Weber, von einem Menschenbild ausgehend, Grundzüge dieses Berufes markiert, die seiner Meinung nach immer gelten, so abstrahiert er auch von den konkreten geschichtlichen Ereignissen: »*Wie* die Sache auszusehen hat, in deren Dienst der Politiker Macht erstrebt und Macht verwendet, ist Glaubenssache. Er kann nationalen oder menschheitlichen, sozialen und ethischen oder kulturellen, innerweltlichen oder religiösen Zielen dienen, er kann getragen sein vom starken Glauben an den ›Fortschritt‹ – gleichviel in welchem Sinn – oder aber diese Art von Glauben kühl ablehnen, kann im Dienst einer ›Idee‹ zu stehen beanspruchen oder unter prinzipieller Ablehnung dieses Anspruchs äußeren Zielen des Alltagslebens dienen wollen – immer muß irgendein Glaube dasein.« Damit wird das Strukturprinzip der Politik von der politischen Zielsetzung getrennt. Der Politiker »glaubt« an sein Vorhaben, ist also an dessen kritischer Analyse nicht beteiligt. Da alle diese möglichen Ziele in einer Reihe stehen, kann der Eindruck aufkommen, sie seien austauschbar.

Im Gesamttenor sind jedoch Webers Ausführungen nicht nur von hoher intellektueller Qualität, sondern auch brennend aktuell. Das gilt vor allem für die folgenden drei Kerngedanken:

– Es gibt zwei Ebenen der Ethik: die individuelle »Gesinnungsethik« und die politische »Verantwortungsethik«. Beide schließen einander nicht aus und können im Wirken eines Politikers durchaus auch gemeinsam zur Geltung kommen: »Aber es ist ein abgrundtiefer Gegensatz, ob man unter der gesinnungsethischen Maxime handelt – religiös geredet: ›Der Christ tut recht und stellt den Erfolg Gott anheim‹, oder unter der verantwortungsethischen: daß man für die (voraussehbaren) *Folgen* seines Handelns aufzukommen hat.« Politisches Handeln folgt einer anderen moralischen Logik als eine religiöse Grundorientierung des einzelnen. Dies erkannt zu haben, ist Webers entscheidende analytische Leistung, die wesentlich zum Verständnis von Politik beigetragen hat, wenn sie auch gerade von der Pädagogik weitgehend ignoriert wurde.

– In einem zweiten Schritt kommt Weber zum Urteil über die Gesinnungsethik. Sie ist an ihrem Platz und auf ihrer Ebene von unübertrefflicher Dignität, kann aber nicht ungebrochen in politisches Handeln eingehen: »Denn wenn es in Konsequenz der akosmistischen Liebesethik heißt: ›dem Übel nicht widerstehen mit Gewalt‹ – so gilt für den Politiker umgekehrt der Satz: du *sollst* dem Übel gewaltsam widerstehen, sonst – bist du für seine Überhandnahme *verantwortlich*.« Eine Ethik »schlechthin« gibt es nur dort, wo auch wirklich der ganze Mensch gefordert ist, nicht im Rahmen eines empirischen Handlungszusammenhangs, wo sich das Ethos aus den Rahmenbedingungen der Sachlage, aus den begrenzten Interessen der Betroffenen und aus den politischen Kräfteverhältnissen ergibt. Wir könnten hinzufügen: Auch die aus dem Christentum stammenden Menschenrechte müssen, wenn sie irgend jemandem zugute kommen sollen, politisch durchgesetzt werden.

– Der dritte Punkt betrifft Webers Auseinandersetzung mit dem Führertum und den politischen Massenphänomenen. Im Gegensatz zu der oben beschriebenen Neutralität und Zurückhaltung bringt Weber hier immer wieder Beispiele aus der Zeitgeschichte, die ihm bei Ende des Ersten Weltkriegs noch bekannt wurden: »Diese Entwicklung vollzieht sich gerade beim Glaubenskampf besonders schnell, weil er von echten *Führern:* Propheten der Revolution, geleitet oder inspiriert zu werden pflegt. Denn wie bei jedem Führerapparat, so auch hier, ist die Entleerung und Versachlichung, die seelische Proletarisierung im Interesse der ›Disziplin‹, eine der Bedingungen des Erfolges.« Webers Fazit ist eine scharfe Warnung vor den Gesinnungspolitikern: »Wenn da *plötzlich* die Gesinnungspolitiker massenhaft in das Kraut schießen mit der Parole: ›Die Welt ist dumm und gemein, nicht ich; die Verantwortung für die Folgen trifft nicht mich, sondern die anderen, in deren Dienst ich arbeite und deren Dummheit oder Gemeinheit ich ausrotten werde‹, so sage ich offen: daß ich zunächst einmal nach dem Maße des *inneren Schwergewichts* frage, das hinter dieser Gesinnungsethik steht.«

In diesen drei wichtigen Aussagen beweist Weber selber jene Eigenschaften, die er dem Politiker zuschreibt: mit »Leidenschaft« wendet er sich gegen totalitäre Bestrebungen und untaugliche Politiker; mit »Verantwortungsgefühl« grenzt er die pure Gesinnungsethik vom Bereich des politischen Handelns ab; mit »Augenmaß« erkennt er, daß Ethik nicht einheitlich und eindeutig ist, sondern auf verschiedenen Ebenen jeweils einer besonderen Logik folgt.

Dies alles ist nun auch für die Pädagogik wichtig. Weber hat selbst schon einen solchen Bezug angedeutet, indem er sich scharf von dem Pädagogen und pazifistischen »Politiker« F. W. Foerster distanziert. Seine Gedanken wurden indessen von der zeitgenössischen Reformpädagogik kaum aufgegriffen. Was Weber vorbrachte, ging weit über den Horizont einer politischen Bildung hinaus, wie sie den führenden Pädagogen seinerzeit vorschwebte. Sie hielten sich mehr an die Gesinnungsethik, da ihnen ein Denken, das die Dialektik von Moral und Handeln hätte erfassen können, ungewohnt war. Dieser Befund spricht für die Notwendigkeit, daß Pädagogik von anderen Disziplinen lernt und deren Denkstrukturen zur Kenntnis nimmt. Wäre sie schon damals zu einer schärferen intellektuellen Gangart vorgedrungen, dann hätte die Pädagogik auch den heraufkommenden Nationalsozialismus kritischer beurteilen können.

Auch für die gegenwärtigen Auseinandersetzungen bietet Weber eine wertvolle Argumentationshilfe. Er sprach ohne

Umschweife aus, daß alles Politische bis zu einem gewissen Grade gewaltsam vor sich geht, und durchschaute den Drang des rein ethisch motivierten Menschen, die als richtig erkannten Ziele ohne den »Umweg« über die Politik direkt durchzusetzen. Gerade heute, da bereits mehrere konkurrierende Begriffe von Politik sich abzeichnen, erweist sich Webers Ansatz als tragfähige Diskussionsgrundlage. Allerdings müßte eine kritische politische Bildung auch erkennen, daß »Gesinnung« und »Verantwortung« idealtypische Gegensätze sind; denn heute stehen sich Gruppen von Politikern gegenüber, die sowohl Gesinnung als auch Verantwortung nur für sich selbst in Anspruch nehmen, dem Gegner jedoch beide absprechen. Aber auch abgesehen von der politischen Aktualität könnte es der Pädagogik nichts schaden, ihr Denken gelegentlich an der von Weber präsentierten Klarheit zu orientieren: fällt es ihr doch immer noch leichter, zu beschreiben, zu fordern, zu spekulieren, als zu analysieren und die Phänomene auf ihre Grundfiguren zurückzuführen.

Ethik als Kritik

Wer sich als kritischer Pädagoge auf Diskussionen mit einem interessierten Publikum einläßt, kann heute, wie vor einem halben Jahrhundert, immer wieder hören: Man habe von Analysen genug und wünsche nunmehr umsetzbare Programme. Dieses Verlangen nach konkreten Plänen und Anweisungen für die praktische Erziehung ist verständlich, beruht aber auf einem eingeschränkten Begriff von Kritik: Kritik wird allenfalls akzeptiert als erster, vorbereitender Schritt auf einem Wege, der nun möglichst bald zu »positiven« Zielen führen soll.

Dem ist zu entgegnen, daß eine *wohlverstandene* kritische Grundhaltung schon alles ist, was der Pädagoge zu bieten hat. Seine Tugend liegt im Handeln aus einer Erkenntnis der Zusammenhänge heraus. Der kritische Ansatz ist nicht lediglich eine Initialzündung konstruktiven erzieherischen Wirkens, sondern konstitutiver Faktor des gesamten pädagogischen Prozesses. Anders als in der Medizin, wo der zielgerichtete Eingriff die exakte Diagnose voraussetzt, erschöpft sich die kritische Analyse im Erziehungsfeld niemals in einer Funktion von Praxis. Hier ist Kritik die einzige Gewähr dafür, daß eine Rückmeldung stattfindet, daß Bedingungen und mögliche Folgen des gesamten Prozesses bedacht werden, daß nichts einfach über den Kopf der Betroffenen hinweg geschieht. Kritik läßt sich bezeichnen als diejenige Form, in der pädagogische Ethik sich verwirklicht, denn nur sie begründet die Verantwortung des Pädagogen.

Das gilt sowohl für den Erziehungswissenschaftler als auch für den vor Ort erziehenden Praktiker. Verfährt der Wissenschaftler kritisch, so bezieht seine Theorie als *kritische* Theorie immer auch die Praxis mit ein. Verfährt der Praktiker kritisch, so ist er sich in seiner Praxis als *kritischer* Praxis immer auch des theoretischen Hintergrundes bewußt. Beide konzipieren den gesamten Zusammenhang, wenn sie auch die Akzente verschieden setzen. Kein Wissenschaftler kann kritisch denken, ohne Praxis zu kennen; und kein Praktiker kann kritisch erziehen, ohne sein Tun immer wieder auch theoretisch zu reflektieren. Versteht man unter dem »Ethos« eines Berufes das, worauf es in seiner Ausübung wesentlich ankommt, dann ist Kritik das Ethos der pädagogischen Berufe.

Wenn Kritik sich auch nicht in intellektueller Anspannung erschöpft, so gibt es doch keine Kritik ohne Intellekt. Es gehört zur ethischen Dimension der Kritik, daß der Pädagoge sein intellektuelles Potential voll ausschöpft. Das ist jedoch gerade in der deutschen Pädagogik durchaus nicht üblich. Sie hat stets ein distanziertes Verhältnis zum Intellekt eingenommen, denn ihre Konzeption bestand darin, »Tugenden« direkt anzusteuern und sie dem Educandus als Eigenschaften ohne Umweg über den Intellekt einzupflanzen. In diesem Erziehungsmodell hat der Intellekt keinen zentralen Platz. Man traut ihm einen Beitrag zur »Moral« gar nicht zu, weil man ihn nur als formales Vermögen zu sehen pflegt, nicht als Quelle, aus der Verantwortung und Engagement entspringen. Erziehung kommt nach deutscher Tradition weniger aus dem Anspruch des Intellekts als aus dem Anspruch der Ziele, der Tugenden, der beizubringenden Fähigkeiten. Denken und Moral werden nicht zusammen gesehen – ja, man mißtraut der moralischen Integrität des Denkers, des Kritikers, des Intellektuellen. Kritik wird gefürchtet als ein Akt der Verneinung, der das »Positive« zersetzt und den vermeintlichen moralischen Konsens der »gerecht und billig Denkenden« in

Frage stellt. Als es dann darum ging, die Epoche des Dritten Reiches aufzuarbeiten, fehlte es an eben jenem kritischen Intellekt, dessen chronische Unterbewertung die Misere mit herbeigeführt hatte.

Als Beispiel für den moralischen Charakter kritischer Besinnung in der erzieherischen Praxis sei ein Wort von J. Korczak genannt: »Das Kind tut nichts, wir tun alles. Wir befehlen und verlangen Gehorsam. Wir sind als die moralisch und rechtlich Verantwortlichen, Wissenden und Vorausschauenden die einzigen Richter über alle Taten, Bewegungen, Gedanken und Absichten des Kindes.«[8] Die »Moral« des Pädagogen ist nach herkömmlicher Auffassung und eingespieltem Brauch keine *kritische* Moral, sondern eine solche, die aus der im Prinzip bestehenden Verantwortung heraus den Erwachsenen zum Diktator über das Kind macht. Was Korczak leistet, ist eine kritische Besinnung über die gesellschaftliche Konstellation zwischen Erwachsenen und Kindern. Ethik als Kritik meint hier also: nicht allein eine veränderte Haltung zum Kind einzunehmen, sondern auch gängige Verfahrensweisen chronisch daraufhin zu prüfen, wie sie sich auf die beteiligten Personen auswirken.

Besonders M. Buber hat sich mit der Frage nach dem Ethos des Erziehers auseinandergesetzt.[9] Er stellt fest, der Erzieher sei immer Abgesandter irgendeiner Macht gewesen, der dem Zögling gegenüber etwas habe durchsetzen wollen. Die Suche nach dem »Ziel« der Erziehung habe die Sicht auf die anthropologischen Grundlagen verstellt und ein verkürztes Menschenbild bevorzugt. Nicht *wohin,* sondern *woher* erzogen werde: das sei die eigentlich wichtige Frage. Eine als Selbstentfaltung ausgegebene zielgerichtete Formung des Kindes stelle einen fragwürdigen Eingriff dar; schon Pygmalion mit dem Versuch, ein geformtes Bildnis lebendig zu machen, sei eine »ironische Figur« gewesen.[10] Formen und Sich-Entfalten seien nur zwei Seiten der gleichen technokratischen, machtorientierten Grundhaltung. Beide Ausdrucksformen sind nach Buber unethisch, weil sie dazu beitragen, die Kommunikation zu ersticken und das Du-Sagen zu verhindern. Dieses unreife, von naiver pädagogischer Euphorie getragene Menschenbild müsse durch ein reifes, auf den Mitmenschen bezogenes ersetzt werden. Buber erkannte: *Macht macht dumm.* Ein Pädagoge, der sich als Beauftragter einer Macht selber als Machtträger fühlt und sich »nach unten« durchsetzen will, verkennt den personalen Charakter menschlicher Beziehungen.

Erziehung hat für Buber eine moralische Qualität, denn sie ist wesentlich »Charakter-Erziehung«. Dem Erzieher geht es um den ganzen Menschen: »So aber, als ein Ganzes in Wirklichkeit und Potenz, kann man einen Menschen nur entweder als Persönlichkeit fassen, d.h. als einmalige geistleibliche Gestalt mitsamt den in ihr ruhenden Kräften, oder als Charakter, d.h. als den Zusammenhang zwischen der Wesenheit dieses Einzelnen und der Folge seiner Handlungen und Haltungen. Zwischen diesen beiden Arten, den Zögling in seiner Ganzheit zu fassen, besteht ein grundsätzlicher Unterschied. Persönlichkeit ist etwas, was im wesentlichen außerhalb der Einwirkung des Erziehers wächst, Charakter etwas, an dessen Ausbildung mitzuwirken die größte Aufgabe des Erziehers ist; Persönlichkeit ist eine Vollendung, aber nur Charakter ist eine Aufgabe; eine Persönlichkeit darf man pflegen und fördern; zu einem Charakter kann und soll man erziehen.»[11] Die erste Version ist idealistisch, in eine abgehobene Moral eingebettet, aus einem vorausgesetzten Menschenbild gewonnen; die zweite dagegen kritisch und dialektisch.

Bubers Charakter-Begriff mit seiner kritischen Qualität paßt zu dem, was Weber »Verantwortungsethik« nennt. Weil Charakter-Erziehung erst im Rahmen kritischen Denkens möglich wird, sind »Charakter« und »Ethik« keine Gegenstände, die man planmäßig herstellen und formen kann. Hier nutzt Buber seine praktische Erfahrung: »Ich versuche zu erklären, daß Lüge das Leben zerstört, und etwas Furchtbares geschieht: der schlimmste Gewohnheitslügner in meiner Klasse schreibt einen glänzenden Aufsatz über die zerstörende Macht der Lüge. Ich habe den fatalen Fehler begangen, Ethos zu *unterrichten,* und was ich sagte, wird als gangbare Kenntnismünze aufgenommen, nichts davon verwandelt sich in Substanz, die den Charakter aufbaut.«[12] Buber weiß, daß Erziehung gerade dann, wenn sie sich als moralischen Akt versteht, diesem Anspruch nur durch eine kritische Haltung gerecht werden kann. Das Ethos des Pädagogen besteht gerade nicht darin, sich zur »Ethik« zu bekennen und sie planmäßig durchzusetzen, sondern zuerst in der

Reflexion darüber, was Ethik im Kontext sozialer Beziehungen überhaupt bedeutet.

Buber bemerkt: »Pädagogisch fruchtbar ist nicht die pädagogische Absicht, sondern die pädagogische Begegnung.«[13] Zu den Pädagogen, die gleich ihm dies erkannt und praktiziert haben, gehören Pestalozzi, Don Bosco, Flanagan, Makarenko, Korczak. Sicherlich haben sie alle ein Menschenbild, eine weltanschauliche, politische, religiöse Überzeugung. Insofern ist es durchaus möglich, daß »Erziehung« auch hier ansatzweise noch immer als Chiffre, als stellvertretender Begriff für weitergreifende Vorhaben eingesetzt wird. Je mehr aber die praktische Leistung wirklich vor Ort erbracht wird, je mehr sich Erziehung verwirklicht, desto mehr legt sie ihren stellvertretenden, verschleiernden Charakter an und erfüllt sich als Kommunikation, Interaktion, gemeinsame Lebensform.

Ethik als Kritik besteht nicht darin, daß ich sage, was gut ist, und den anderen zur Einhaltung dieser von mir oktroyierten Werte nötige, sondern im Hinweis auf Zusammenhänge und Handlungsräume. Kritik als Ethik besteht darin, diese Bestrebungen zu begreifen, diese Reduktion des Menschen aufzuheben. Insofern ist Kritik Anwältin der Wahrheit. Man kann zwar nicht direkt sagen, was das Gute ist; aber man kann gesellschaftliche Tendenzen mit ihren Hintergründen und möglichen Folgen sichtbar machen. In der Pädagogik geschieht das meist noch nicht. Da wird noch immer quasi mit Subventionen gearbeitet: wie man nichtflorierende Wirtschaftszweige unterstützt, damit sie – einem übergeordneten Interesse entsprechend – weiter existieren, so wird auch der Erzieher ausgestattet mit Autorität, Weisungsbefugnis, Kompetenz, Erziehungszielen, Materialien. Seine Position wird durch Subventionen aufrechterhalten, damit sie nicht zusammenbricht.

Ethik als Kritik kann demnach heißen:

– jede Ordnung in pädagogischen Institutionen als eine unter vielen möglichen Ordnungen enthüllen, die in einer bestimmten historischen Situation aus dem Interesse der Initiatoren geschaffen wurde;

– stets nach den Prämissen und möglichen Konsequenzen pädagogischer Programme und Zielsetzungen fragen; vor allem danach, welches Menschenbild ihnen zugrunde liegt und womit die Durchsetzung solcher Vorhaben erkauft wird;

– das eigene erzieherische Vorgehen nicht naiv als gradlinige Ausführung eines als richtig erkannten Planes, sondern kritisch als Beeinflussung eines Spannungsfeldes begreifen;
– das Kind nicht als Adressaten von Erziehung und als formbaren Gegenstand betrachten, sondern als Partner, von dem mir jederzeit Rückmeldungen über meine »Erziehung« zukommen können;
– Eltern und anderen Erziehern keine pädagogischen Ratschläge erteilen, sondern an ihr kritisches Denken appellieren und ihnen zu zeigen versuchen, daß ihnen die Kenntnis »richtiger« Ziele und Methoden niemals die eigene Entscheidung abnehmen kann.

Thesen zum aktuellen Bezug

1. Friede ist durch Pädagogik allein nicht erreichbar.
Aktuelle Ausdrucksformen einer Verknüpfung von Moral und Pädagogik sind die vielfältigen Bestrebungen der Friedenserziehung. Diese verfahren allerdings meist naiv, indem sie den psychischen Quellen der Aggressivität nachspüren und eine gewaltfreie Gesinnung bereits im Kindergarten anerziehen wollen. Klarer sieht hier A. Grosser, der das Friedensproblem auf politischer Ebene diskutiert und vor »pädagogischen« Illusionen warnt:

»Friede ist Verständnis, Versöhnung, Ausgleich. Da sind wir in unserem Element, wir, die Aufklärer, die Brückenschläger. Aber der Friede ist auch das zu Erkämpfende, was erst nach einem Sieg erreicht werden kann. Unter den Völkern und innerhalb jeder staatlichen Gesellschaft gibt es nur allzu viele Privilegierte, die Frieden mit Ruhe verwechseln und die Benachteiligten eben als ›Störenfriede‹ empfinden, sobald diese das Bestehende verändern wollen. Friede als Ruhe: das kann es eigentlich nur auf dem Friedhof geben. Denn der Friede in der Welt ist kein Zustand, sondern eine Forderung, die manchmal durch Erklären und Überzeugen der Erfüllung nähergebracht wird und manchmal durch Druck und Kampf.«[14]

In diesem Text wird die Dialektik des Friedens ausgedrückt. Für den Zusammenhang von Moral und Erziehung kann daraus entnommen werden:

– Aufklärer, Brückenschläger, Erklärer und Überzeuger (also: »Pädagogen«) sehen Frieden in eingeschränktem Sinne als Mangel an Versöhnung, interpretieren ihn also durch Übertragung persönlicher Kategorien auf politische.
– Friede darf nicht gleichgesetzt werden mit Abwesenheit von Gewalt, denn er wird u. U. erst durch Kampf möglich und ist immer auch Frucht von Auseinandersetzung, nicht lediglich Ertrag friedlicher Gesinnung.
– Friede ist schließlich nicht einfach Ruhe, sondern eine auch inhaltlich bestimmte politische Existenzform, in der es eine Veränderung der bestehenden Machtverhältnisse in Richtung auf mehr soziale Gerechtigkeit geben muß.

2. Die Suche nach »Grundwerten« ist ein Rückschritt in vordemokratische Verhältnisse.

Im Bemühen, Erziehung durch »Moral« zu fundieren, halten wir immer wieder Ausschau nach verbindlichen Normen. Wir glauben, eine Wiedereinsetzung von Moral sei möglich, wenn wir uns nur wieder an den Konsens über »Grundwerte« erinnern. Daraus wird dann eine »Werterziehung« abgeleitet, die diese Grundwerte festlegt und im Bewußtsein verankert. Doch immer wieder erweist sich ein solches Vorhaben als unmöglich, weil Werte und moralische Gesinnung sich nicht erzieherisch vermitteln lassen. Das ist kein Versagen der Pädagogik, sondern ein strukturelles Problem. Die Gesellschaft der Bundesrepublik ist nach dem Gesetz des Pluralismus angetreten. Sie war einmal froh, die lästig gewordene einheitliche Weltanschauung des Nationalsozialismus losgeworden zu sein und eine Vielfalt werthaltiger Überzeugungen ermöglicht zu haben. Heute scheint es, als wollten wir mit dieser demokratischen Konzeption nicht länger Ernst machen und uns wieder auf eine moralisch »formierte« Gesellschaft zurückziehen. Der Ruf nach »Mut zur Erziehung« erweckt den Anschein, wir brauchten die brachliegenden Werte nur wieder aufzugreifen und pädagogisch fruchtbar zu machen. Alle solche Versuche sind indessen zum Scheitern verurteilt. Wir wissen nicht, welche »Werte« wir in den Augen unserer Erziehungspartner verkörpern; denn als Wert wirkt nicht, was wir im Bewußtsein haben, sondern was wir tatsächlich praktizieren. Eine Besinnung auf »Grundwerte« könnte allenfalls das Bewußtsein konturieren, müßte aber das »Sein« um so mehr verschleiern und die Kluft zwischen den Mitgliedern der Gesellschaft vertiefen.

3. Die deutsche Pädagogik bleibt unterwegs stecken.
Moral wird nach klassischer Auffassung der deutschen Pädagogik als ein Bündel von Werten gesehen, die an die junge Generation weitergeleitet werden können. Das ist aber prinzipiell unmöglich, weil Moral gerade nur darin bestehen kann, daß ich für mich selbst einstehe. Ich verantworte das, was ich glaube, wofür ich mich entschieden habe, was mir wichtig ist. Ob andere das übernehmen und sich daran orientieren wollen, hängt von ihrer, nicht von meiner Entscheidung ab. Eine gute pädagogische Frage könnte lauten: Erinnert sich der Zögling an mich, achtet er mich, hat ihm irgendetwas an meinem Denken und Verhalten eingeleuchtet? Weniger gut wäre die Frage: Erfüllt er die Ziele, die ich ihm in der Erziehung vorgesetzt habe? Die Formulierung oder zwangsweise Durchsetzung von Erziehungsprogrammen ist pädagogisch sinnlos. Chancen für den künftigen Pädagogen liegen gerade darin, daß er sich mit seinen erzieherischen Ansprüchen zurücknimmt und auf den Versuch verzichtet, junge Menschen unmittelbar zu beeinflussen. Treffend formuliert O. Negt: »Die verlorenen Söhne kehren nicht zurück.«[15] Wer diese Tatsache nicht akzeptiert, dessen erzieherische Bemühung bleibt im Unterholz der Mißverständnisse, Vorurteile und Illusionen stecken. In einer steckengebliebenen Pädagogik spiegelt sich das Mißlingen von Emanzipation; und weil wir Emanzipation im Grunde nicht wollen, gebärden wir uns teils bewußt rückwärtsgewandt, behutsam auf Angst und Ordnungssinn aufbauend; teils kompensieren wir den Mangel an demokratischem Denken durch anspruchsvolle erzieherische Ziele.

4. Pädagogik dient praktisch mehr den Erwachsenen als den Kindern.
Ihrem innersten Verständnis nach ist solche Pädagogik eine Veranstaltung für Erwachsene, nicht für Kinder – befriedigt sie doch den tiefen Wunsch von Pädagogen, vor allem von Eltern, alles richtig zu machen und dafür Anerkennung zu finden: einerseits Anerkennung durch die als Kontrollinstanz akzeptierte Gesellschaft; andererseits durch die Kinder

selbst, die das Wohlverhalten der Eltern honorieren, indem sie sich zu deren Freude entwickeln. Die braven Eltern werden von ihren braven Kindern belohnt. Selbst wenn Eltern sagen: Mein Kind muß selbständig und erwachsen werden! – so meinen sie meist: Das Kind solle die Erwartungen erfüllen, die sie in es gesetzt haben. Eltern gebärden sich so, als ob sie selber Kinder wären, die wollen, daß ihre Eltern gut sind und einen guten Eindruck machen. So wird Pädagogik zu einem Modus, den Erwachsenen zu schützen, ihn zu bestätigen, ihm Geborgenheit und Heil zu garantieren. Mit dem Vorwand, sich um Kinder kümmern zu müssen, bleiben Erwachsene selber auf einer infantilen Stufe stehen: Dies ist das Wesensmerkmal der steckengebliebenen Pädagogik. Eltern wollen in der Regel das problemlose und erfolgreiche Kind, weil dieses sie als Eltern selber in der Rolle erfolgreicher und problemloser Kinder läßt. Manchmal wollen sie allerdings auch das »unartige« Kind; doch indem sie es gewähren lassen und zum »Ungehorsam« ermuntern, begeben sie sich selber in den Status von Kindern, die auf verbotenen Wiesen spielen.

5. Die Krise der Landerziehungsheime zeigt beispielhaft die Krise der »moralischen« Erziehung.

Ein Beispiel für die gesellschaftlichen Möglichkeiten und Grenzen moralischer Erziehung bieten die Landerziehungsheime. Sie waren ursprünglich mit dem Anspruch angetreten, nicht nur die erstarrten Unterrichtsformen der öffentlichen Schule zu überwinden, sondern vor allem durch »Erziehung« zur moralischen Erneuerung von Individuum und Gesellschaft beizutragen. Diese Illusion konnte paradoxerweise nur aufrechterhalten werden, solange sich die Gesellschaft gerade nicht wesentlich veränderte, sondern die Spitzenstellung der Eliten (als Klientel der Landerziehungsheime) unangetastet ließ. Heute sind mit dem Wandel der Gesellschaft diese Prämissen verschwunden. Die Landerziehungsheime geraten in eine Krise, die exemplarisch ist für die Krise der moralischen Erziehung insgesamt:

– Mit der Bildungswerbung der 1960er Jahre verlieren sie ihre Sonderstellung. Die schulische Landschaft gewinnt an Vielfalt, das Standesprivileg wird durch Leistungsauslese abgelöst, die aufstiegsorientierten Mitarbeiter suchen ihre Karriere außerhalb des Heims.

– Eine Jugend, der das Jungsein als solches problematisch wird, stellt die wohlwollende erzieherische Zuwendung der Erwachsenen in Frage, identifiziert sich nicht mehr mit ihrem Internat, sondern nutzt lediglich dessen Vorteile zum Erwerb von schulischen Qualifikationen.

– Die Landerziehungsheime müssen sich durch Werbung in der Öffentlichkeit Geltung verschaffen und pädagogische Vorzüge, auch solche »moralischen« Charakters, anpreisen, die gar nicht existieren können. Damit kommen Institute, die »Moral« pädagogisch fixieren wollen, auf die gleiche Ebene wie industrielle Unternehmen: Sie werden von den Mechanismen einer sich selbst reprozierenden, auf Verkaufserfolge angewiesenen Gesellschaft unterwandert.

Ausblick: Hermann Hesse – »Pädagogik« für Außenseiter?

Wir haben gesehen, daß der Hauptstrom der deutschen Pädagogik affirmativ verfährt und auf Integration, Sozialisation, Eingliederung in die Gemeinschaft ausgerichtet ist. Eine Pädagogik für Außenseiter und Aussteiger gab und gibt es offiziell nicht, wohl aber Bemühungen, die abhanden gekommene junge Generation zurückzuholen und wieder zur Klientel der »normalen« Erziehung zu machen. Ihr Verhalten wird zwar zur Kenntnis genommen und interpretiert, aber stets aus der Distanz heraus als etwas Fremdes betrachtet: Die Seele des Aussteigers bleibt unerforscht. Diese von der Pädagogik nicht besetzte Lücke bietet die Chance für die Rezeption eines Autors aus vergangenen Tagen: H. Hesse.

»... gestern von den Blumenkindern als Meisterführer zum psychedelischen Erlebnis erwählt, *Saint Hesse among the Hippies*, gilt heute unter Eingeweihten als geistiger Mentor scheinbar höchst unterschiedlicher Protestrichtungen: Hesse, der Umweltschützer, der Kriegsgegner und Feind der computergesteuerten Technokratie. Sein Einfluß auf die unruhige Jugend hat Tradition. Vom Beginn unseres Jahrhunderts bis jetzt an seinen Ausgang hat der Weise aus Montagnola stets zu Krisenzeiten seine höchste Wirkung erzielt, wenn junge Menschen gegen den Wahnsinn ihrer Zeit oder im Chaos nach der Katastrophe eine neue Orientierung suchten.«[1]

Die Intensität, mit der Hesse seit vielen Jahren von Protestlern und Mitgliedern der alternativen Szene in Anspruch genommen wird, ist erstaunlich: nicht so sehr wegen der inhaltlichen Verwandtschaft verschiedener Formen eines modernen Lebensgefühls, sondern vor allem, weil auch diese Leser belletristische Werke für bare Münze nehmen, sich also im Anspruch an Literatur von »normalen« Menschen kaum unterscheiden. Selbst die Distanzierung von der Gesellschaft erweist sich in diesem Punkt als konformistisch: Lektüre muß auf den Konsum zugeschnitten sein, Geschriebenes soll sich anwenden lassen und eine Orientierungshilfe bieten. Solche Popularisierung wird in der Industriekultur von Wissenschaft, Kunst, Pädagogik allgemein erwartet: Interessant daran ist, was sich umsetzen läßt, worin man sich ohne Mühe wiedererkennt, womit viele etwas anfangen können. Auch die Aussteiger erweisen sich hier als Kinder der Massengesellschaft. Sie lauschen auf Stichworte und Signale, die bei ihnen eine kollektive Reaktion auslösen.

Hesse ist Schriftsteller, nicht Pädagoge. Aber er stellt Fragen und gibt Antworten, die durchaus in einen pädagogischen Bezugsrahmen passen. Probleme des rechten Lebensweges, der Erziehung, des Lehrens und Lernens, der Identitätsfindung beschäftigen ihn immer wieder. Vor allem die Haltung des jungen Menschen in der modernen Gesellschaft, seine Auseinandersetzung mit der Bürgerwelt, seine Trennung vom Elternhaus, seine Versuche, ein eigenes Leben zu führen, persönliche Erfahrungen zu machen und sich ein neues Wertsystem jenseits der platten industriellen Erfolgskategorien zu schaffen – diese Grundthemen in Hesses Romanen sind auch aktuelle pädagogische Themen unseres Jahrhunderts, in denen es darum geht, inwieweit und in welchem Sinne so etwas wie Erziehung überhaupt möglich ist. Auch die antiautoritäre Bewegung konnte sich in Hesse wiedererkennen, wenn er von Ungehorsam spricht, sich den anerkannten Autoritäten entzieht, subversiv die etablierte Welt in Frage stellt und sogar das Scheitern jugendlicher Rebellen mit einbezieht. Unter pädagogischem Gesichtspunkt schälen sich vor allem vier Grundelemente heraus:

(1) Hesse will durch *ganzheitliche Lebenserfahrung* jede einseitige Fixierung überwinden:

»Auf diese Weise erkannte und bejahte er stets mit der einen Hälfte seines Wesens und Tuns das, was er mit der anderen bekämpfte und verneinte ... Nehmen wir irgendeines dieser Gegensatzpaare als Beispiel, etwa das des Heiligen und des Wüstlings, so wird unser Gleichnis alsbald verständlich werden. Der Mensch hat die Möglichkeit, sich ganz und gar dem Geistigen, dem Annäherungsversuch ans Göttliche, hinzugeben, dem Ideal des Heiligen. Er hat umgekehrt auch die Möglichkeit, sich ganz und gar dem Triebleben, dem Verlangen seiner Sinne hinzugeben und sein ganzes Streben auf den Gewinn von augenblicklicher Lust zu richten ... Zwischen beiden nun versucht in temperierter Mitte der Bürger zu leben. Nie wird er sich aufgeben, sich hingeben, weder dem Rausch noch der Askese, nie wird er Märtyrer sein, nie in seine Vernichtung willigen – im Gegenteil, sein Ideal ist nicht Hingabe, sondern Erhaltung des Ichs, sein Streben gilt weder der Heiligkeit noch deren Gegenteil, Unbedingtheit ist ihm unerträglich, er will zwar Gott dienen, aber auch dem Rausche, will zwar tugendhaft sein, es aber auch ein bißchen gut und bequem auf Erden haben.«[2]

Fausts Ausspruch, er habe zwei Seelen in der Brust, wird von Hesse wieder aufgenommen. Der Steppenwolf identifiziert sich nicht mit einem von zwei möglichen Extremen; seine Stellung ist eine Zwitterstellung, deren Widersprüche in der ausgleichenden Bürgerwelt einstweilen noch vermittelt werden. Gleichwohl besteht die Chance, sich aus dieser Welt radikal zu entfernen: »Möglich, daß Harry eines Tages vor diese letzte Möglichkeit geführt wird. Möglich, daß er eines Tages sich erkennen lernt, sei es, daß er einen unserer kleinen Spiegel in die Hand bekomme, sei es, daß er den Unsterblichen begegne oder vielleicht in einem unserer magischen Theater dasjenige finde, wessen er zur Befreiung seiner verwahrlosten Seele bedarf. Tausend solche Möglichkeiten warten auf ihn, sein Schicksal zieht sie unwiderstehlich an, alle diese Außenseiter des Bürgertums leben in der Atmosphäre dieser magischen Möglichkeiten. Ein Nichts genügt, und der Blitz schlägt ein.«[3] Es geht Hesse nicht um die Beschreibung eines individuellen Lebensschicksals, sondern um eine idealtypische Konstruktion, eine anthropologische Grundfigur: Der Steppenwolf ist eine »Fiktion«, die Gegenüberstellung von Mensch und Tier »eine sehr grobe Vereinfachung«.[4]
Auch in »Siddharta« kommt dieses Streben nach Ganzheit an vielen Stellen zum Ausdruck: »Langsam blühte, langsam reifte in Siddharta die Erkenntnis, das Wissen darum, was eigentlich Weisheit sei, was seines langen Suchens Ziel sei. Es war nichts als eine Bereitschaft der Seele, eine Fähigkeit, eine geheime Kunst, jeden Augenblick, mitten im Leben, den Gedanken der Einheit zu denken, die Einheit fühlen und einatmen zu können. Langsam blühte diese in ihm auf, strahlte ihm aus Vasudevas altem Kindergesicht wider: Harmonie, Wissen um die ewige Vollkommenheit der Welt, Lächeln, Einheit.«[5] Darin, daß keine einseitige Festlegung ihm genügen kann, erfährt Siddharta die Quintessenz seines Lebens.

Weder der an materiellen Erfolg gefesselte Weltmensch noch der weltabgewandte Asket sind ihm Vorbild. Beide sehen die Welt einseitig, beide wollen einem von außen kommenden Anspruch genügen, beide verlieren sich schließlich, denn sie *lieben* nicht; die Einheit aber wird durch die Liebe verbürgt: »Wenn der erhabene Gotama lehrend von der Welt sprach, so mußte er sie teilen in Sansara und Nirwana, in Täuschung und Wahrheit, in Leid und Erlösung. Man kann nicht anders, es gibt keinen anderen Weg für den, der lehren will. Die Welt selbst aber, das Seiende um uns her und in uns innen, ist nie einseitig ...[6] Die Welt zu durchschauen, sie zu erklären, sie zu verachten, mag großer Denker Sache sein. Mir aber liegt einzig daran, die Welt lieben zu können, sie nicht zu verachten, sie und mich nicht zu hassen, sie und mich und alle Wesen mit Liebe und Bewunderung und Ehrfurcht betrachten zu können.«[7]

(2) Wie kommt nun der einzelne zu dieser Weisheit, wie vollendet er sich – das ist die zweite wichtige Frage. Hesses Antwort lautet: *Nichts wird gewonnen durch »Lehre«,* durch Übermittlung, durch Nachfrage. Siddharta hat mehrfach die Gelegenheit, sich »Lehrern« anzuschließen, so auch dem berühmten Gotama Buddha selbst. Aber er verzichtet darauf, weil er spürt, daß jede Lehre den Menschen mit Beschlag belegt, ihm eine Wahrheit aufnötigt, ihn für die Erfahrung des »Ganzen« blind macht. Er erkennt, daß keine Lehre das leisten kann, was ihm als Erfüllung seines Lebens vorschwebt. Der gesamte Schluß von »Siddharta« ist diesem Thema gewidmet: »Hast du eine Lehre? Hast du einen Glauben oder ein Wissen, dem du folgst, das dir leben und recht tun hilft?« (Siddharta antwortet) »Sieh, Govinda, dies ist einer meiner Gedanken, die ich gefunden habe: Weisheit ist nicht mitteilbar. Weisheit, welche ein Weiser mitzuteilen versucht, klingt immer wie Narrheit.«[8]

Alles Lehrbare ist nach Siddhartas Erkenntnis nur *Wort,* auch wenn es den Anschein erweckt, ein wirkliches *Ding* zu bezeichnen. Es gibt nichts zu lehren – wenn darunter lediglich verstanden wird: die Weitergabe abgeschlossenen, immer richtigen, für jedermann gültigen Wissens. Siddhartas Freund Govinda versteht das kaum. Er hält auch das, was Siddharta ihm sagt, für eine »Lehre«, weil er in den Kategorien von

Theorie, Weisheit, Logik befangen bleibt: »Heimlich bei sich aber dachte er: Dieser Siddharta ist ein wunderlicher Mensch, wunderliche Gedanken spricht er aus, närrisch klingt seine Lehre. Anders klingt des Erhabenen reine Lehre, klarer, reiner, verständlicher, nichts Seltsames, Närrisches oder Lächerliches ist in ihr enthalten.«[9] Siddharta geht es hingegen um die Überwindung einer Existenzform, in der sich das »Ganze« nur im Denken erfassen und einfangen läßt: »Ich habe einen Gedanken gefunden, Govinda, den du wieder für Scherz oder für Narrheit halten wirst, der aber mein bester Gedanke ist. Er heißt: von jeder Wahrheit ist das Gegenteil ebenso wahr! Nämlich so: Wahrheit läßt sich immer nur aussprechen und in Worte hüllen, wenn sie einseitig ist.«[10] Die Abkehr von der »Lehre« folgt somit zwingend aus dem Gedanken der Einheit.

(3) Diese Lebensweisheit *muß selbständig gefunden werden,* denn sie ist nicht lehrbar, sondern Frucht emanzipatorischer Existenz. Deshalb muß sich der junge Mensch aus der vertrauten Umgebung entfernen. Wagt er nicht, sein Elternhaus zu verlassen und aus der »normalen« Welt auszusteigen, so bleibt er in einer sekundären Existenz stecken. Hesses Ethos gleicht dem des »verlorenen Sohnes«. Der junge Mensch findet seinen eigenen Weg, allerdings ohne Rückkehr zum Vater: »Ihn mußte man finden, den Urquell im eigenen Ich, ihn mußte man zu eigen haben! Alles andere war Suchen, war Umweg, war Verirrung.«[11] Das kann man nur allein: »In Siddhartas Gesicht sah er kein Zittern, fernhin blickten die Augen. Da erkannte der Vater, daß Siddharta schon jetzt nicht mehr bei ihm und in der Heimat weile, daß er ihn schon jetzt verlassen habe.«[12]

Es handelt sich nicht unbedingt um revolutionäres Aufbegehren, sondern um eine neue Orientierung, die den meisten anderen unbegreiflich ist: Harry Hallers (des Steppenwolfs) Aufzeichnungen sind »nur für Verrückte«. Der junge Mensch löst sich innerlich aus dem überkommenen Koordinatensystem, das für ihn nicht länger gültig sein kann. Einen analogen Ablösungsvorgang erlebt Siddharta später mit seinem Sohn. Er macht zunächst den Fehler, ihn festhalten, behüten, führen zu wollen. Erst sein Partner, der alte Fährmann, muß ihm sagen: »Ihn aber solltest du laufenlassen, Freund, er ist kein

Kind mehr, er weiß sich zu helfen. Er sucht den Weg nach der Stadt, und er hat recht, vergiß das nicht. Er tut das, was du selbst zu tun versäumt hast. Er sorgt für sich, er geht seine Bahn.«[13]

(4) Die Mentalität des Aussteigers ist jedoch für Hesse nicht nur eine Frage des individuellen Lebensweges, sondern ein *Phänomen der modernen Welt.* Eben das machte es möglich, daß so viele junge Menschen sich in seinen Figuren wiedererkannten. Hesse traf mit sicherem Gespür den Nerv der Zeit:

»Was nun die Aufzeichnungen Hallers betrifft, diese wunderlichen, zum Teil krankhaften, zum Teil schönen und gedankenvollen Phantasien, so muß ich sagen, daß ich diese Blätter, wären sie mir zufällig in die Hand gefallen und ihr Urheber mir nicht bekannt gewesen, gewiß entrüstet weggeworfen hätte. Aber durch meine Bekanntschaft mit Haller ist es mir möglich geworden, sie teilweise zu verstehen, ja zu billigen. Ich würde Bedenken tragen, sie anderen mitzuteilen, wenn ich in ihnen bloß die pathologischen Phantasien eines einzelnen, eines armen Gemütskranken sehen würde. Ich sehe in ihnen aber etwas mehr, ein Dokument der Zeit, denn Hallers Seelenkrankheit ist – das weiß ich heute – nicht die Schrulle eines einzelnen, sondern die Krankheit der Zeit selbst, die Neurose jener Generation, welcher Haller angehört, und von welcher keineswegs nur die schwachen und minderwertigen Individuen befallen scheinen, sondern gerade die starken, geistigsten, begabtesten ... Ein Wort Hallers hat mir den Schlüssel zu diesem Verständnis gegeben. Er sagte einmal zu mir, nachdem wir über sogenannte Grausamkeiten im Mittelalter gesprochen hatten: ›Diese Grausamkeiten sind in Wirklichkeit keine. Ein Mensch des Mittelalters würde den ganzen Stil unseres heutigen Lebens noch ganz anders als grausam, entsetzlich und barbarisch verabscheuen!‹ ... Es gibt nun Zeiten, wo eine ganze Generation so zwischen zwei Zeiten, zwischen zwei Lebensstile hineingerät, daß ihr jede Selbstverständlichkeit, jede Sitte, jede Geborgenheit und Unschuld verlorengeht ... Haller gehört zu denen, die zwischen zwei Zeiten hineingeraten, die aus aller Geborgenheit und Unschuld herausgefallen sind, zu denen, deren Schicksal es ist, alle Fragwürdigkeit des Menschenlebens gesteigert als persönliche Qual und Hölle zu erleben.«[14]

Hier zeigt sich eine nahe Verwandtschaft zur Kulturkritik. Wenn die Zeit selber »krank« sein kann, dann ist ein organischer, vitalistischer, anthropomorpher Geschichtsbegriff vorausgesetzt. Das scheinbar Gesunde ist krank und umgekehrt, denn gerade die Begabten werden krank und leiden an der Zeit am meisten. Am Übergang zwischen zwei Kulturen ist der Steppenwolf zwischen die Mühlsteine geraten. Insofern verkörpert er keinen einzelnen Außenseiter, sondern einen modernen Typus. Welche beiden »Zeiten« hier so unversöhnlich aufeinanderprallen, bleibt ebenso unbestimmt wie das leiden-verursachende Übel selbst. Die Freiheit des einzelnen, sich zu emanzipieren, sein Ich selbständig zu finden, Abstand zur Bürgerwelt zu gewinnen, wird ja erst möglich in einer Epoche, die nicht mehr voll durch Tradition geprägt ist. Aber warum ist dies dann zugleich ein Anlaß zur Klage? Sehnt sich der Kulturkritiker insgeheim nach der geschlossenen Welt zurück? Braucht er im Grunde doch die verläßliche Ordnung? Nur wer Ordnung will, weil er ohne Ordnung nicht zufriedenstellend existieren kann, empfindet es als »grausam«, aus allen herkömmlichen Bezugssystemen herausgefallen zu sein. Freiheitsstreben und Kulturkritik schließen einander aus.

Dieser Widerspruch bietet nun einen Ansatzpunkt, um Hesses Existenzverständnis zu beurteilen. Und da ergibt sich, daß die »Pädagogik für Außenseiter« nur auf den ersten Blick ganz neu aussieht, bei näherem Hinsehen aber vertraute Züge aufweist:

– Auch Hesse antwortet auf aktuelle Fragen nach Orientierung und Lebenssinn mit einem *Menschenbild.* Er schafft einen Typus, der die Stimmung einer ganzen Epoche einfängt; er spricht eine Sehnsucht an, die viele junge Menschen verspüren; er steht an wichtigen Punkten bereit, um dem jungen Menschen zuzurufen, wie er »sinnvoll« leben kann.

– Auch bei Hesse geht es um *Sozialisation,* um die fruchtbare Gestaltung des eigenen Lebenslaufs, um das Finden von Identität. Die Verwirklichung der Existenz wird nur gerade nicht dort gesucht, wo die Erwachsenen sie vermitteln möchten. Doch wenn der Weg auch anders ist, so bleibt doch der Grundgedanke, der Mensch müsse sich »verwirklichen«, getreu dem schon in der Goethezeit konzipierten Ansatz erhalten. Der Entfaltungsraum des »Werde, der du bist« wird jetzt lediglich nicht innerhalb, sondern außerhalb der Gesellschaft angesiedelt.

– Hesse beschreibt *idealtypische Lebenswege.* Die dargestellten Personen verkörpern einen Typus. Ihre Faszination beruht darauf, daß sie stellvertretend das wirklich tun, was die meisten anderen nur denken oder träumen. Man könnte auch umgekehrt sagen: Diese Art von Selbstverwirklichung ist allein literarisch möglich. Das Lebensrätsel löst sich dem einzelnen nur durch Zugehörigkeit zu einem Typus, ist also ein kollektives, ausschließlich in der Poesie greifbar zu machendes Schicksal.

– Dieser Typus findet schließlich *die richtige Antwort,* nachdem er sich gegen alle vorgefundenen Lebensformen negativ abgegrenzt hat. Das Richtige kommt nicht durch Lehre, sondern durch Erfahrung, durch Inne-Werden der ganzen Wahrheit; aber daß es überhaupt so etwas wie ein »richtiges« Leben gibt, das latent schon bereitliegt, um gefunden zu werden, wird nicht bezweifelt.

– Das neue Lebensgefühl entspringt zwar dem Leiden an der Zeit, aber es hat nur eine kulturkritische, *keine gesellschaftskritische Qualität.* Hesse will die Fesseln der Gesellschaft sprengen, sieht jedoch Gesellschaft nur in ihrer einengenden Funktion, als einen das Individuum bedrohenden Apparat, nicht in ihren lebendigen Strukturen als Lebensraum. Deshalb verkennt er, daß das »Richtige«, um das es ihm doch geht, nur durch Entscheidung gewonnen werden kann. Menschliche Existenz gewinnt Konturen nicht durch Stilisierung eines Typus jenseits aller Zwänge, sondern durch Entscheidung innerhalb von Zwängen. Da Hesse dies nicht sieht, ist sein Aussteigen Eskapismus, nicht verantwortbare Alternative.

– Hesse verfährt gerade in seiner Absetzbewegung unkritisch und affirmativ. Er zeichnet Lebensbilder, in denen sich Typen verwirklichen; aber er gestaltet *keine objektiven Krisensituationen.* Daß es in der modernen Welt mehrere Werthierarchien gibt, daß Prioritäten gesetzt werden müssen, daß man oft auch lediglich unter zwei Übeln wählen kann, daß man weder als Individuum noch als Typus, sondern in sozialen Bezügen existiert, daß man für andere verantwortlich ist – dies alles wird von Hesse ignoriert. Insofern ist sein Menschenbild elitär, über alle Komplikationen erhaben.

– Hesse betont, es gebe keine Lehre, nichts lasse sich »pädagogisch« vermitteln. Darin hat er sicherlich recht; aber seine Schriften sind *selbst durchaus als »Lehre« angelegt.* Wenn er auch nicht unmittelbar verbale Wahrheit verkündet, so rechnet er doch zweifellos mit breiter Rezeption und nachhaltiger Vorbildwirkung. Dazu paßt, daß Hesse sein Anliegen nur ansatzweise künstlerisch gestaltet. Was er zu sagen hat, wird nicht umgesetzt und in Form gebracht, sondern direkt ausgesprochen: als Formel, als Programm, als Sachaussage; so vor allem der »Tractat vom Steppenwolf«.[15] Diese Schreibweise wirkt als »Lehre« und fordert eine oberflächliche Rezeption geradezu heraus.

Nach solchen Erwägungen können wir abschließend feststellen, was es mit dieser so erfolgreichen Botschaft auf sich hat. Hesse zeigt einen jungen Menschen, den Gesellschaft und Erziehung bedrohen oder bereits kaputtgemacht haben. Aber er betrachtet das unter kulturkritischem Aspekt, indem er einen Abfall der jetzigen Epoche von ihrer ursprünglichen Norm feststellt und die Abwesenheit von Normen beklagt. Dieses Denken stammt aus der gleichen kulturkritischen Quelle wie Irrationalismus, Lebensphilosophie, Expressionismus, Faschismus. Es stilisiert den einsamen modernen Menschen, der zugleich auch schon der Massenmensch ist: ein Mensch, der auf kollektive Lösungen drängt, der zwischen den verschiedenen Bedrohungen, die auf ihn zukommen, nicht mehr unterscheiden kann. So betrachtet, verkörpert er in der Tat einen aktuellen Typus; sein Problem ist aber weniger, daß er an der Zeit leidet, sondern daß er bei aller Selbstverwirklichung passiv bleibt; daß er auch als Künstler oder Intellektueller kein geistiges Potential entwickelt, um dem Zugriff moderner Diktaturen zu widerstehen. Insofern ist Hesses Aussteiger-Mentalität die friedliche Ausgabe totalitären Denkens.

Wird die hier dargebotene, scheinbar freiheitliche Lebensform unkritisch rezipiert, dann führt sie sich selbst ad absurdum. Diese »Pädagogik für Aussteiger« trägt gerade durch ihre breite Wirkung dazu bei, kritisches Denken zu unterbinden, einem Gefühl zu folgen, sich selbst als denjenigen zu stilisieren, der an der Welt leidet und von ihr ausgestoßen wird, sich in dieser Grundstimmung anderen anzuschließen, die ebenso empfinden. Das ist der Mensch, der die »Hölle« nur in sich selbst fühlt, der so mit sich beschäftigt ist, daß er keine Verantwortung für die Abwehr des Übels übernehmen kann: »Oh, ich begriff alles, begriff Pablo, begriff Mozart, hörte irgendwo hinter mir sein furchtbares Lachen, wußte alle hunderttausend Figuren des Lebensspiels in meiner Tasche, ahnte erschüttert den Sinn, war gewillt, das Spiel nochmals zu beginnen, seine Qualen nochmals zu kosten, vor seinem Unsinn nochmals zu schaudern, die Hölle meines Innern nochmals und noch oft zu durchwandern ...[16] Haller gehörte zu denen, ... deren Schicksal es ist, alle Fragwürdigkeiten des Menschenlebens gesteigert als persönliche Qual und Hölle zu erleben.«[17]

Hesses Mensch leidet, aber er bleibt egozentrisch. Auch die Hölle reklamiert er für sich selbst, für sein Empfinden und seine Erfahrung. Wäre er wirklich emanzipiert, so hätte er diese subjektive, passive Grundhaltung überwunden. Als Mensch des 20. Jahrhunderts müßte er wissen, daß die Hölle tatsächlich besteht, daß sie als Gewalt, Not, Unrecht in der Welt täglich wirksam wird, daß man etwas dagegen tun muß, weil man sonst durch Gleichgültigkeit mitschuldig wird an ihrem Fortbestand. Die von Hesse wie von der klassischen deutschen Pädagogik erstrebte und verkündete »Einheit« ist eine undialektische Schein-Einheit, eine anthropologisch verkürzte Einheit, in die sich der Gebildete rettet, um der Auseinandersetzung mit der außerhalb seiner Person bestehenden Hölle aus dem Wege zu gehen.

ANMERKUNGEN

Einführung

1 Sontag, S.: Krankheit als Metapher. München 1978; Mitscherlich, A.: Krankheit als Konflikt. Frankfurt [4]1969; Szasz, T.S.: Das Ritual der Drogen. Frankfurt 1980
2 Poelchau, H.: Das Menschenbild des Fürsorgerechts. Potsdam 1932, bes. S. 16ff.
3 Jaeggi, E.: »Nun seien Sie doch vernünftig.« In: Psychologie heute, 2/1981, S. 36
4 Korczak, J.: Von Kindern und anderen Vorbildern. Gütersloh 1979, S. 119
5 Zit. nach: Serke, J.: Die verbrannten Dichter. Frankfurt 1980, S. 246

Politik und Charakter

1 Fichte, J. G.: Sämtliche Werke. 2. Bd. Berlin 1846, S. 290
2 Fichte: A. a. O., S. 281
3 Fichte: A. a. O., S. 282
4 Fichte: A. a. O., S. 283
5 Fichte: A. a. O., S. 286
6 Fichte: A. a. O., S. 291
7 ebd.
8 Fichte: A. a. O., S. 293
9 Fichte: A. a. O., S. 297
10 Fichte: A. a. O., S. 267
11 Fichte: A. a. O., S. 273
12 Fichte: A. a. O., S. 276
13 Fichte: A. a. O., S. 277
14 Fichte: A. a. O., S. 153
15 Löwenstein, K.: Sozialismus und Erziehung. Berlin 1976, S. 32
16 Löwenstein: A. a. O., S. 103
17 Schultz-Hencke, H.: Die Überwindung der Parteien durch die Jugend. In: Kindt, W. (Hg.): Grundschriften der Deutschen Jugendbewegung. Düsseldorf 1963, S. 351
18 Tormin, H.: Freideutsche Jugend und Politik. In: Kindt: A. a. O., S. 180
19 Tormin: A. a. O., S. 188

20 Dähnhardt, H.: Der Jungnationale Bund. In: Kindt: A.a.O., S.501
21 Kindt, W.: ›Bund oder Partei?‹ in der Jugendbewegung. In: Kindt: A.a.O., S.518
22 Kindt: A.a.O., S.518ff.
23 Kindt: ebd.
24 Kindt: A.a.O., S.521
25 Weniger, E.: Die Jugendbewegung und ihre kulturellen Auswirkungen. In: Kindt: A.a.O., S.554f.
26 Spranger, E.: Lebensformen. Halle [5]1925, S.213f.
27 Spranger: A.a.O., S.222
28 Spranger: A.a.O., S.231
29 Spranger: A.a.O., S.233
30 Spranger, E.: Gedanken zur staatsbürgerlichen Erziehung. Bonn [3]1959, S.49
31 Schemm-Worte. Aus Reden Hans Schemms. In: Politische Erziehung 1935, S.70ff.
32 Freyer, H.: Die Universität als hohe Schule des Staates. In: Die Erziehung 1932, S.520ff.
33 Freyer: A.a.O., S.677ff.
34 Benda, J.: Der Verrat der Intellektuellen. München 1978
35 Nier, F.: Ein Institut für Politische Pädagogik an der Universität Berlin. In: Politische Erziehung 1935, 1. Teil, S.12ff.
36 Oetinger, F.: Partnerschaft. Stuttgart [3]1956, S.18
37 Oetinger: A.a.O., S.89
38 Oetinger: A.a.O., S.286
39 Oetinger, F.: Wendepunkt der politischen Erziehung. Stuttgart 1951, S.260
40 ebd.
41 Z.B. Jugendplan für Schleswig-Holstein 1980, S.5
42 Vgl. Denninger, E.: Staatsrecht 1. Reinbek 1973, S.194ff.; Kriele, M.: Einführung in die Staatslehre. Reinbek 1975, S.105ff.; Arendt, H.: Über die Revolution. München 1974, S.281
43 Bowles, S./Gintis, H.: Pädagogik und die Widersprüche der Ökonomie. Das Beispiel USA. Frankfurt 1978
44 Gaus, G.: Texte zur deutschen Frage. Darmstadt/Neuwied 1981; Mitscherlich, A. u. M.: Die Unfähigkeit zu trauern. München [3]1968; Mollenhauer, K.: Ist das Verhältnis zwischen den Generationen gestört? In: deutsche jugend, 1/1982

Kultur und Krise

1 Vgl. Kupffer, H.: Gustav Wyneken. Stuttgart 1970, S.9ff.
2 Vgl. Kupffer: A.a.O., S.183ff.
3 Mayer, H.: Kultur ist immer ein Werk der Neinsager. In: Die Zeit, 4.1.1980

4 Wrobel, I.: Der Untertan. In: Die Weltbühne 1919, S. 320
5 Rutschky, K. (Hg.): Schwarze Pädagogik. Frankfurt 1977, S. 249
6 Rutschky: A. a. O., S. 254
7 Rutschky: A. a. O., S. 275
8 Rutschky: A. a. O., S. 284
9 Vgl. Kindt: A. a. O., passim; Nohl, H.: Landbewegung, Osthilfe und die nationale Aufgabe. In: Die Erziehung 1932, S. 76. Bezeichnend ist auch ein Titel wie »Menschenerziehung als Notwende« (A. Hoffmann) in: Päd. Zentralblatt 1932, S. 225 ff.
10 Lietz, H.: Schulreform durch Neugründung. Hg. R. Lassahn. Paderborn 1970, S. 89
11 Lietz: A. a. O., S. 90
12 Lietz: A. a. O., S. 92
13 Lietz: A. a. O., S. 101
14 Lietz: A. a. O., S. 77
15 Lietz: A. a. O., S. 83
16 Lietz: A. a. O., S. 197
17 Lietz: A. a. O., S. 35
18 Lietz: A. a. O., S. 31
19 Lietz: A. a. O., S. 86
20 Lietz: A. a. O., S. 20
21 Lietz: A. a. O., S. 22
22 Hahn, K.: Erziehung zur Verantwortung. Stuttgart o. J., S. 11
23 Hahn: A. a. O., S. 12
24 Hahn: A. a. O., S. 13
25 Hahn: A. a. O., S. 14
26 Hahn: A. a. O., S. 25
27 Hahn: A. a. O., S. 29
28 Hahn: A. a. O., S. 30
29 Hahn: A. a. O., S. 34
30 Nohl, H.: Pädagogik aus dreißig Jahren. Frankfurt 1949, S. 9
31 Nohl: A. a. O., S. 27
32 Foerster, F. W. zit. bei: Nohl, H.: Die pädagogische Bewegung in Deutschland und ihre Theorie. Frankfurt ^{2}1935, S. 166
33 Nohl: A. a. O., S. 168
34 Löwenthal, R.: Gesellschaftswandel und Kulturkrise. Frankfurt 1979, S. 244
35 Löwenthal: A. a. O., S. 249
36 Löwenthal: A. a. O., S. 250
37 Löwenthal: A. a. O., S. 251
38 Löwenthal: A. a. O., S. 267
39 Löwenthal: A. a. O., S. 270
40 Bergson, H.: Schöpferische Entwicklung. Jena 1912, S. 144
41 Bergson: A. a. O., S. 153
42 Bergson: A. a. O., S. 154
43 Bergson: A. a. O., S. 170

44 Vgl. Bergson, H.: Zeit und Freiheit. Jena 1911
45 Simmel, G.: Brücke und Tor. Stuttgart 1957, S. 10
46 Simmel: A. a. O., S. 11
47 Simmel: A. a. O., S. 13
48 Simmel: A. a. O., S. 15
49 Simmel, G.: Das individuelle Gesetz. Frankfurt 1968, S. 233
50 Simmel: A. a. O., S. 235
51 Ziegler, L.: Magna Charta einer Schule. Darmstadt 1928, S. XIII
52 Ziegler: A. a. O., S. XIV
53 Ziegler: A. a. O., S. XVII
54 Ziegler: A. a. O., S. XXV
55 Ziegler: A. a. O., S. 4
56 Ziegler: A. a. O., S. 16
57 Ziegler: A. a. O., S. 19
58 Ziegler: A. a. O., S. 314
59 Ziegler: A. a. O., S. 317
60 In: Rutschky: Schwarze Pädagogik: A. a. O., S. 19
62 Rutschky: A. a. O., S. 161
63 Rutschky: A. a. O., S. 183
64 Rutschky: A. a. O., S. 185
65 Ziller, T.: Allgemeine Pädagogik. Leipzig 1884. passim
66 Vgl. Schwarz, K.: Die Kurzschulen Kurt Hahns. Ratingen 1968
67 Tiling, M. v.: Grundlagen pädagogischen Denkens. Stuttgart 1932, S. 18 ff.
68 Tiling: A. a. O., S. 27
69 Tiling: A. a. O., S. 36
70 Tönnies, F.: Gemeinschaft und Gesellschaft. Darmstadt 1979, S. 73
71 Tönnies: A. a. O., S. 93
72 Tönnies: A. a. O., S. 207
73 Tönnies: A. a. O., S. 214
74 Tönnies: A. a. O., S. 96
75 Tönnies: A. a. O., S. 209
76 Tönnies: A. a. O., S. 215
77 Tönnies: A. a. O., S. 124 ff.
78 Rühle, O.: Zur Psychologie des proletarischen Kindes. Frankfurt ^{2}1970, S. 51
79 Rühle: A. a. O., S. 94
80 Rühle: A. a. O., S. 141
81 Grundsätze für Bildung und Erziehung in Schleswig-Holstein. Hg. v. Kultusminister des Landes Schleswig-Holstein. Kiel 1982
82 Nohl, H.: Landbewegung, Osthilfe und die nationale Aufgabe. In: Die Erziehung 1932, S. 66
83 Spengler, O.: Jahre der Entscheidung. München ^{2}1980, S. 190
84 Fromm, E.: Haben oder Sein. München 1976, S. 166 f.
85 Fromm, E.: Die Kunst des Liebens. Ulm 1979, S. 170

1 Litt, Th.: Führen oder Wachsenlassen. Stuttgart 1960
2 Spranger, E.: Der Eigengeist der Volksschule. Heidelberg 1955; Ders.: Der Bildungswert der Heimatkunde. 1923
3 Zit. nach: Kupffer, H.: Gustav Wyneken. Stuttgart 1970, S. 274
4 In: Die Erziehung 1932, S. 65 ff.
5 Nohl: Landbewegung ... A. a. O., S. 67
6 Nohl: A. a. O., S. 71
7 Nohl: A. a. O., S. 74 f.
8 Nohl: ebd.
9 Nohl: A. a. O., S. 76
10 In: Die Erziehung 1932, S. 449 ff.
11 Nohl: A. a. O., S. 457 f.
12 Nohl: A. a. O., S. 454
13 Nohl: A. a. O., S. 461
14 Bäuerle, Th.: Der Arbeitsdienstgedanke und seine Verwirklichung. In: Die Erziehung 1932, S. 405 ff.
15 Bäuerle: A. a. O., S. 410
16 Bäuerle: A. a. O., S. 412
17 Nohl, H.: Pädagogik aus dreißig Jahren, S. 221
18 Nohl: A. a. O., S. 289
19 Reimnitz, H.: Grundsätzliches zur Neugestaltung des deutschen Bildungswesens. In: Pädagogisches Zentralblatt 1933, S. 337 ff.
20 Bulle, F.: Von der Einfachheit. In: Die Erziehung 1933, S. 1
21 Fischer, A.: Die Arbeitsschulbewegung inmitten der aktuellen Wirtschaftskrise. In: Die Arbeitsschule 1932, S. 3
22 Kerschensteiner, G.: Begriff der Arbeitsschule. Leipzig/Berlin ^{8}1930, S. 19
23 Kerschensteiner: A. a. O., S. 322
24 Kerschensteiner: A. a. O., S. 150
25 Kerschensteiner: A. a. O., S. 28
26 Kerschensteiner: A. a. O., S. 79
27 Spranger: A. a. O., S. 110
28 Spranger: A. a. O., S. 90 f.
29 Bäuerle: A. a. O., S. 405
30 Grobbens, W.: Der Einfluß der Arbeitslosigkeit auf die Verwahrlosung und die Arbeitsscheu – Auswirkungen auf die Hilfsschule. In: Die Hilfsschule 1933, S. 290
31 Vgl. auch Höck, M.: Die Hilfsschule im Dritten Reich. Berlin 1979
32 Tornow, K.: Allerlei Besinnliches! In: Die Hilfsschule 1933, S. 708
33 Tornow: A. a. O., S. 712
34 Tornow, K.: Ein Volk, ein Staat, eine Schule! A. a. O., S. 353

35 Lesemann, G.: Hilfsschulpädagogische Gegenwartsaufgaben. A.a.O., S.716
36 Lesemann: A.a.O., S.717
37 Lesemann: A.a.O., S.719
38 Schmidt, H.: Die Hilfsschule im neuen Reich. A.a.O., S.467
39 Scheu, U.: Wir werden nicht als Mädchen geboren – wir werden dazu gemacht. Frankfurt 1977
40 Hottelet, H.: Offensive Jugendhilfe. Stuttgart 1978

Identität und Totalität

1 Nohl: Pädagogik aus dreißig Jahren, S.9
2 Nohl: A.a.O., S.27
3 Hitler, A.: Mein Kampf. Zit. nach: Buchheim, H.: Glaubenskrise im Dritten Reich. Stuttgart 1953, S.9
4 Jünger, E.: Das abenteuerliche Herz. Hamburg ^{5}1938, S.21
5 Jünger: A.a.O., S.71
6 Zit. nach: Mohler, A.: Die konservative Revolution. Stuttgart 1950, S.128
7 Zit. nach Mohler: ebd.
8 Spengler, O.: Der Untergang des Abendlandes. 2. Bd. München 1923, S.546
9 Arendt, H.: Über die Revolution. München 1974, S.100
10 Nohl: Pädagogik aus dreißig Jahren, S.299
11 Nohl: Die pädagogische Bewegung ..., S.138
12 Nohl: A.a.O., S.156
13 Nohl: A.a.O., S.280ff.
14 Petersen, P.: Der Ursprung der Pädagogik. Berlin/Leipzig 1931, S.5ff.
15 Schirach, B.v.: Die Hitlerjugend. Berlin 1934, S.130
16 Freisler, R.: Rechtspflege und Jugenderziehung. In: Das junge Deutschland 1938
17 Otto, E.: Goethe und die Pädagogik der Gegenwart. In: Pädagogisches Zentralblatt 1932, S.170f.
18 Kohlmeyer, O.: Goethes ›Pädagogische Provinz‹ und ihre Gegenwartsbedeutung. In: Pädagogisches Zentralblatt 1932, S.190
19 Diesel, E.: Zit. nach: Hoffmann, A.: Menschenerziehung als Notwende: A.a.O., S.239
20 Balasz, B.: Die Furcht der Intellektuellen vor dem Sozialismus. In: Die Weltbühne 1932
21 Ausländer, F.: Hitler als Erzieher. In: Die Weltbühne 1932
22 Pol, H.: »Aufstehen-Hinlegen!«. In: Die Weltbühne 1933
23 Rosenstock, E.: Mannwerdung. In: Die Erziehung 1933, S.102ff.
24 Ausländer: A.a.O., S.130
25 Giesecke, H.: Wir wollen alles, und zwar subito. In: deutsche jugend, 6/1981

26 Brezinka, W.: Die Grenzen der Erziehung. In: Pädagogische Rundschau, 5/1981

Moral und Norm

1 James, W.: Der Wahrheitsbegriff des Pragmatismus. In: Skirbekk, G.: Wahrheitstheorien. Frankfurt 1977, S. 49
2 Schwarz, K.: Die Kurzschulen Kurt Hahns. Ratingen 1968, S. 32
3 Russell, B.: William James. In: Skirbekk: A. a. O., S. 61
4 Olf: Krieg und Frieden. In: Die Weltbühne 1919, S. 4
5 Spranger, E.: Wohlfahrtsethik und Opferethik in den Weltentscheidungen der Gegenwart. In: Die Erziehung 1930, S. 385 ff.
6 Spranger, E.: Lebensformen. Halle ^{5}1925, S. 231
7 Weber, M.: Der Beruf zur Politik. In: Die Zeit, 1. 1. 1982
8 Korczak, J.: Das Recht des Kindes auf Achtung. Göttingen 1970, S. 10
9 Buber, M.: Reden über Erziehung. Heidelberg 1953
10 Buber: A. a. O., S. 18
11 Buber: A. a. O., S. 63 f.
12 Buber: A. a. O., S. 65
13 Buber: A. a. O., S. 69
14 Grosser, A.: Wider den Strom. München 1975, S. 31
15 Negt, O.: Die verlorenen Söhne kehren nicht mehr zurück. In: Psychologie heute, 2/1980, S. 34

Ausblick

1 Siebenschön, L.: Bock auf Hesse. In: Psychologie heute, 8/1982, S. 87
2 Hesse, H.: Der Steppenwolf. Frankfurt 1980, S. 58 f.
3 Hesse: A. a. O., S. 63
4 Hesse: A. a. O., S. 64
5 Hesse, H.: Siddharta. Frankfurt ^{18}1982, S. 105
6 Hesse: A. a. O., S. 114
7 Hesse: A. a. O., S. 117
8 Hesse: A. a. O., S. 112 f.
9 Hesse: A. a. O., S. 118
10 Hesse: A. a. O., S. 113
11 Hesse: A. a. O., S. 10
12 Hesse: A. a. O., S. 14
13 Hesse: A. a. O., S. 100
14 Hesse: Der Steppenwolf, S. 26 ff.
15 Hesse: A. a. O., S. 46 ff.
16 Hesse: A. a. O., S. 237
17 Hesse: A. a. O., S. 28

LITERATUR

Bücher

Arendt, H.: Über die Revolution. München 1974
Benda, J.: Der Verrat der Intellektuellen. München 1978
Bergson, H.: Schöpferische Entwicklung. Jena 1912
Ders.: Zeit und Freiheit. Jena 1911
Bowles, S./Gintis, H.: Pädagogik und die Widersprüche der Ökonomie. Das Beispiel USA. Frankfurt 1978
Buber, M.: Reden über Erziehung. Heidelberg 1953
Buchheim, H.: Glaubenskrise im Dritten Reich. Stuttgart 1953
Corino, K. (Hg.): Intellektuelle im Bann des Nationalsozialismus. Hamburg 1980
Denninger, E.: Staatsrecht 1. Reinbek 1973
Fichte, J. G.: Sämtl. Werke. 2. Bd. Berlin 1846
Fromm, E.: Haben oder Sein. München 1976
Ders.: Die Kunst des Liebens. Ulm 1979
Gaus, G.: Texte zur deutschen Frage. Darmstadt/Neuwied 1981
Grosser, A.: Wider den Strom. München 1975
Ders. (Hg.): Wie war es möglich? Frankfurt 1980
Grundsätze für Bildung und Erziehung in Schleswig-Holstein. Hg. v. Kultusminister des Landes S.-H. Kiel 1982
Hahn, K.: Erziehung zur Verantwortung. Stuttgart o. J.
Hesse, H.: Der Steppenwolf. Frankfurt 1980
Ders.: Siddharta. Frankfurt [18]1982
Höck, M.: Die Hilfsschule im Dritten Reich. Berlin 1979
Horkheimer, M./Adorno, Th. W.: Dialektik der Aufklärung. Frankfurt 1977
Hottelet u. a.: Offensive Jugendhilfe. Stuttgart 1978
Jünger, E.: Das abenteuerliche Herz. Hamburg [5]1938
Kerschensteiner, G.: Begriff der Arbeitsschule. Berlin/Leipzig [8]1930
Kindt, W. (Hg.): Grundschriften der deutschen Jugendbewegung. Düsseldorf 1963
Korczak, J.: Von Kindern und anderen Vorbildern. Gütersloh 1979
Ders.: Das Recht des Kindes auf Achtung. Göttingen 1970
Kriele, M.: Einführung in die Staatslehre. Reinbek 1975
Kupffer, H.: Gustav Wyneken. Stuttgart 1970
Ders.: Erziehung – Angriff auf die Freiheit. Weinheim 1980

Lietz, H.: Schulreform durch Neugründung. Hg. R. Lassahn. Paderborn 1970
Litt, Th.: Führen oder Wachsenlassen. Stuttgart 1960
Löwenstein, K.: Sozialismus und Erziehung. Berlin 1976
Löwenthal, R.: Gesellschaftswandel und Kulturkrise. Frankfurt 1979
Mitscherlich, A. u. M.: Die Unfähigkeit zu trauern. München [3]1968
Ders.: Krankheit als Konflikt. Frankfurt [4]1969
Mohler, A.: Die konservative Revolution. Stuttgart 1950
Nohl, H.: Pädagogik aus dreißig Jahren. Frankfurt 1949
Ders.: Die pädagogische Bewegung in Deutschland und ihre Theorie. Frankfurt [2]1935
Oetinger, F.: Partnerschaft. Stuttgart [3]1956
Ders.: Wendepunkt der politischen Erziehung. Stuttgart 1951
Petersen, P.: Der Ursprung der Pädagogik. Berlin 1931
Poelchau, H.: Das Menschenbild des Fürsorgerechts. Potsdam 1932
Rühle, O.: Zur Psychologie des proletarischen Kindes. Frankfurt [2]1970
Rutschky, K. (Hg.): Schwarze Pädagogik. Frankfurt 1977
Scheu, U.: Wir werden nicht als Mädchen geboren – wir werden dazu gemacht. Frankfurt 1977
Schirach, B. v.: Die Hitlerjugend. Berlin 1934
Schonig, B.: Irrationalismus als pädagogische Tradition. Weinheim 1973
Schwarz, K.: Die Kurzschulen Kurt Hahns. Ratingen 1968
Serke, J.: Die verbrannten Dichter. Frankfurt 1980
Simmel, G.: Brücke und Tor. Stuttgart 1957
Ders.: Das individuelle Gesetz. Frankfurt 1968
Sontag, S.: Krankheit als Metapher. München 1978
Spengler, O.: Jahre der Entscheidung. München [2]1980
Ders.: Der Untergang des Abendlandes. 2. Bd. München 1923
Spranger, E.: Lebensformen. Halle [5]1925
Ders.: Gedanken zur staatsbürgerlichen Erziehung. Bonn [3]1959
Ders.: Der Eigengeist der Volksschule. Heidelberg 1955
Szasz, Th.: Das Ritual der Drogen. Frankfurt 1980
Tönnies, F.: Gemeinschaft und Gesellschaft. Darmstadt 1979
Tiling, M. v.: Grundlagen pädagogischen Denkens. Stuttgart 1932
Ziegler, L.: Magna Charta einer Schule. Darmstadt 1928
Ziller, T.: Allgemeine Pädagogik. Leipzig 1884

Aufsätze

Ausländer, F.: Hitler als Erzieher. In: Die Weltbühne 1932
Bäuerle, Th.: Der Arbeitsdienstgedanke und seine Verwirklichung. In: Die Erziehung 1932

Balasz, B.: Die Furcht der Intellektuellen vor dem Sozialismus. In: Die Weltbühne 1932
Brezinka, W.: Grenzen der Erziehung. In: Pädagogische Rundschau 5/1981
Bulle, F.: Von der Einfachheit. In: Die Erziehung 1933
Dähnhardt, H.: Der Jungnationale Bund. In: Kindt: A.a.O.
Fischer, A.: Die Arbeitsschulbewegung inmitten der aktuellen Wirtschaftskrise. In: Die Arbeitsschule 1932
Freisler, R.: Rechtspflege und Jugenderziehung. In: Das junge Deutschland 1938
Freyer, H.: Die Universität als hohe Schule des Staates. In: Die Erziehung 1932
Giesecke, H.: Wir wollen alles, und zwar subito. In: deutsche jugend, 6/1981
Grobbens, W.: Der Einfluß der Arbeitslosigkeit auf die Verwahrlosung und die Arbeitsscheu – Auswirkungen auf die Hilfsschule. In: Die Hilfsschule 1933
Hoffmann, A.: Menschenerziehung als Notwende. In: Pädagogisches Zentralblatt 1932
Jaeggi, E.: »Nun seien Sie doch vernünftig«. In: Psychologie heute, 2/1981
James, W.: Der Wahrheitsbegriff des Pragmatismus. In: Skirbekk, G. (Hg.): Wahrheitstheorien. Frankfurt 1977
Kindt, W.: »Bund oder Partei?« in der Jugendbewegung. In: Kindt: A.a.O.
Kohlmeyer, O.: Goethes »Pädagogische Provinz« und ihre Gegenwartsbedeutung. In: Pädagogisches Zentralblatt 1932
Kupffer, H.: Das deutsche Erzieherbild zwischen Ideologie und Konformismus. In: Döring/Kupffer: Die eindimensionale Schule. Weinheim 1972
Ders.: Der sozialistische Beitrag zur Pädagogik. ebd.
Lesemann, G.: Hilfsschulpädagogische Gegenwartsaufgaben. In: Die Hilfsschule 1933
Mollenhauer, K.: Ist das Verhältnis zwischen den Generationen gestört? In: deutsche jugend 1/1982
Nier, F.: Ein Institut für Politische Pädagogik an der Universität Berlin. In: Politische Erziehung 1935
Negt, O.: Die verlorenen Söhne kehren nicht mehr zurück. In: Psychologie heute, 2/1980
Nohl, H.: Landbewegung, Osthilfe und die nationale Aufgabe. In: Die Erziehung 1932
Otto, E.: Goethe und die Pädagogik der Gegenwart. In: Pädagogisches Zentralblatt 1932
Pol, H.: »Aufstehen – Hinlegen!« In: Die Weltbühne 1933
Reimnitz, H.: Grundsätzliches zur Neugestaltung des deutschen Bildungswesens. In: Pädagogisches Zentralblatt 1933

Rosenstock, E.: Mannwerdung. In: Die Erziehung 1933
Russell, B.: William James. In: Skirbekk: a. a. O.
Schemm-Worte. Aus Reden Hans Schemms. In: Politische Erziehung 1935
Schmidt, H.: Die Hilfsschule im neuen Reich. In: Die Hilfsschule 1933
Schultz-Hencke, H.: Die Überwindung der Parteien durch die Jugend. In: Kindt: A. a. O.
Siebenschön, L.: Bock auf Hesse. In: Psychologie heute, 8/1982
Spranger, E.: Wohlfahrtsethik und Opferethik in den Weltentscheidungen der Gegenwart. In: Die Erziehung 1930
Tormin, H.: Freideutsche Jugend und Politik. In: Kindt: A. a. O.
Tornow, K.: Allerlei Besinnliches! In: Die Hilfsschule 1933
Ders.: Ein Volk, ein Staat, eine Schule! ebd.
Weber, M.: Der Beruf zur Politik. In: Die Zeit, 1. 1. 1982
Weniger, E.: Die Jugendbewegung und ihre kulturellen Auswirkungen. In.: Kindt: A. a. O.
Wrobel, I.: Der Untertan. In: Die Weltbühne 1919

fi 316/1

Biographien / Erinnerungen
Tagebücher
Zeitgeschichte

Wladislaw Bartoszewski
Das Warschauer Ghetto – wie es wirklich war
Zeugenbericht eines Christen
Band 3459

Floris B. Bakels
Nacht und Nebel
Der Bericht eines holländischen Christen aus deutschen Gefängnissen und Konzentrationslagern
Band 3468

Georg Denzler/ Volker Fabricius
Die Kirchen im Dritten Reich
Christen und Nazis Hand in Hand?
Bd. 1: **Darstellung**
Band 4320
Bd. 2: **Dokumente**
Band 4321

Anne Frank
Das Tagebuch der Anne Frank
Band 77

Ernst Fraenkel
Der Doppelstaat
Eine der großen Analysen des faschistischen Herrschaftssystems in Deutschland
Band 4305

Gustav M. Gilbert
Nürnberger Tagebuch
Gespräche der Angeklagten mit dem amerikanischen Gerichtspsychologen
Band 1885

John Heartfield
Krieg im Frieden
Fotomontagen zur Zeit 1930–1938
Band 3465

Ruth Herzog
Shalom Naomi?
Brief an ein Kind
Band 5102

Wilhelm Hoegner
Flucht vor Hitler
Erinnerungen an die Kapitulation der ersten deutschen Republik 1933
Band 3420

Wieslaw Kielar
Anus Mundi
Fünf Jahre Auschwitz
Band 3469

Joel König
David
Aufzeichnungen eines Überlebenden
Band 2196

fi 37/2a

Fischer Taschenbuch Verlag

Wilhelm Reich

Wilhelm Reich wurde 1897 in Dobrzcynica, Galizien, geboren. 1920 trat er in die Wiener Psychoanalytische Gesellschaft ein. 1928 Fachwissenschaftlicher Leiter der sozialistischen Gesellschaft für Sexualberatung und Sexualforschung in Wien. Nach Auseinandersetzungen mit der Komintern, den Austromarxisten und der KPD auf der einen Seite, mit der Schule Sigmund Freuds auf der anderen, wurde er 1934 aus der kommunistischen Partei und aus der Internationalen Psychoanalytischen Vereinigung ausgeschlossen. Nach seiner Emigration in die USA entdeckte er 1938–1940 die ›Orgon-Energie‹, an deren Erforschung er bis zu seinem Tod 1957 arbeitete.

Charakteranalyse
Band 6755

Die Entdeckung des Orgons I:
Die Funktion des Orgasmus
Band 6752

Die Entdeckung des Orgons II:
Der Krebs
Band 6753

Der Einbruch der sexuellen Zwangsmoral
Band 6750

Die Massenpsychologie des Faschismus
Band 6754

Die sexuelle Revolution
Band 6749

Rede an den kleinen Mann
Band 6777

Fischer Taschenbuch Verlag

fi 67/2